KB020100

민 족 주 의 들

민 족 주 의 들

한국 민족주의의 전개와 특성

전재호 지음   이매진

민족주의들
한국 민족주의의 전개와 특성

/

1판 1쇄 2019년 6월 24일
지은이 전재호 **펴낸곳** 이매진 **펴낸이** 정철수
등록 2003년 5월 14일 제313-2003-0183호
주소 서울시 은평구 진관3로 15-45, 1018동 201호
전화 02-3141-1917 **팩스** 02-3141-0917
이메일 imaginepub@naver.com
블로그 blog.naver.com/imaginepub
ISBN 979-11-5531-106-6 (93340)

/

이 저서는 2017년 정부(교육부)의 재원으로 한국연구재단의
지원을 받아 수행된 연구입니다(NRF-2017S1A3A2065772).

차 례

/
한국 민족주의의 전개와 특성

민족과 그것에서 파생된 어휘를 모르면 지난 2세기 동안의 인류 사회를
이해할 수 없다는 에릭 홉스봄 E. Hobsbawm의 지적처럼, 19세기 이후의 세계
는 민족주의의 시대였다. 비서구에 대한 서구의 제국주의적 침략과 두 차
례의 세계 대전, 냉전이 붕괴한 뒤 분출한 민족 분규와 인종주의는 민족
주의가 그동안 얼마나 큰 영향력을 행사했고 현재도 그러한지를 잘 보여
준다. 그런데 이런 영향력에도 불구하고 민족주의와 그 기초인 민족에 대
해서는 모두가 동의하는 '확정된' 정의가 없다. 이런 상황은 민족과 민족
주의가 그만큼 복잡다단한 대상이라는 점을 보여준다.

　사실 누구나 민족이 무엇인지는 알지만 막상 설명하거나 정의하기는
쉽지 않다. 한편에서는 민족을 언어, 혈통, 종교, 문화 등 객관적 요소로
정의하고, 다른 한편에서는 민족에 소속되려는 자발적 의지라는 주관적
요소로 정의하며, 또 다른 한편에서는 양자를 모두 포함해 정의한다. 그
러나 이런 정의는 지구상에 존재하는 많은 민족을 정의하는 기준으로 충
분하지 못하다. 오죽하면 민족주의의 전문가로 인식되는 홉스봄도 민족

주의 분야를 연구하는 학자가 지녀야 할 최상의 태도를 불가지론에서 출발하는 것이라고 했을까? 그래서 홉스봄은 "꽤 큰 집단의 사람들이 자신들을 한 '민족'의 구성원으로 생각하고 있다면, 그렇게 간주될 것"이라는 실용적인(?) 가정을 제시했다.

필자도 오랜 기간 민족주의를 학문적으로 접근했지만, 여전히 홉스봄의 주장에 공감한다. 이런 상황은 필자의 무능 탓이기도 하지만, 민족이나 민족주의가 그만큼 역사에서 다종다양한 형태로 등장했고, 이념, 운동, 담론 등 다양한 차원으로 사용되기 때문에 쉽게 정의되기 어렵다는 사정에 기인한다. 다만 이런 한계를 인정하면서도, 필자는 민족과 민족주의의 정의를 제안한다. 필자는 민족을 "상상된 정치 공동체로서, 본성적으로 제한적이며 주권을 지닌 것으로 상상된다"는 베네딕트 앤더슨B. Anderson의 정의가 유용하다고 생각한다. 민족은 인류 전체나 다른 민족과 구분되는 '제한된limited' 사람으로 구성됐으며, 내적으로는 수평적 동지애 또는 형제애fraternity에 기초하고, 외적으로는 주권을 가진 것으로 상상되는 공동체다. 이런 정의는 인간의 민족 인식 자체가 구성의 산물이라는 점을 전제로 하기 때문에, 주관적 요소와 객관적 요소라는 모호한 구분을 넘어서 민족을 정의할 수 있는 장점을 갖고 있다.

그리고 민족주의는 에른스트 겔너E. Gellner와 홉스봄의 견해에 따라, "기본적으로 정치적 단위와 민족적 단위가 일치해야 한다는 원칙"을 기초로 개념을 정의한다. 이 원칙에 근거해 민족자결주의가 출현했고, 민족자결주의는 식민지의 민족해방 투쟁을 정당화했다. 여기에 더해 민족주의의 정의는 민족의 통합과 발전, 그리고 자긍심의 고양을 지향한다는 내용을 포함해야 한다. 다시 말해 민족주의는 민족의 독립, 통일, 발전, 자긍심의 고양 등을 지향하는 이념이자 운동, 더 나아가 담론으로 정의할 수 있다. 그런데 민족주의는 독립과 발전 등의 지향성만 지녔을 뿐 이런 목적을 달성할 구체적인 방법은 담고 있지 않기 때문에, 그 방법을 가진 다른 이념과 결합한다는 점에서 '이차적 이데올로기'의 성격을 지녔다. 이것이 민족과 민족주의에 대한 필자의 정의다.

필자는 민족과 민족주의를 공부하면서 여러 연구의 도움을 받았다. 그중 대표적인 것은 베네딕트 앤더슨의 《상상된 공동체 — 민족주의의 기원과 보급에 관한 고찰Imagined Communities: The Origin and the Spread of Nationalism》(1983)와 홉스봄의 《1780년 이후의 민족과 민족주의Nations and Nationalism Since 1780: Programme, Myth, Reality》(1990)다. 필자는 이 책에서 민족과 민족주의에 대한 근대론Modernist적 시각, 지역별로 민족의식이 '상상'되는 방식, 민족주의의 시기별 발현 양식 등 민족주의에 대한 시각과 분석 방법을 배웠다. 또한 임지현의 〈한국사학계의 '민족' 이해에 대한 비판적 검토〉(《역사비평》 28호, 1994)와 박동천의 〈민족의 실체성에 관한 철학적 검토〉(《한국정치학회보》 제42집 3호, 2008)에서도 많은 도움을 받았다. 임지현은 한민족이 태곳적부터 존재했다고 믿는 원초론Primodialism적 민족 인식을 비판하며, 역사를 연구할 때 현재의 민족주의적 시각에서 벗어나자고, 곧 '역사적 원근법'을 적용하자고 제안했다. 박동천은 민족의 기원과 내용을 둘러싼 대립을 사회 집단의 실체성의 시각에서 접근하면서, 실체성과 관련해 물리주의적 강박 관념에서 벗어나고, 사회 집단 경계의 인위성을 인정하자고 제안했다.

필자는 이런 시각에 따라 지난 20여 년 동안 민족주의에 대한 논문을 발표했는데, 그중 8편을 수정해 이 책에 수록했다. 사실 여러 해에 걸쳐 쓴 논문을 모아 책으로 만드는 작업은 자칫 시대에 뒤떨어진 작업이 될 수 있다. 현실이 변화했고, 문제의식도 유효성을 잃을 수 있기 때문이다. 따라서 부족하지만, 과거에 쓴 글을 수정하면서 최대한 현재의 문제의식과 역사적 변화를 담으려 노력했다.

이 책에서 다루는 논문의 의미와 내용을 간략히 소개하겠다. 1장은 일본의 식민 지배가 해방 후 한국에 남긴 유산을 고찰하는 작업의 하나로 한국 민족주의를 다뤘다. 한국의 민족주의는 일본의 식민 지배에서 반공주의, 국가주의, 전체주의 같은 부정적 유산을 이어받았다. 이 장은 식민지 시기 일본 제국주의의 부정적 이념이 어떻게 부르주아 우파와 결합했고, 해방 이후 이것이 어떻게 재등장해 민족주의와 결합했는지를 다뤘다.

2장은 탈냉전 이후 지구화의 물결이 한국의 민족주의에 어떤 영향을 미쳤는지를 고찰하기 위해 김영삼 정부와 김대중 정부 시기의 경제 민족주의 담론을 비교 분석했다. 김영삼 정부는 국제화와 세계화를 구호로 내걸고 한국 사회의 변화를 추동했지만, 역설적이게도 1997년 경제 위기를 초래했다. 김대중 정부는 국제통화기금^{IMF}의 관리 아래 구조 조정을 추진해 한국 사회에 신자유주의를 전면화했다. 따라서 이 장은 이 과정에서 '위'와 '아래'에서 등장한 여러 경제 민족주의 담론의 성격과 의미를 고찰했다.

3장은 민주화 이후 2000년대까지 한국 사회의 변화와 함께 민족주의가 어떻게 변화했는지를 다뤘다. 이 장은 민족주의의 변화를 파악하기 위해 북한, 통일, 미국, 이주 노동자, 재외동포, 북한 이탈 주민에 대한 한국인의 의식을 고찰했다. 이 대상들은 개별적으로 많은 연구가 진행됐지만, 민족주의의 시각에서 이 대상들을 해석하는 시도는 존재하지 않았다. 따라서 이 장은 한국 민족주의의 변화에 초점을 맞춰 이 대상들에 대한 한국인의 인식 변화를 종합적으로 고찰했다.

4장은 2000년대 중반에 한국 사회를 뜨겁게 달군 한국 근현대사 교과서를 둘러싼 갈등이 한국 민족주의와 관련해 어떤 의미를 지니고 있는지를 다뤘다. 근현대사 교과서를 둘러싼 정부와 뉴라이트 진영의 갈등은 주로 이념 갈등으로 해석되는데, 이 장은 분단 국가 체제에서 유래한 한국 민족주의의 균열이라는 시각에서 다뤘다. 특히 금성교과서와 뉴라이트 대안교과서의 내용을 분석해 이 둘의 차이가 근본적으로 한민족의 종족적^{ethnic} 정체성과 정치적^{political} 정체성의 균열을 반영하고 있다는 점을 고찰했다.

5장은 1990년대의 세계화가 한국의 정체성에 어떤 변화를 가져왔는지를 파악하기 위해 국민 정체성의 법적 규정과 관련 정책을 분석했다. 한국의 정체성은 분단 때문에 종족적으로 한민족을 의미하는 민족 정체성과 법적으로 대한민국 국민을 의미하는 국민 정체성으로 구분되는데, 이 장은 국민 정체성에 초점을 맞췄다. 1990년대 말 국적법이 전면 개정되고, 재외동포법이 제정됐으며, 외국인 차별이 완화됐는데, 이런 변화가 외국인 노동자의 대량 유입과 재외동포의 대량 이주, IMF 이후 화교 자본 유치의 필요성, 보편적 인권 보장에 대한 시대적 요구와 시민단체의 활동, 재외동포법에 관련해 중국 정부의 반대를 고려한 외교적 선택의 결과라는 점을 고찰했다.

6장은 국가 권력이 역사를 이용해 자신들의 민족적 정통성을 강화한 과정을 파악하기 위해 남북 정권의 역사학(교과서)과 역사적 인물의 재발견을 다뤘다. 이 장은 박정희 정권이 민족 정통성을 강화하기 위해 국정 국사 교과서의 내용을 어떻게 서술하고, 역사적 인물(이순신과 세종대왕)을 어떻게 '재발견'했는지를 고찰했다. 또한 북의 김일성 정권이 혁명 정통성을 강화하기 위해 어떻게 역사학 서술을 바꿨고, 단군릉의 발견과 복원, 대동강문명론 등을 어떻게 이용했는지를 살펴봤다. 그리고 이 과정에서 드러난 남과 북의 역사 인식과 해석의 차이를 비교적 관점에서 고찰했다.

7장은 세계화 시기인 1990년대 한국과 일본의 민족주의가 어떻게 변화했는지를 비교하고 분석했다. 1990년대 한국이나 일본에서 모두 민족주의가 활성화됐는데, 내용과 성격은 사뭇 달랐다. 이 장은 한국에서 1990년대 경제와 통일 민족주의가 세계화를 비롯한 어떤 요인에 따라 활성화됐는지를 고찰했다. 그리고 일본에서 1990년대의 '네오 내셔널리즘', 곧 국가주의적 민족주의가 어떤 요인에 따라 부활했는지를 고찰했다.

8장은 세계화 시기인 1990년대 북한과 중국의 민족주의를 비교하고 분석했다. 양국 모두 현실 사회주의 체제가 종말을 고하자 위기의식을 느끼면서 사회주의를 대체할 새로운 이념으로 민족주의를 동원했다. 북한이 1990년대 초반에는 '우리식 사회주의'와 '조선민족제일주의'를 내세우고 1990년대 중반 이후에는 '강성대국론'을 내세운 반면 중국은 애국주의 운동을 전개했는데, 이 장은 양국의 유사성과 차별성을 고찰했다.

출판에 관련해 감사의 뜻을 전하려 한다. 이 책의 1장은 민주화운동기념사업회, 3장부터 8장까지는 한국연구재단의 지원을 받았다. 민족주의에 관한 여러 주제를 연구할 수 있게 지원한 두 기관에 감사의 뜻을 전한다. 또한 이 책에 실린 원고를 수정하는 과정에서 서강대학교 글로컬한국정치사상연구소의 지원을 받았다. 흔쾌히 지원해주신 강정인 소장님과 수정을 도와준 이종원 석사에게도 감사를 드린다. 어려운 여건에도 벌써 세 번째 책을 출간해준 이매진 출판사의 정철수 대표에게도 깊이 감사드린다. 마지막으로 그동안 응원해준 두 딸 수현과 정현, 아내 혜진에게도 미안한 마음과 함께 고마움을 전하며, 언제나 묵묵히 지원해주시는 어머니께도 감사드린다.

2019년 6월
필자 전재호

1장

한국 민족주의의 반공 국가주의적 특성
식민지적 기원과 해방 직후의 전개 양상

1. 들어가는 말

이 장은 한국 민족주의에 내재해 있는 반공 국가주의적 성격의 식민지적 기원과 해방 직후의 전개 양상을 고찰한다. 19세기 말부터 등장한 한반도의 민족주의는 일본의 식민 지배 및 남북한의 분단과 적대를 거치면서 여러 이념과 결합하여 다양한 성격과 내용을 갖게 되었다. 그런데 분단 정부 수립 이후 한국 민족주의의 가장 두드러진 성격은 반공 국가주의였다. 이는 한국 민족주의와 결합된 다른 성격들(예를 들어 자유주의 또는 사회민주주의)을 압도하며 매우 오랫동안 지속되었다. 따라서 한국 민족주의에서 가장 두드러졌던 반공 국가주의적 성격의 식민지적 기원과 해방 직후의 전개 양상을 고찰하는 것은 이후 한국 정치를 이해하는 데 필요한 작업이다.

일반적으로 한반도에서 민족주의는 외세 침략이 빈번했던 19세기 후반에 등장한 것으로 간주된다. 연구자들은 위정척사파와 개화파의 활동 및 동학운동을 '위'와 '아래'로부터의 민족주의로 간주한다. 그러나 엄밀히 말하면 이는 외세의 침략에 대한 '조건반사적' 대응이었을 뿐, 한반도에서 '타자'(중국, 일본, 서양 등)와 구별되는 '나'(조선)를 민족으로 구성 construction한 것은 20세기 초부터였다.[1] 조선은 1894년 청일전쟁에서 청이 패배하면서 전근대적인 중화체제와 완전히 결별했다. 1897년 대한제국 선포 전후에 진행된 독립신문 발간, 독립협회 창립, 독립문 건립 등은 스스로를 중국과 구별되는 정치 단위로 표상하는 상징적 사건이었다.

조선에서 민족과 민족주의 담론이 본격적으로 등장한 것은 1900년대였다. 조선의 지식인은 몰락하는 대한제국을 지켜보면서 국가를 강화하기 위해서는 백성이 '주권' 의식을 가져야 한다고 생각했다. 당대의 대표적 민족주의 지식인 신채호는 우리 민족이 전통적으로 가족 관념은 강하나 민족 관념이 약하고, 지방 관념은 강하나 국가 관념이 약한 경향이 있는데다 고질적인 인습과 불합리한 사고방식을 버리지 못했기 때문에 민족과 국가가 파탄 지경에 빠졌다고 생각했다. 그래서 그를 비롯한 지식인들은 백성들이 국권 의식을 갖도록 하기 위해 조선사를 구성하고 조선의 영웅을 발굴했으며 언론을 통해 한글을 보급하고 영토에 대한 정보를 확산시켰다.

그러나 이러한 조선인의 '자율적'이고 '능동적'인 민족 형성은 일본의 식민지로 전락하면서 중단되었다. 식민지 시기 조선에서 진행된 민족 형성은 일본에 의해 왜곡되었다. 국내의 민족주의는 저항적 성격을 상실했고 일본 제국주의(민족주의)가 허용하는 범위 내에서, 그리고 그 영향을 받으면서 발전했다. 그 결과 식민지 말기 조선의 민족주의는 일본 제국주의

---

[1] "한국에서 민족주의가 본격적으로 형성되기 시작한 것은 20세기 초, 즉 한말의 시점이었다"(박찬승 2007, 390).

14

가 강조했던 반공주의 및 국가주의와 결합하여 반공 국가주의적 성격을 강하게 띠게 되었다.[2] 그런데 그 성격은 해방 후에도 사라지기는커녕 더욱 강화되었다. 이는 분단과 정부 수립을 둘러싸고 좌우 세력 간의 갈등이 지속되면서 분단정부수립 세력이 민족주의와 반공 국가주의를 결합시켰기 때문이다. 그래서 그것은 정부 수립 이후에도 상당 기간 한국 민족주의의 핵심적 특징이 되었다. 이런 측면을 고려할 때, 한국 민족주의가 지닌 반공 국가주의의 식민지적 기원과 해방 직후의 전개 양상을 고찰하는 것은 한국 정치의 성격을 이해하는데 필요한 작업이다.

그런데 이러한 중요성에도 불구하고 한국 민족주의에 내재한 반공 국가주의에 대한 연구는 거의 없다. 박찬승의 연구가 유일한데, 그는 〈20세기 한국의 국가주의 기원〉에서 식민지 시기와 해방 정국 시기를 '민족주의의 굴절'이라는 시각에서 정리했다(박찬승 2007). 그러나 그는 국가주의에만 초점을 맞추었을 뿐 민족주의와 국가주의의 관계, 그리고 두 이념과 반공주의의 관계에는 주목하지는 않았다. 민족주의는 자체로는 자기 완결적 논리 구조를 갖추지 못하기 때문에 다른 이데올로기와 결합하는 '이차적 이데올로기'이다(임지현 1999, 24). 따라서 이 장은 한말 이후 한반도의 민족주의가 어떤 상황에서 국가주의 및 반공주의와 결합했고, 어떻게 변화했는지를 고찰한다.

이를 위해 2절에서는 대한제국 말기에 형성되기 시작한 한반도의 민족주의가 식민지 시기에 어떤 과정을 거쳐 반공주의 및 국가주의와 결합하게 되었는지를 살펴본다. 특히 1920년대부터 조선 사회의 헤게모니를 장악하고 해방 이후에도 대한민국 정부수립에서 핵심적인 역할을 했던 부

---

2 이 글은 역사성을 고려해 대한민국 수립 이전 시기는 당시 일반적으로 사용되던 조선이라는 용어를 사용한다.

르주아 우파 세력의 민족주의를 중점적으로 다룬다. 3절에서는 대한민국 정부수립 주도세력의 민족주의를 중심으로 식민지 시기의 반공 국가주의가 해방 이후 어떻게 '재생산' 되었는지를 알아본다. 마지막 절에서는 한국 민족주의에서 식민지 유산인 반공 국가주의가 갖는 의미를 정리하고, 그것이 한국 민주주의에 어떤 영향을 미쳤는지 고찰한다.

2. 해방 이전 한반도 민족주의의 형성과 분화

한반도에서 민족주의는 국권이 위태로운 상황에서 등장했기 때문에 자유주의와 결합했던 서구의 '시민적' 민족주의와 달리 국가주의적 성격을 띠게 되었다. 게다가 민족주의가 등장한 지 얼마 지나지 않아 국권을 상실하게 되자 국가주의적 성격은 더욱 강화되었다. 곧 식민지 조선의 민족주의는 시작부터 국가주의적 성격을 지니고 있었다. 물론 식민지 시기 자유주의와 사회주의도 도입되었으나 자유주의는 자민족의 독립국가 수립을 위해 개인보다는 전체가 강조되는 상황에 맞지 않았기 때문에 민족주의와 결합하지 못했다. 사회주의는 스스로 민족주의를 적대시했기 때문에 표면상으로는 민족주의와 결합하지 못한 것으로 보이지만, 내용상으로는 민족주의와 결합했다.

한편 식민 지배가 장기화되면서 국내의 일부 부르주아 세력은 일본 제국 내에서의 조선 민족의 자치를 주장하거나, 심지어는 중일전쟁 이후 일본 천황과 국가에 대한 충성을 강조하며 조선 민족주의의 해소를 주장했다. 그 과정에서 그들은 일본의 국가주의뿐 아니라 그들이 강조한 반공주의와 반反자유주의도 그대로 받아들였다. 그 결과 식민지 후반 국내 부르주아 세력의 민족주의에는 국가주의와 함께 반공주의가 결합되었다. 특히 국가주의 및 반공주의와 결합된 식민지 조선의 민족주의는 해방 직후 국내 부르주아 세력이 미군정과 대한민국 정부에서 중요한 역할을 하면서, 그리고 냉전체제의 심화와 국내 좌우익 간의 격렬한 대결로 인해 그대로 지속되었다. 우선 이 절에서는 식민지 시기까지 한반도에서 민족주의가 어떤 내용과 성격으로 발전했는가를 살펴본다.

1) 대한제국 시기의 민족주의의 등장

한반도에서 민족주의 담론이 처음 등장한 것은 1890년대 후반이다. 1894년 청일전쟁의 결과로 청이 물러나자 조선에서는 많은 변화가 시작됐다. 한편으로 갑오개혁을 통해 신분제와 각종 차별 제도가 폐지되었고 국한문 및 국문 인쇄 매체를 통해 인민주권, 입헌군주제와 같은 서구 사상이 소개되었으며, 국민, 인민, 동포 등 정치공동체의 구성원을 의미하는 새로운 용어도 등장했다. 당시《독립신문》과 대중에게 개방된 만민공동회는 백성 스스로가 애국 시민임을 자각하고 공론을 형성하는 장이 되었다.

다른 한편으로 독립신문의 발행, 독립협회의 결성, 독립문 건립 및 대한제국 선포 등은 중국과의 전통적인 관계 단절을 통해 조선의 독자성을 상징적으로 표출한 것으로, 민족주의의 확산에 큰 영향을 미쳤다. 또한 황실의 위엄을 과시하고 백성의 충성심을 확보하기 위해 황실이 주도한 대한제국 선포, 원구단의 건립, 독립가, 애국가, 태극기의 보급 역시 백성의 민족 정체성 확립에 영향을 주었다.

그러나 당시 지식인들이 언급한 민권民權은 국권國權보다 하위 개념이고 국가의 생존과 유지를 위해 항상 희생될 수 있는 것이었다. 대한제국 역시 입헌군주정이 아닌 군주정이었기 때문에 1900년대 초반까지도 출판물이 강조했던 것은 민권이 아니라 황제와 나라에 대한 애국심과 충성심이었다(김현숙 2005). 그럼에도 이러한 변화는 대한제국의 위상이 약화된 이후 새로운 주체로서의 민족이 등장할 수 있는 길을 열었다.

러일전쟁 이후 대한제국의 황실이 급격히 약화되자 충성과 애국의 대상은 황제가 아니라 민족으로 전환되었다. 곧 대중들은 스스로를 황제의 신민이 아니라 국가의 주인인 국민으로 인식하게 되었다. 지식인들은 이러한 인식을 대중들에게 확산시키기 위해 교육기관, 출판사, 언론 매체, 각종 강습회 등을 이용하여 애국계몽운동을 전개했다. 물론 이를 통해 많은 대중들이 각성하여 스스로를 국가의 주체로 인식하게 되었지만 "개인, 가족만 있는 줄 알고 사회, 국가가 있는 줄 모른다"는 신채호의 지적처럼 대다수의 민중은 여전히 민족의식과 애국심을 갖지 못했다(김명구 2003, 207).

한편 당시 지식인들의 민족주의에 가장 큰 영향을 준 사상은 사회진화론이었다. 사회진화론은 국제사회를 국가 간의 치열한 생존경쟁과 약육강식의 현장으로 묘사했고, 조선이 이런 상황에서 살아남기 위해 스스로 실력을 갖추는 것, 곧 자강自强을 이루는 길밖에 없다는 점을 제시했다. 따라서 지식인들은 조선 민족이 주체가 된 교육과 실업의 진흥을 통해 문화적·경제적 실력을 양성하겠다는 자강 운동을 전개했다.

그런데 자강 운동을 전개하는 과정에서 민족주의 지식인들은 조선이 아직 독립을 달성할 역량이 없으므로 먼저 실력을 기른 연후에 독립을 도모하자는 '선실력양성 후독립론'과 '무장투쟁'만이 궁극적으로 독립을 가져다줄 수 있다는 '선독립론'으로 분열되었다. 전자는 사회진화론의 생존경쟁, 약육강식, 자연도태를 자연법칙으로 받아들였기에 강대국/문명국에 의한 약소국/미개국의 제국주의적 침탈을 자연스러운 일로 수용했다. 따라서 강대국 일본에 의한 약소국 조선의 강점 또는 문명화는 약육강식의 자연스런 결과였다. 또한 그들은 일본이 주장하던 황인종과 백인종의 대립 구도를 받아들여 일본을 중심으로 동아시아 국가들이 뭉쳐야 한다는 아시아주의를 수용했다.

그러나 후자는 국가의 독립이 근대화보다 더 중요하며, 제국주의 세력에 대항하기 위해서는 민족주의와 국민의 통합이 더 중요하다고 생각하여 아시아주의를 거부했다. 그들은 1910년경에는 '선실력 양성론'을 포기하고 '무장투쟁'만이 궁극적으로 독립을 가져다줄 수 있다고 판단하여 국외로 망명해 독립군 기지건설 운동을 전개했다. 그들은 장기적인 국권 회복 운동을 위해 애국주의의 계몽, 즉 민족혼의 유지가 무엇보다도 중요하다고 보았다.

한편 1900년대 후반 국권 상실이 명백해지자 지식인들은 국가를 정신적 국가와 형식적 국가로 구분하고, 정신적 국가를 국혼國魂 또는 국수國粹로 부르면서 이를 보존해야 한다는 '국수 보존론'을 주장했다. 신채호는 '정신적 국가'는 국민의 독립 정신, 자유정신, 생존 정신, 국위를 고양할 정신 등으로, '형식적 국가'는 영토, 주권, 대포, 육군, 해군 등의 집합체로 설명하고, "세계 여러 나라를 막론하고 먼저 정신적 국가가 있은 연후에야 형식적 국가가 비로소 있게 된다"고 주장했다(박찬승 2007, 317). 이는 형식적 국가가 멸망한 상황에서 정신적 국가라도 보존해야 후에 형식적 국가를 회복할 수 있다고 생각했기 때문이다.

결국 한반도에서 민족주의는 중국에 대한 자주독립 의식과 대한제국 군주에 대한 충성이라는 내용으로 출발했고 개화사상의 확산을 통해 민권 의식을, 그리고 황실의 몰락을 통해 국민 의식을 갖게 되었다. 그러나 1905년 이후 국가의 소멸을 경험하면서 조선의 민족주의에서 민권보다는 국권이 강조되었다. 곧 한반도에서 민족주의는 국가적 위기에 등장했기 때문에 초기부터 자유주의와 결합한 서구와 달리 국가주의적 성격을 띠었다.

2) 식민지 시기 조선 민족주의의 형성과 분화

(1) 1910~1920년대 조선 민족주의의 분화와 국내 부르주아 세력의 민족주의

1910년 일본 식민지로 전락한 이후 조선에서 민족주의 운동은 총독부의 무단통치로 중단되었다. 다만 국내의 일부 지식인들, 곧 천도교 계열과 청년학우회 계열의 지식인들은 교육과 실업 진흥을 통한 실력 양성, 곧 '선실력양성 후독립'을 주장했다. 그들은 주로 일본에서 유학한 신지식 층으로 일본 생활을 통해 자본주의의 힘을 실감했고 서구 문명의 세례를 받은 인물들이었다. 이들 지식인은 조선이 아직 독립하기에 역량이 부족 하므로, 우선 독립할 수 있는 역량을 키워야 한다고 생각했다. 그들은 실 력 양성을 자본주의 문명의 수립으로 인식하고, 이를 위해 교육과 산업의 진흥, 곧 신교육의 보급과 민족자본의 육성을 중심으로 하고 구사상·구 관습의 개혁 및 신문화의 건설을 보완·추진해야 한다고 주장했다. 그러 나 조산직장려계 설립 운동을 비롯한 그들의 노력은 일본 총독부의 방해 로 실패했다.

이렇게 1910년대 국내에서 전개된 민족주의 운동은 즉각적인 독립을 지향하지 않았다. 그러나 국외로 망명한 민족주의자들은 즉각적인 독립 을 목표로 독립군기지건설운동을 전개하고 일본과의 무장투쟁을 전개했 다. 그러나 국외라는 지리적 한계와 일본 총독부의 탄압으로 오래 지속되 지 못했고 국내에 미치는 영향력도 미미했다.

일본의 무단통치로 침체에 빠졌던 조선의 민족주의 운동에 극적 반전 을 가져온 것은 1919년 3·1운동이었다. 국내외 지식인들은 제1차 세계대 전 종전으로 세계정세가 급변하자 당시를 '정의·인도'의 세계 개조 시기로 인식하여 독립운동을 전개했고, 조선 민중이 적극 호응하면서 전국적인 만세 운동으로 확산되었다.

3·1운동은 즉각적인 조선의 독립을 가져오지는 못했지만, 이후 조선의 민족주의에 큰 영향을 미쳤다. 먼저, 민족이 조선 독립의 주체가 되었다. 당시 각종 선언문에서 민족은 자결의 주체, 독립 의지의 주체, 독립운동의 주체로 사용되었다. 곧 3·1운동을 통해 독립운동 주체로서의 민족이 일상 용어로 확산·정착되었다. 다음으로, 3·1운동은 조선의 민족주의가 공화주의와 결합하는 계기가 되었다. 당시 국내외 민족주의자들은 1911년 중국의 신해혁명, 독일의 바이마르공화국의 성립, 러시아혁명 등의 영향을 받아 공화주의를 수용했다. 그 결과 상해 임시정부가 제시한 정부 형태는 민주공화제였다. 그러나 그들은 민주공화제의 근거가 되는 자유주의의 개인 중시는 비판했고, 대신 개인과 사회의 조화 또는 국가와 사회에 대한 개인의 희생과 책임을 강조했다. 결국 3·1운동을 계기로 민족 개념은 독립운동의 주체가 되었고 민족주의는 공화주의와 결합했다. 그러나 당대의 민족주의는 식민지라는 상황 때문에 여전히 자유주의적 성격 대신 국가주의적 성격을 띠었다.

한편 3·1운동을 계기로 일본이 문화 통치를 실시하면서 1920년대 조선에서는 민족주의 운동이 활발히 전개되었다. 총독부는 조선인의 언론과 교육기관 설립을 허용했는데, 그 설립을 주도한 지식인들이 민족주의 담론을 생산하고 유포시켰다. 그들은 3·1운동이 내세웠던 '조선의 즉각 독립'이라는 목표를 포기하고 1910년대 실력 양성론의 연장선에서 교육과 실업의 진흥 및 구습 개량을 통한 국권 회복 노선을 선택했다. 그들은 이제 세계가 정신적 측면에서 '정의 인도', '자유, 평등'의 시대로, 물질적 측면에서는 '진보된 문명'의 시대로 개조되고 있기에, 조선도 살아남기 위해서는 세계 개조의 시대적 기운에 부응하여 사회를 개조해야 하며, 이는 '신문화의 건설'로 가능하다고 주장했다.

1920년대 정의·인도와 문화주의의 원칙에 따른 세계 개조가 불가능한 것으로 판명되자, 국내 민족주의 세력은 다시 분화되었다. 하나는 당시 일본을 통해 본격적으로 유입되던 사회주의 계열이었고, 다른 하나는 당시 국내 민족주의 운동과 담론을 주도했던 부르주아 계열이었다. 전자는 민족 독립을 지향했지만 사회주의의 원칙에 따라 민족주의를 부르주아의 이데올로기로 폄하하면서 계급투쟁을 앞세웠다. 그럼으로써 민족주의 세력이라는 이름을 부르주아 세력에 빼앗기게 되었다. 후자는 세계가 정의·인도의 원칙보다는 '생존경쟁'의 법칙에 따라 움직이기 때문에 사회진화론에 입각한 '실력 양성 운동', 곧 '자본주의 문명의 수립' 운동이 필요하다고 주장하는가 하면, 다른 한편으로 개인의 수양과 인격의 확립을 가장 중요하게 생각하는 '정신 개조·민족성 개조'를 주장하기도 했다. 특히 개조 주장은 개인의 인격 완성을 목표로 학교교육진흥운동, 사회교양운동, 농촌개량운동 등 '사회 교화'를 위한 문화운동을 전개했다.

1923년 이후 부르주아 계열의 문화 운동이 침체에 빠지자 동아일보는 그 원인을 민족의식의 불철저한 보급 및 현대사조와 전통문화의 현격한 차이로 진단을 하고, 조선인이라는 의식 환기와 단결 확보 및 구관 누습舊慣陋習의 개조 혁정改造革正을 해결책으로 제시했다. 《동아일보》는 1926년 11회에 걸쳐 "폐습누관弊習漏慣부터 개혁하자"라는 기사를 연재하면서, 의복, 관혼상제, 족보열, 양반심 관존민비, 황금 숭배열, 지방열, 도회숭상병, 노동의 천시, 노년 숭배 관념, 가족주의 등을 개혁할 것을 주장했다. 특히 "가족에서 민족으로"에서는 조선 민족을 쇠하게 하고 약하게 하고 열劣하게 하고 패하게 한 근본 원인이 바로 가족제도에 있다고 주장했다. 곧 동아일보는 가족 의식의 탈피와 민족의식의 무장을 주장했다. 이후에도 계속 문화 운동을 통해 조선 민족의식의 각성과 단결 및 구습 개혁과 신문화 수용을 주장했다. 여기서 말하는 '민족의식' 또는 '민족애'는 민족적 이해를 위해 재산과 총력을 바치는 것, 곧 민족을 위해 희생하고자 하는 정신이었다.

이렇게 1920년대 부르주아 세력은 조선의 쇠약 열패의 원인을 가족주의와 같은 구습의 잔존과 민족의식의 미진함으로 진단하고, 그 해결책으로 문화 운동을 통한 구습 개혁과 민족의식의 각성을 주장했다. 이는 조선이 쇠약 열패한 원인, 나아가 식민 지배의 원인을 제국주의의 탓이 아니라 조선인의 책임으로 간주한 논리였다. 그렇기 때문에 그들이 제시한 해결책 역시 민족적 이해를 위해 재산과 총력을 바치자는 주장으로 귀결되었다. 따라서 1920년대 국내 부르주아 세력의 민족주의는 다른 식민지에서 일반적으로 등장했던 반反제국주의적 성격은 탈각된 채, 민족을 위해 개인의 희생을 요구하는 국가주의 성격을 띠었다.

(2) 1930년대 초 국내 부르주아 세력의 민족주의 — 국가주의와 반공주의

조선의 민족주의는 1930년대 초반 세계정세와 일본의 정책에 따라 국가주의 및 반공주의와 결합했다. 당시 일본은 1929년 세계대공황과 1931년 9월 만주사변의 영향으로 정치가 보수화되고 국가의 경제통제가 강화되었다. 사상계 역시 자본주의·제국주의 국가의 절대성과 영속성을 강조하면서 침략 전쟁을 옹호하는 반공적이고 보수적인 경향으로 기울었고, 특히 국가주의가 강화되었다. 국내 부르주아 세력도 이에 영향을 받아 약육강식의 국제 정세 속에서 제국주의를 비판하기보다 식민 당국의 정책에 순응하면서 문화 운동을 전개했고 국가주의와 반공주의에 경도되었다.

먼저 국내 부르주아 우파 세력은 민족을 역사·문화적으로 동일한 정신적 존재로 간주하고 민족의식을 고취하기 위해 위인 선양과 고적 보존 운동을 전개했다. 1932년 동아일보는 "다시 우리 것을 알자", "조선을 알자"와 같은 사설에서 그동안 지식인들이 외래 사조를 맹목적으로 추수했을 뿐, 조선적인 것에 무관심해 '조선 민족의 지도 원리'를 마련하지 못했다고 비판하고, 위인 선양, 문화유산의 발굴·전승을 통해 "민족문화에 대한 숭앙심과 애착심"을 고양시킬 것을 주장했다. 이는 한편으로 한말 《대한매일신보》와 1910년대 대종교 및 민족주의 역사가들이 단군 숭배 사상을 중심으로 국수 사상의 보존 계승을 강조한 흐름을 계승한 것이었지만, 다른 한편으로는 위인이 지닌 국가 정신, 희생정신을 모범으로 삼아 청년들에게 "인내와 성의를 가지고 개인의 수양과 사회 전체의 이익을 위하여 일하라"는 정신을 전파하는 것을 목표로 했다. 곧 그들은 전통에 연원한 '민족문화'를 통해 충군애국과 정신 수양을 계몽하는 성격을 가진 대중적 민족문화 운동을 전개했다.

그러나 이러한 민족문화 주장은 조선의 독자적인 '민족국가'를 상정하지 않은 채, 민족의 문화적 측면만을 강조했다. 곧 참정권 운동이나 자치운동처럼 일본의 통치를 전제한 상태에서 민족적 차별을 받지 않을, 일본인과의 동등한 권리를 요구하는 운동이었다. 이는 부르주아 우파 세력이 아무리 과거로의 회귀를 통해 전통문화·고유문화를 창출하고 민족의 정체성을 부각시켜도 결국은 '현실 국가'인 일본의 국가주의·국민주의의 틀 안에 머무르고 있다는 점을 보여준다. 따라서 일본도 조선 민족의 고유문화를 유지하는 민족문화 운동이 독립 정신을 함양시키는 것이 아니라고 판단하여 탄압하지 않았다.

또한 부르주아 우파 세력은 사회주의자의 계급적·국제주의적 민족 인식을 비판했다. 그들은 약소국인 조선에서 민족문제가 중요함에도 계급주의가 만연했다고 비판하면서, 계급주의를 극복하기 위해 개인주의, 가족주의, 세계주의를 버리고 민족을 '큰 나', '우리'라는 단일체로 인식할 것을 강조했다. 그리고 민족문화를 완성하기 위해 2천만 민중이 '한 덩어리로 단결'할 것을 강조했다. 이는 우파 부르주아 세력의 사고가 집단주의 또는 전체주의적 성격을 띠고 있음을 보여준다.

부르주아 우파 세력의 집단주의적 사고를 잘 보여주는 것이 바로 이광수였다. 그는 집단주의를 옹호하기 위해 개인주의를 적극 비판했다. 개인주의는 "혼자 주의, 나 주의, 저만 아는 주의"이며 "인류 문화에 치명적 병인"이라고 주장했다. 또한 "원래 옛 조선의 촌락의 도덕은 집단주의적이었다. 곧 우리주의"였는데, 영미식 개인주의가 들어오면서 집단생활의 미풍이 유린되었다고 주장했다. 그러면서 "이기주의·향락주의에 대한 '구실'주의·봉사주의, 개인주의·자유주의에 대한 우리주의·단체주의·전체주의에의 복귀, 옛 조선 정신에의 복귀가 오늘의 조선인에게 필요하다"고 주장했다.[3] 그는 구실주의·봉사주의·우리주의·단체주의·전체주의를 조선 정신이라고 주장했다. 또한 《조선민족론》(1933)에서는 "금일의 조선 청년은 너무도 뜻이 작다. 나 일 개인의 일생의 고락을 염두에 두는 것이 너무 크다"면서 개인을 초월하라고 주장했다. 그리고 아무도 민족의 범주를 초탈할 수 없으니 민족을 위해 희생할 것을 주장했다(박찬승 2007, 377).

다음으로 부르주아 우파의 견해를 대변했던 동아일보는 국가주의가 등장하던 당대의 세계 사조를 상당히 긍정적으로 평가했다. 만주사변 이후 일본의 거국일치내각, 이탈리아의 파시스트, 독일의 히틀러 의 등장이 바야흐로 "세계는 다시 국민주의로 변복變復"하는 것을 증명하는 것이라고 진단했다. 1932년 5월 《신동아》의 〈세계를 지배하려는 파시즘 운동의 전망〉에는 파시즘을 "일면으로 국민주의 본래의 속성인 국가주의이면서 타일면으로는 반계급주의이다. 위선爲先 파시즘은 '인터내셔널리즘'과 대립한다. 파시즘의 중심 관념은 언제나 '민족국가' '조국'에 있는 것이오 '세계국

---

3 이광수, 〈옛 조선인의 근본도덕 — 전체주의와 구실주의 인생관〉, 《동광》(1932년 6월호, 2; 박찬승 2007, 376~377 재인용).

가'에 있는 것이 아니다"라고 주장했다. 곧 파시즘을 사회주의를 반대하는 '내셔널리즘'으로 파악했다.

또한 19세기의 국민주의가 민주주의나 의회주의와 결합하여 발달한 데 비해 20세기의 국민주의는 독재주의 및 반反의회주의와 결합해 있다고 주장했다. 그리고 무솔리니를 "큰 단결의 지도자로 전 민족의 숭상을 받는 자"라고 칭송했고, 히틀러의 독일이 국제연맹을 탈퇴한 것을 "젊은 독일의 기백"이라고 높이 평가했다. 게다가 일제가 일으킨 만주사변을 '민족의 힘'을 발휘한 것으로 주장하면서 약자의 입장이 아닌 강자의 필연적 승리로 인식했다. 따라서 조선의 민족운동 역시 자본주의적 강자의 세력에 기반을 둔 것이 되어야 한다고 주장했다(이지원 2007, 300~301).

반면 1920년대 좌우합작을 주도했던 부르주아 좌파는 과학적 조선 연구와 민족의 주체적 문화 탐구를 표방하며 조선사정조사연구회朝鮮事情調査研究會를 결성하고 조선학 운동을 전개했다.[4] 또한 주체적인 근대 민족국가로의 가능성을 과거 전통에서 찾기 위해 실학 연구, 특히 다산茶山 정약용 연구에 집중했다. 그들의 민족문화론은 부르주아 우파와 달리 일본 제국주의로의 동화를 거부했는데, 이는 강대국·파시즘 국가의 국가주의와 약소민족의 민족국가를 구분하는 인식에서 기인했다. 그들은 파시즘 시기의 국민주의는 강대국의 현상이며 조선 사회는 여전히 이에 대응하는 약소민족·후진 사회이기 때문에 독자적 민족주의를 가져야 한다고 주장했다. 특히 그들의 민족주의는 문화의 중층성과 병존을 인정했기 때문에, 배타적 성격이 아닌 국제주의·인류동포주의와 교호하는 성격을 지녔다. 그래서 그들은 사회주의자들을 배제하지 않고 그들과 민족 협동전선을 전

---

4 대표적 인물은 안재홍, 정인보, 홍명희 등이다.

개하려 했다. 이러한 인식은 부르주아 우파와는 사뭇 다른 것이었다. 결국 그들은 1930년대 후반 일본의 파시즘이 강화되자 일제에 야합하지 않고 침잠하여 은거했다.

결국 1930년대 초반 국내 부르주아 세력의 민족주의는, 일제의 파시즘 지배 문화론에 포섭될 가능성이 높은 우파와 반파시즘의 저항 문화론을 띤 좌파로 분열되었다(이지원 2007, 260). 그러나 당시 헤게모니는 일제의 지원을 받은 우파가 장악했는데, 그들은 대공황 이후 유럽의 보수화 경향과 일본의 힘에 압도되어 식민지 민족주의 고유의 저항적 성격을 포기하고 문화적 민족주의로 자신의 범주를 제한했다. 곧 그들의 민족주의는 정치적 독립을 포기하고 일제의 한 지역으로써 식민지 조선의 문화를 보존하는 내용으로 위축되었다. 그러면서도 민족을 위한 무조건적 희생을 강조하고 사회주의를 비판했다는 점에서 그들의 민족주의에는 국가주의적 성격과 함께 반공주의적 성격이 강하게 결합되었다. 이는 당시 세계적으로 확산되던 파시즘과의 사상적 동질성을 보여주는 지점이다.

(3) 1930년대 후반 이후 국내 부르주아 우파 민족주의의 파산 ― 일본 국가주의로의 투항

1937년 중일전쟁 이후 일본의 국가주의(또는 전체주의)에 투항한 부르주아 우파만이 활동할 수 있었다. 이미 일본 제국주의와 타협했던 그들은 일본이 동화정책을 실시하자 저항을 포기하고 굴종의 길을 걸었다. 대표적으로 1910~1920년대 국수적 '민족문화'를 강조하고 단군 선양을 주장했던 최남선은 1930년대 후반 일제의 심전心田 개발 정책에 편승해 단군을 비롯한 조선의 고유 신앙을 일본의 고신도古神道와 등치시켰다. 1930년대 전반까지 민족의 고유성과 영원성을 열광적으로 주장했던 이광수 역시 전시 파시즘 체제하에서 "조선 문화의 진로는 조선인 전체를 일본화하고 일본의 문화를 앙양하는 것"이라고 주장했다.[5] 이렇게 부르주아 우파는 적극적으로 일본의 국가주의를 수용했지만, 이런 엄혹한 상황에서도 부르주아 좌파는 한민족의 독립국가를 지향하면서 일제의 동화정책을 거부했다.

당시 부르주아 우파가 조선의 민족주의를 포기하고 일본의 국가주의를 추종하게 된 것은 단순히 일본의 물리적 강압에만 굴복해서는 아니었다. 그것은 사회진화론에 따라 힘의 논리를 신봉했던 그들의 사고에 기인한 것이었다. 그들은 세계가 정의·인도의 원칙보다는 '생존경쟁'의 원칙위에서 움직인다고 생각했기 때문에 만주사변과 중일전쟁을 일으킨 일본의 힘에 압도되었고, 그 결과 독립 추구보다 일본의 힘에 편승하는 것이 조선의 장래에 바람직할 것이라고 생각했다. 이광수와 주요한은 힘을 선망하고 강력주의를 지향하며 전쟁을 찬미했다. 이광수는 1928년에 쓴 글에서 당대의 위대한 개인 중 하나로 무솔리니를 지목했고, 1931년 5월에는 〈이태리의 파시스트를 배우고 싶다〉는 글도 집필했다.

특히 국내 부르주아 우파가 일본 국가주의로 전환하게 된 결정적 계기는 중일전쟁 이후 일본이 제시한 내선일체內鮮一體의 논리였다. 그들은 내선일체를 '차별로부터의 탈출 논리', 곧 차별에서 벗어날 수 있는 방법으로 인식했다. 곧 이광수는 "조선 사람의 희망을 단적으로 말하면 조선 사람이 내지인과 전혀 차이 없는 황민이 되는 것입니다. …… 조선 사람은 한 사람의 신민으로서 대우받고 싶습니다"라고 주장했다. 그래서 그들은 일본의 동아 신질서東亞新秩序의 논리에 편승하여 일본 제국의 신민으로서 주체가 되는 길을 모색했다(도승현 2007, 47).

---

5 최남선, 〈朝鮮の固有信仰就て〉, 《朝鮮》(1936년 3월). 이광수, 〈心的新體制와 朝鮮文化의 進路〉, 《每日申報》(1940년 9월 4~12일; 이지원 2007, 356에서 재인용).

또한 일본이 내선일체와 멸사봉공을 앞세워 조선의 일본화를 추구하자, 부르주아 우파는 조선인의 독자성을 포기하고 천황의 충성스러운 신민이 되기를 자처했다. 이광수는 자신이 그동안 "조선인을 다만 조선인이란 단일한 것으로 관념한 근본적 오류"에 사로잡혀 있었다고 반성하고, "조선 민족의 발전적 해소"를 주장했다. 곧 "조선인은 제가 조선인인 것을 잊어야 한다. …… 아주 피와 살과 뼈가 일본인이 되어버려야 한다. 이 속에 진정으로 조선인의 영생의 유일로가 있다. …… 조선인은 그 민족 감정과 전통의 발전적 해소를 단행"해야 한다고 주장했다(이준식 2000, 190~191).

 게다가 이광수는 일본의 국가주의를 적극적으로 찬양했다. 그는 "황도 정신의 일본 문화는 세계에서 가장 아름다운 문화"이며 "일군만민一君萬民, 충효일치忠孝一致의 이 정신이야말로 만국 만민이 다 배워야 할 정신"이라고 주장했다. 또한 그는 "일군一君을 위해 살고 일하고 죽기를 인생의 본분으로 하는 일본 정신과, 자기 개인의 이해 고락을 표준으로 하는 구미 정신 사이에는 그 윤리적 격차가 엄청난 것"이라고 주장했다. 이렇게 그는 서구의 개인주의를 폄하하고 일본의 전체주의를 옹호하는 전형적인 국가주의적 사고를 주장했다(박찬승 2007, 340).

 결국, 식민지 후반 일본에서 전체주의 체제가 들어서자 국내 부르주아 우파의 민족주의는 '조선 민족의 유지'에서 '일본 민족으로의 동화'로 내용이 바뀌었다. 곧 충성의 대상이 조선 민족에서 일본 민족으로 전환된 것이었다. 이러한 민족주의 담론의 '전복'은 내선일체라는 일본 파시즘 체제의 결실인 동시에 힘을 숭배하는 사고의 논리적 귀결이었다. 사실 그들은 1930년대 전반기부터 조선의 독립국가 건설을 포기하고 민족 개념 역시 조선의 종족적·토속적 성격의 유지로 축소시켰으며, 영미식 개인주의와 자유를 부정하고 국가와 민족을 최고의 충성 대상으로 생각했다. 그 결과 그들은 자연스럽게 일본의 국가주의(황도주의)에 포섭되었다. 따라서 식민지 말기 국내 부르주아 우파의 민족주의는 민족 정체성을 부정하는 '반^反민족적' 성격으로 전환되었다.

3. 해방 이후 대한민국 주도 세력의 민족주의[6]

해방이 되자 조선인들은 곧바로 한반도에 독립국가가 건설되고 '식민 잔재'가 청산될 것이라고 생각했다. 따라서 당시 민족주의의 핵심 과제는 독립국가 건설과 식민 잔재의 청산이었고, 민족주의는 자유주의, 사회주의, 국가주의 등 다양한 이데올로기와 결합할 가능성이 있었다. 그러나 한반도가 미국과 소련에 의해 분할 점령되고 12월 모스크바삼상회의에서 신탁통치 후 조선 독립이 결의되자, 조선 사회는 자유주의를 앞세우는 반공 국가주의 세력과 사회주의 세력으로 분열되었다. 전자는 해외 우파 독립운동 세력과 국내 부르주아 우파가 주축이었고, 후자는 국내외 사회주의 세력이 주축이 되었다. 해방 초기 민족주의 담론은 후자가 장악했지만 '탁치 논쟁' 이후에는 전자가 담론의 주도권을 장악했다. 그리고 전자는 1946년부터 남한 단독정부 수립을 주장했고 미국이 주도하는 대한민국 건국 과정에 적극 참여했다.[7] 그들은 남한만의 단독선거가 결정되자 소련 공산주의 세력의 침략으로부터 한반도를 지킨다는 '반공' 민족주의 담론을 통해 단정 거부 세력에 대한 탄압을 정당화했고, 정부 수립 이후에는 북한 공산주의자들의 침략 위협과 남한 내 좌파 척결을 명분으로 일민주

---

6 이 장에서 다루는 '해방 이후' 시기는 해방 이후부터 한국전쟁 이전까지다.
7 물론 김구와 한독당 세력은 남한 단독 선거에 반대했지만 우파의 대다수는 분단 정부의 길에 적극 참여했다.

의라는 '국가주의' 담론을 내세웠다. 따라서 이 절에서는 대한민국 정부 수립 주도 세력을 중심으로 해방 이후의 한국 민족주의가 반공주의 및 국가주의와 어떻게 결합했는지를 고찰한다.

1) 미군정 시기 우파 세력의 민족주의

(1) 이승만의 반공 민족주의

이승만은 이미 1946년부터 남한 단독 정부 수립을 주장했고 정부 수립 이후에 초대 대통령으로 활동했기 때문에 민족주의에 대한 그의 사고는 당시의 한국 민족주의를 이해하는 데 매우 중요하다. 그는 철저한 반공주의자로 알려져 있는데, 그가 분명하게 반공주의를 표명한 것은 식민지 시기인 1941년에 출간된 《일본내막기Japan Inside Out》에서였다. 그는 소련을 독일, 이탈리아, 일본과 함께 자유와 민주주의를 위협하는 전체주의 침략 국가로 규정하고 미국에 소련을 강력히 억제할 것을 촉구했다. 또한 그는 1942년 중경(충칭) 임시정부가 좌우합작을 통해 임정을 강화하려하자 이를 반대했다. 1943년 2월 16일에는 코델 헐Cordell Hull 미 국무장관에게 편지를 보내 미 국무부가 임시정부를 승인하지 않고 축출했기 때문에, 러시아가 자신들이 후원하는 소비에트 한국공화국을 수립하려 한다고 주장했다. 또한 4월에는 주미 외교위원부 통신을 통해 "전후 소련이 만주·한국에 소비에트 공화독립국을 세우려 한다"고 주장했다. 곧 미국이 한국의 임시정부를 승인하지 않는다면, 그것은 미국이 한국의 공산화·소비에트화를 방임하는 것과 같다고 했다(정병준 2005, 260). 이는 이승만의 반공주의가 미국에 중경(충칭) 임시정부를 승인하게 하려는 전략적 의도를 보여준다. 그러나 1945년 샌프란시스코 회담을 전후해 그는 미 국무부 내에 공산주의자들이 존재하고, 그들 때문에 한국 공산화가 촉진된다고 주장했다.

이승만은 해방 직후 미소에 의한 한반도의 분단 점령 이후 자신의 반공주의를 보다 강하게 주장했다. 1945년 8월 27일 그는 맥아더에게 보낸 전문에서 다음과 같이 반소 입장을 표명했다(정병준 2005, 429).

우리는 공동 점령이나 신탁에 반대한다. 만약 점령이 필요하다면, 미국이 흘린 피 값과 소모한 막대한 비용의 대가로 미군만의 단독 점령을 환영한다. 대일 본전은 민주주의를 위한 세계 안보를 달성하기 위해 승리한 것이다. 왜 우리가 러시아로 하여금 한국에 들어와 공산주의 정부를 수립하고 한국에서 유혈내전의 씨앗을 뿌리도록 허락해야 하는가?

또한 이승만은 "1905년 이래 한국을 희생시켜 가면서 일본에 유화적이었던 정책이 진주만 기습을 낳았던 것과 마찬가지로 한국에 대한 정당함을 희생으로 한 대소 유화정책은 커다란 불행을 초래할 것"이라고 주장했다(김국태 1984, 38). 곧 그의 반공주의는 단순히 한반도에만 국한된 것이 아니라 소련의 세계 공산화 전략에 대한 미국의 정책을 위한 것이었다. 따라서 그의 반공주의는 단순한 전략적 인식에 기초한 것이 아닌 이데올로기적 확신에서 나온 것이었다.

그러나 미국에 대해서는 강력한 반소, 반공주의를 제시했던 이승만은 초기에는 국내에서 자신의 입장을 적극적으로 드러내지 않았다. 왜냐하면 당시에는 좌익이 대중들로부터 지지를 받고 있었기 때문이었다. 그는 10월 21일 중앙방송국에서 발표한 "공산당에 대한 나의 관념"에서 다음과 같이 긍정, 부정의 양 측면을 모두 언급했다(우남실록편찬회 1984, 314).

나는 공산당에 대해 호감을 가지고 있는 사람이다. 그 주의에 대하여도 찬성함으로 우리나라의 경제대책을 세울 때 공산주의를 채용할 점이 많이 있다.

…… 경제정책의 이해를 염두에 두지 않고 공산 정부의 수립만을 위해 각 방면으로 선동 소요를 일삼는 자는 한국의 독립에 방해를 가져오는 자이니 국민 각자가 자각하여 선동에 유혹되지 말기를 바란다.

이승만은 12월 17일 "공산당에 대한 나의 입장"이라는 방송 연설에도 이러한 중립적 입장을 표명했다(우남실록편찬회 1984, 349~351).

한국은 지금 공산당을 원치 않는 것을 우리는 세계 각국에 대하여 선언합니다. 우리가 공산주의를 배척하는 것이 아니오, 공산당 극렬파들의 파괴주의를 원치 않는 것입니다. …… 소위 공화국이라는 명사를 조작하여 국민 전체에 분열 상태를 세인에게 선전하다가, 지금은 민중이 차차 깨어나서 공산에 대한 반동이 일어나매 간계를 써서 각처에 선전하기를 저희들이 공산주의자가 아니요 민주주의자라 하여 민심을 현혹시키고 있습니다.

이승만은 여기서 공산주의 자체를 배척하는 것이 아니라 그들 중 극렬파를 반대한다고 주장했다. 그러나 이는 사실상 반공주의 입장을 명백히 한 것이다. 그의 반공주의가 본격화된 것은 신탁통치 문제가 불거지고 좌익이 찬탁의 입장으로 돌아서면서였다(우남실록편찬회 1984, 367).

근자에 소위 인공의 기치 아래 망동하는 소수의 반동분자들은 기왕에도 소련을 조국이라 호칭하고 우리나라를 분열 착란하여 그 연방으로 끌고 들어가려고 하다가 거의 실패로 돌아가려고 할 때에 대한의 신탁 문제가 3국 회담에서 나타나자 반역배들이 구세주 나온 듯이 환영하였습니다. …… 우리 민족이 분열하고 또 우리가 탁치 반대라는 구실을 소위 탁치를 주장하는 나라에 제공하야 영원히 우리 반도와 국민을 팔아먹으려 하는 가증한 행동이다.

이승만은 반탁 시위를 주도하는 좌익을 민족의 '반역배'로 규정하고 소련에 나라를 팔아먹으려 한다고 주장했다. 한국의 공산주의자들은 한반도를 공산화하려는 소련의 앞잡이라는 논리로 그들을 비난했다. 곧 그는 신탁통치에 대한 한국인들의 반대 정서를 이용하여 민족주의에 반공주의를 결합시키는 데 성공했다. 그 결과 신탁통치를 계기로 한국에서 좌우익의 대치선은 '자유민주주의 대 공산주의'라는 이데올로기에서 '한반도의 독립 대 한반도의 공산화'라는 민족주의적 논리로 전환되었다.

결국 이승만은 식민지 시기부터 소련의 사회주의 체제를 전체주의로 인식하는 반공주의적 신념을 지녔다. 이러한 그의 반공주의는 1945년 말부터 시작된 신탁통치 논쟁을 계기로 민족주의와 결합되었고, 이는 다시 대한민국 정부 수립 이후 일민주의를 통해 국가주의와 결합되었다.

(2) 이범석의 국가주의 ─ '민족 지상, 국가 지상'

해방 이후 민족주의가 국가주의와 결합하는 과정에서 주목할 인물은 조선민족청년단(이하 족청)을 주도한 대한민국의 초대 국무총리 겸 국방장관인 이범석과 초대 문교장관 안호상이다. 이범석은 1917년 중국으로 망명한 후 1920년 청산리대첩에 참여했고, 이후 중국군과 광복군에서 활동한 대표적인 해외 독립운동가였다. 반면 안호상은 1920년대 중국과 독일에 유학한 후 1932년 보성전문에서 교수로 재직한 우파 지식인이었다.

식민지 시기 상이한 길을 걷던 이범석과 안호상을 묶어준 것은 독일 나치스의 국가주의에 대한 인식이었다. 이범석은 1934년 중국군 구라파 방면 군사 시찰단의 일원으로 독일 베를린을 방문했다. 그가 베를린에 체류하던 중 독일에서는 나치스당의 히틀러가 바이마르헌법을 폐기하고 총통으로 취임했으며, 그 과정에서 히틀러의 유겐트^{Hitler Jugend}가 돌격대 역할을 수행했다.[8] 이는 이범석에게 강력한 지도자와 청년 조직의 중요성을 체험하는 계기가 되었다. 그는 해방 직후 "조선에 와서 내가 느낀 것은 제1차 세계대전 후 내가 본 독일과 같은 감이었다. …… 오늘의 조선도 해방이 되어 민주주의니 무엇이니 하지만, 나치스 같은 정치체제가 아니면 도저히 구해낼 길이 없다. 조선 청년들은 멋도 모르고 나치스를 싫어하지만"이라고 언급했다. 그는 이렇게 나치즘을 높게 평가했기에 '한국적 히틀러'라는 평가를 받았다(연정은 2003, 20).

안호상이 유학 중이던 1920년대 후반 독일에서는 히틀러와 유겐트가 본격적인 활동을 시작했다. 1926년 히틀러가 출옥했고 1927년 유겐트가 재건되어 1928년 대통령 선거에서 큰 역할을 했다. 안호상은 이 단체를 순수한 애국 단체로 인식했고, 나치스가 인기를 얻을 수 있었던 것은 독일의 자본주의자나 공산주의자가 거의 유대인이고 이들에 의해 독일 민족이 피해를 보고 있다는 공감대 때문이라고 생각했다. 그는 자신이 나치즘으로부터 영향 받았다고 말하지는 않았지만, 해방 이후 그의 글을 보면 반자본주의, 반공산주의, 순수 민족 혈통에 대한 찬양 및 학생·청년들의 사상투쟁의 중요성 등 나치스와 동일한 주장이 곳곳에 등장한다. 또한 그는 식민지 후반 일본 국가주의자가 된 이광수에게 큰 영향을 받았는데, 그 이유로 이광수가 힘을 선망하고 히틀러나 무솔리니를 칭송했다는 점을 제시했다. 그는 이광수와의 만남이 "나의 인생의 중요한 빛과 그림자를 드리울 하나의 인연"이며 그에게서 세상을 보는 법을 배웠다고 회고할 정도였다(연정은 2003, 14~15). 결국 안호상은 파시즘과 나치즘, 곧 국가주의에 대한 이광수의 찬양에 매료된 것이었다.

---

8 히틀러 유겐트는 1922년 3월 조직된 국가사회주의청년동맹의 별칭으로, 1926년 7월에 재건됐다. 18세 이하 청소년을 대원으로 하는데, 18세 이상이면 나치스 당원이 된다(연정은 2003, 10).

해방 직후 이범석과 안호상의 활동은 상당히 유사하다. 안호상은 여러 우익 청년 단체에서 국가 의식과 민족의식을 고취하는 강연을 했고, 1946년 8월 중견 교육자를 중심으로 민주교육연구회를 구성했다. 그는 이것을 미국식 민주주의도 아니고 소련식 공산주의도 아닌 제3의 선택, 곧 국가·민족주의를 담은 '새 교육 운동'이라고 주장했다. 그는 1947년 4월 《조선교육》 권두언에서 "우리의 지상명령은 '국가 민족을 찾아라' 하는 명제 이외에는 아무것도 없다"고 주장했고, 《민족에로》에서는 "계급을 초월하고 소아_{小我}를 청산하여 민족 대아_{大我}에 삼천만의 총의가 몰려오는 날, 우리에겐 참다운 해방의 기쁨이 올 것이다. 오늘에 처한 지상명령은 '민족에로'밖에 없다"고 주장했다. 또한 그는 혼란한 사회일수록 학생, 청년, 더 나아가 정신 무장이 돼 있는 군인들이 민족과 국가를 이끌어야 한다고 주장했다(연정은 2003, 18~19).[9] 이러한 인식을 지녔기에 그는 자연스럽게 이범석이 추진하던 족청 결성에서 주도적 역할을 담당했다.

이범석은 1946년 10월 미군정의 지원을 기반으로 국내외 우파 부르주아 세력을 참여시켜 청년 조직인 족청을 결성했다. 이는 1920년대 중국의 국가주의자들이 '민족 지상, 국가 지상'이라는 구호를 내걸고 결성한 중국 청년단과 유사한 조직이었다.[10] 그는 해방 직후 좌우 대립 속에서 민족

---

9 이런 이유에서 안호상은 문교부 장관이 된 뒤 학도호국단을 발족시켰다.

10 '민족 지상 국가 지상'이라는 말은 1920년대 중국의 국가주의자들이 만들었다. 1920년대 중국 국민당이 러시아와 제휴하고 용공적 태도를 보이는 데 반발한 지식인들은 1923년 12월 파리에서 '중국 청년당'을 결성하고, 1924년 귀국한 이후 '국가 지상 민족 지상'을 표방하며 마르크스주의, 제국주의, 군벌주의에 반대하는 등 강렬한 민족주의 색채를 드러냈다. 중국 청년당은 "국가주의란 개인·민족·종교·계급·당파적 이익을 초월하여 국가의 이익을 옹호하는 주의"이며 "개인은 국가에 의해 존재하며 국가가 없으면 개인도 없으므로 개인을 희생하여 국가에 진충하는 것이 마땅하다"고 주장했다. 중국 청년당은 1920년대 후반 장개석이 이끄는 국민당의 외곽 정당이 됐으며, 반공반소 노선을 내걸고 극우 노선을 지향했다. 이범석은 직접 중국 청년당을 언급하지는 않았지만 장개석을 숭배하던 사람인 만큼 몰랐을 리 없기 때문에 '민족 지상 국가 지상'이라는 구호는 중국 청년당의 구호를 그대로 따온 것으로 보인다(박찬승 2007, 351~353).

의 자유와 독립이 위태롭게 된 상황을 극복하기 위해서는 민족의 단결이 필요하고, 민족의 단결은 순정한 정열과 의지, 예지에 기초한 민족 주류 조직의 형성을 통해서만 가능하다고 주장하면서 청년단을 조직했다.

족청에는 광복군 출신과 국내 출신이 거의 비슷한 비율로 참여했는데, 국내 출신은 주로 식민지 말기 일본 국가주의를 받아들인 국내 부르주아 우파였다. 조선일보와 매일신보의 편집국장을 지낸 김형원이 이사로 참여했고 친일파로 알려진 윤치영, 임영신, 박순천, 이용설, 백낙준, 김활란, 백두진 등이 후원했다. 이는 족청이 우파 해외 독립운동 세력과 국내 부르주아 우파의 연합체임을 보여준다. 이범석과 족청은 국내에 기반이 있는 친일 경력자들을 그들의 조직 유지·확대에 이용하고자 했고, 친일파는 해외 독립운동가들이 결성한 족청을 지원함으로써 과거의 친일 경력을 가리는 방패로 삼고자 했다.

족청의 민족주의 담론은 1946년 12월 1일 조선민족청년단 '제1기 수훈생 입소식 훈사'에서 이범석이 제시한 단지團志 3칙三則에 담겨 있다(이범석 1999, 248).

1. 우리는 민족정신을 환기하여 민족 지상, 국가 지상의 이념하에 청년의 사명을 다할 것을 기함.
2. 우리는 종파를 초월하여 대내 자립, 대외 공존의 정신하에 민족의 역량을 결집할 것을 기함.
3. 우리는 현실을 직시하여 원대한 곳에 착안하고 비근한 점에 착수하여 건국 도상의 청년다운 순성을 바칠 것을 기함.

이범석은 여기에 설명을 덧붙였는데, '국가 지상' 또는 '국가를 위해서'가 의미하는 바는 "국가 없는 우리에게는 우리의 국가가 지상의 요구이니 우리는 민족적 역량을 다하여 민족국가를 세워야 하겠다는 것이고, 또 민족국가를 세우기 위해 희생적·헌신적으로 분투하여야 하겠다는 뜻"이라고 주장했다(이범석 1999, 62).

또한 이범석에 따르면 민족은 '생존의 공동체'이고 국가는 '생활의 공동체'였다. 민족이 발전하기 위해서는 질서 있고 권위 있는 민족적 행동이 필요하고, 국가라는 통제력과 자위력이 담보되어야만 가능하다. 곧 "국가는 민족의 복리를 보장하기 위해 권력을 집행하는, 즉 민족의 복리에 복무하는 기구"이다(이범석 1999, 57). 또한 한 민족이 다른 민족이나 다른 국가의 지배하에 있을 때에는 국가를 가질 수 없다. 남의 지배 아래 있는 것은 진실로 그 민족 자체의 복리를 위해 권력을 집행하는 기구가 존재할 수 없기 때문이다. 오늘날 세계에서 국가 없는 민족처럼 비참한 것이 없다. 국가주권을 갖지 못한 민족은 자유가 없다.

따라서 그가 지향하는 국가는 "민족의 복리를 충분히 보장할 수 있는 국가"이다. 그 국가는 어떤 개인이나 집단의 특권을 옹호하거나 타민족이나 타국가의 이익에 복종해서는 안 된다. "우리가 세우려는 국가는 완전한 주권국가인 동시에 우리 민족의 역사적 독자성과 현실적 환경에 비추어 반드시 단일민족국가일 것이며, 또 제도적으로는 어떠한 개인적 또는 집단적 특권도 허용치 않는, 따라서 주권은 삼천만 민족에게 있고 통치자와 피치자의 관계까지도 포함하여 온 동포가 정치적으로나 경제적·문화적으로 권리와 지위와 책임이 기본적으로 균등한 국가인 것이다. 이것이 '민족 지상'의 국가 원리다"(이범석 1999, 60).

한편 식민지 유산과 관련하여 주목할 사실은 족청이 천황에 대한 충성을 강요한 국가주의라는 식민지의 '이념적' 유산을 의도적으로 활용하려 했다는 점이다. 이범석은 족청 연설에서 다음과 같이 주장했다.

천황 폐하의 엄격한 회초리 밑에서 충성을 하도록 교육이 강요된 그 당시 청년
들에게 미온적인 표어를 들고 어떻게 올바른 국제 의식을 배양하고 민족의 앞
길을 가르칠 수 있겠는가? …… 짧은 기간 내에 왜곡되어 있는 청년의 정신에
옳은 것을 보여주고 민족의 앞날을 맡길 든든한 마음자리를 만들어주기 위해
서는 무엇이 요구되는가? 이 해이한 정신을 긴장시키고 옳은 길을 제시해주는
것이 다름 아닌 민족 지상의 이념이었다. 그리고 장래의 번영을 누리려는 진통
속에서 그 공백, 진공을 메우려는 알찬 이념이 바로 국가 지상, 민족 지상의 이
념이라고 나는 믿는 것이다. (박영실 2003, 94)

이는 조선 청년들의 충성 대상을 일본 천황으로부터 조선 민족과 국가
로 전환시키는 전략이었다. 곧 이범석은 식민지 시기 일본 천황에게 목숨
을 바치도록 강요했던 일본 제국주의의 황국신민화 정책을 '재활용'하여
해방 직후의 상황에 적용시키려 했다. 따라서 해방 이후 우파의 민족주의
담론인 민족 지상, 국가 지상은 일본 천황을 향한 황도주의皇道主義의 '대체
물'이었다. 이는 족청의 민족주의가 식민지 후반 일본의 민족주의와 마찬
가지로 국가주의(전체주의)라는 사실을 보여준다.

결국 1946년 10월 결성된 족청은 식민지 시기 완전히 상반된 활동을 했
던 우파 해외 독립운동 세력과 국내 부르주아 우파 세력이 결합된 조직이
었다. 그들은 생사를 건 좌우의 치열한 대결이 전개되었던 해방 직후의 상
황을 민족적 위기로 인식하고, 이를 극복하기 위한 대안으로 파시즘의 국
가주의와 일본 황도주의가 결합된 반공 국가주의를 선택했다. 이는 해방
정국에서 우파 민족주의의 핵심 내용이 반공 국가주의라는 사실과 함께
그것이 식민지 시기의 이념적 유산이라는 사실을 잘 보여준다.

2) 대한민국 정부 수립 초기의 민족주의 — 일민주의

이승만 정부는 출범부터 통일 정부를 주장하는 북한, 남한 내 좌익의 무장투쟁, 단정 반대 세력과 한민당의 반발 등으로 위기였다. 따라서 이승만 정부는 정치적 반대 세력을 물리치고 분열된 국민을 하나로 통합시켜 대한민국을 보존해야 했다. 이러한 상황에서 이승만은 "한 백성(일민)인 국민을 만들어 민주주의의 토대를 마련하고 공산주의에 대항한다"는 명분으로 일민주의를 주장했다.[11]

일민주의는 1948년 10월 이승만 정부의 여당을 목표로 결성된 대한국민당 발기 총회에서 처음 제시되었지만 논리적 구조를 갖춘 이념이라기보다는 당시의 정치 상황을 타개하기 위해 제시된 정치적 방안이었다(김수자 2004, 438). 일민주의를 이념으로 체계화한 것은 1949년 이후 양우정과 안호상이다. 이범석은 양우정이 저술한 《이 대통령 건국 정치 이념 — 일민주의의 이론적 전개》(1949년 10월)의 서문에서 양우정이 이승만의 일민주의 정신을 이론화·체계화하고 있다고 기술했다. 또한 안호상도 문교부 장관이자 이승만 정부가 국민들에게 일민주의를 보급하기 위해 만든 1949년 9월 '일민주의 보급회'의 부회장으로 1950년 2월 《일민주의의 본바탕本義》을 저술하는 등 일민주의 사상을 체계화하고 발전시켰다.

이승만은 일민주의의 목표로 혈통과 운명이 같은 한겨레, 한 백성의 핏줄과 운명을 끝까지 유지·보호하고, 이렇게 함으로써 일민의 나라, 일민의 세계를 만들어 세계의 백성이 자유와 평화, 행복과 명예를 누리도록 한다는 내용을 제시했다. 여기서 일민주의의 핵심 목표는 하나의 국민(일민)을

11　그래서 1945년 귀국 뒤 이승만이 발표한 '뭉치면 살고, 흩어지면 죽는다'는 구호가 일민주의의 상징이 됐다.

만든다는 '국민 통합'이다. 그러나 시간이 가면서 일민주의에는 공산주의에 대항하는 '반공주의' 역시 두드러지게 된다.

초기 이승만 정부는 일민주의를 통해 국민 통합을 강조했다 1948년 10월 출간된 《일민주의 개술》에는 네 가지 강령이 제시되었다. 그것은 ① 경제적으로 빈곤한 인민의 생활 정도를 높여 부유하게 하여 누구나 같은 복리를 누리게 할 것, ② 정치적으로 대다수 민중의 지위를 높여 누구나 상등 계급의 대우를 받게 할 것, ③ 지역의 구분을 타파하여 대한국민은 모두 한민족임을 표방할 것, ④ 남녀동등주의를 실천하여 민족의 화복 안위의 책임을 삼천만이 똑같이 분담하도록 할 것이었다. 곧 동등한 경제/복리, 민중 지위 제고, 지역 구분 타파, 남녀동등주의라는 네 가지 강령 모두 국민 통합을 목표로 한 것이었다. 이는 초기에는 일민주의가 주로 국민 통합을 의미하고 있음을 보여준다.

그런데 1948년 정부 수립을 전후로 여순사건과 지리산 빨치산 활동 등 좌익의 무장투쟁이 격렬하게 전개되자, 이승만 정부는 일민주의에서 반공주의를 본격적으로 강조했다. 이승만은 1949년 9월 발간된 《일민주의 개술》에서 세계의 모든 강대국이나 약소국들이 모두 생존 위기를 당하지 않은 나라가 없는데 그 이유가 공산당 때문이라고 주장했다. 그리고 민주주의로 공산주의에 대항하는 것은 사상이 너무 평범해서 이론상으로 공산주의의 선전에 대항하기가 어려워 일민주의로 그에 맞서야 하며, 이 주의 하에서 4대 정강을 정하여 한 정당을 세워 한편으로는 공산화를 배격하고 다른 한편으로는 민주주의의 영구한 토대를 삼고자 한다고 주장했다.

안호상도 《일민주의의 본바탕》에서 우리의 한겨레인 일민이 공산주의로 말미암아 불행히도 두 개로 분열되어 있다며 공산주의를 멸망시키는 것은 일민주의 신봉자의 절대적 사명이며 신성한 의무라고 주장했다. 또한 공산주의를 '인류의 적'이요 '평화의 좀'이라고 규정하고 '공산주의는

가는 곳마다 파괴요 닥치는 때마다 싸움만을 일으킨다'며 공산주의에 대한 증오심을 나타냈다. 그러면서 일민주의는 'UN의 단결된 혹은 통일된 민족이라는 뜻과 같다. 그리고 그 사명도 공산주의를 물리치고 전 세계 일민의 자유와 평화를 지키는 것으로 동일하다'고 주장했다. 곧 일민주의의 사명을 반공주의로 정의했다. 따라서 1949년부터 일민주의에서 반공주의는 가장 핵심적인 내용으로 부각되었다.

이승만과 안호상은 일민주의를 통해 반공주의와 국가와 민족을 강조하는 국가주의를 결합시켰다. 안호상은 일민주의의 뜻을 풀이하면서 그것이 '한겨레' 곧 '단일민족'을 강조하는 '한겨레주의'라고 설명했다. 그는 우리 민족이 동일 혈통, 동일 운명을 가진 민족이고 이는 '일민'의 절대적 요소임을 특히 강조했다. 이어서 "가정이 가족의 집이라면 국가는 민족의 집이다. 민족은 어떠한 개인과 계급보다 더 귀중하며, 국가는 어떤 단체나 정당보다 더 크다. 민족과 국가를 가장 높게 또 귀중히 여김은 인생의 본성이요, 한 백성 일민의 본무本務"라고 주장했다.

또한 일민주의 정치가 먼저 항상 민족과 백성을 주인으로 하는 민주정치, 어떤 개인과 계급, 종파와 당파가 아니라 민족 전체를 위한 정치를 뜻한다고 설명하고, 일민주의의 나라 안에서 각 개인은 자유로워야 한다고 주장했다. 그러나 개인의 자유는 민족의 자유와 나라의 독립이 먼저 이루어진 뒤에 가능한 것이기 때문에 개인의 자유를 얻기 위해서는 먼저 민족과 나라의 자유를 피로써 지키지 않으면 안 된다고 주장했다. 곧 그는 민족과 국가가 어떤 개인이나 계급, 단체보다 가장 귀중하다는 것을 강조했다(박찬승 2007, 355~356).

그런데 일민주의를 통해 국가주의와 반공주의를 결합시킨 논리의 이면에는 민주주의에 대한 부정적 인식이 깔려 있었다. 이승만은 민주주의만으로는 공산주의에 대항하기 어렵기 때문에 일민주의가 필요하다고 주장했고, 안호상도 《일민주의의 본바탕》에서 동일한 논리를 폈다. 안호상은 애나 늙은이나 애국자나 매국자나 할 것 없이 민주주의를 요란스럽게 떠들며 외치는데, 민주주의만으로는 공산주의와 강력히 싸우기 어렵다고 주장했다. 그는 자본주의와 공산주의는 경제적 개념으로 경제에만 집중하고 군국주의와 민주주의는 정치적 개념으로서 정치에만 집중하여, 민주주의는 부분적·일면적이기 때문에 도저히 우리의 지도 원리가 될 수 없으며, 또 공산주의와 싸워 이길 수 없다는 논리로 일민주의의 정당성을 주장했다(서중석 2005, 70~71).

그런데 일민주의의 국가주의는 그 극단적 형태인 전체주의의 성격을 지니고 있다. 민주주의만으로는 공산주의에 대항하기 힘들다는 이승만의 주장은 공산주의에 대항하는 데 의회 민주주의로는 안 되고 파시즘으로만 국가를 구할 수 있다는 파시스트들의 논리와 동일하다. 안호상은 한 민족에게는 오직 한 주의만이 그 지도 원리가 되며 만일 2~3개의 주의를 지도 원리로 한다면 우리는 한민족이 아니라 도리어 벌써 두 민족, 세 민족이 되고 말아 한민족의 부정이요 멸망이라고 주장했다. 이 역시 모든 국민을 하나의 이념, 곧 일민주의 아래 통일해야 한다는 논리로, 사상의 다양성을 부정하는 전체주의적 사고다.

결국 일민주의는 이승만 정부가 대한민국 정부의 취약성을 극복하기 위해 국민 통합의 이데올로기로 제시한 대표적인 민족주의 담론이었다. 그런데 여순사건 이후 좌익의 격렬한 무장투쟁이 지속되자 일민주의에 국가주의와 반공주의가 결합되었다. 이후 일민주의라는 개념은 사라졌지만 그 특성인 반공 국가주의는 상당 기간 한국 민족주의에서 가장 두드러진 성격이 되었다.

4. 나가는 말 — 식민지 유산과 한국 민족주의의 관계

일반적으로 식민지의 민족주의는 제국주의에 대한 저항적(또는 방어적, 해방적) 성격을 띤다. 조선도 이민족 일본의 지배를 받게 되자 자연스럽게 저항적 성격의 민족주의가 등장했다. 그러나 식민 지배가 장기간 지속되고 일본의 통치 방식이 바뀌면서 조선 민족주의에 균열이 생겼다. 국외 독립운동 세력은 계속 저항적 성격을 유지했지만 국내에서 헤게모니를 장악했던 부르주아 우파는 저항적 성격을 포기하고 일본 제국주의에 포섭되었다. 심지어 식민지 후반기에는 조선 민족을 일본 제국의 신민으로 편입시키는 내선일체 정책에 적극 동조하는 등 민족을 위한다면서 민족을 부정하는 모순된 태도를 보였다. 그러면 일본의 식민 지배는 조선의 민족주의에 어떠한 영향을 미쳤는가?

먼저 일본은 조선의 정치, 경제뿐 아니라 학문적 헤게모니를 장악하고 자신의 의도대로 조선 민족과 민족주의에 대한 담론을 주조했다. 그들은 식민 지배를 정당화하기 위해 고대부터 조선과 일본의 연관성을 주장했고, 조선의 외세 의존성을 강조했으며 조선왕조와 유교를 폄하하는 등 조선에 대한 부정적 담론들을 생산·유포했다. 이런 부정적 담론은 조선인의 민족적 자긍심에 상처를 남겼고, 많은 조선 지식인은 이와 대립되는 담론, 곧 조선의 전통과 역사를 찬양하는 민족주의 담론을 생산했다. 이는 식민지 시기 조선 민족주의가 일본이 주조한 조선 민족주의의 '반작용[reaction]'으로 그 내용이 구성되었다는 점을 보여준다. 따라서 식민지 시기 조선 민족주의는 끊임없이 일본이 주조한 조선에 대한 민족주의 담론을 의식하면서 그 대안을 모색했다.

둘째, 1930년대 후반 일본의 제국주의적 침략 확대와 내선일체 정책은 국내 부르주아 우파가 조선 민족주의를 포기한 결정적 계기였다. 일본이 만주 및 중국 본토 침략 등 제국주의 전쟁을 개시하자, 상당수의 국내 부르주아 우파 지식인들은 한국 민족임을 포기하고 천황의 신민이 되기를 자청했다. 그들은 조선 민족을 위한다는 명분 아래 조선 민족의 존재를 부정했다. 이는 부르주아 우파의 민족주의가 파산했음을 보여준다.

셋째, 일본에 의해 만들어진 '국가 없는' 상황은 조선인들이 개인보다 민족 또는 (조선 민족의) 국가를 더 중시하게 했다. 이미 대한제국이 몰락하던 1908년 신채호는 우승열패의 법칙이 지배하는 세계에서 조선 민족이 생존하려면 단합이 필요하고, 이를 위해서는 혈족 의식이 필요하다고 주장했다. 따라서 그는 조선 민족을 일차적으로 '피의 공동체', 곧 '공동 혈통'으로 묶인 집단으로 규정하고 단군을 '공동의 가부장'으로, 곧 조선 민족을 단군을 가장으로 하는 커다란 가족으로 설정했다. 이는 구성원들에게 가족에 대한 의무를 다하듯이 민족과 국가에 대한 의무를 다할 것을 요구하는 '가부장적' 국가주의 담론이었다. 이런 '가부장적' 국가주의 담론은 식민지 시기 '국가 없는' 상황이 계속되면서 '저항적' 해외 독립운동 세력뿐 아니라 '순응적' 국내 부르주아 세력에 의해 지속적으로 재생산되었다.

이런 환경에서 국내 부르주아 우파는 1930년대 일본 제국주의가 강조한 '가부장적' 국가주의를 자연스럽게 수용했다. 그것은 일본을 가족 국가로, 천황을 그 아버지로 상정하고, 모든 일본인에게 '무스비노미찌結の道'를 통해 거대한 국가 가족의 일원이 될 것을 요구하는 인식이었다.[12] 부르주아 우파는 이러한 일본의 황도주의에 적극 동조하여 조선인들에게 일본 천황에 충성할 것을 요구했다. 식민 말기 이러한 국내 부르주아 우파

---

12 무스비노미찌(結の道)는 "국가의 정체를 향상시키려는 공동 노력", 곧 국가주의를 의미한다(커밍스 2001, 255).

의 국가주의는 해방 후 충성의 대상이 일본 천황에서 한민족의 독립국가(대한민국)로 바뀐 채 그대로 이전되었다.

넷째, 식민지 시기 일본은 강한 반反개인주의(또는 반자유주의)와 반反사회주의 정책을 전개했다. 그들은 서구의 개인주의가 '무스비노미찌'와 달리 이기적인 물질적 욕망에 탐닉한다며 비판했다. 사회주의에 대해서는 민족보다 계급을, 민족주의보다 국제주의를 우선하며 계급 혁명을 통해 일본 천황제의 붕괴를 주장한다는 이유로 강력히 탄압했다. 이 논리는 유럽의 파시즘과 동일한 내용과 성격을 지닌 전체주의적 사고였다. 국내 부르주아 우파는 일본 제국주의자의 사고를 그대로 수용했기 때문에 그들역시 반자유주의적이고 반사회주의적인 성격을 띤 전체주의를 받아들였고, 이는 해방 후까지 지속되었다.

이렇게 일본의 식민 지배는 조선의 민족주의가 저항적 또는 순응적 성격을 갖게 했고 가부장제, 반공주의, 국가주의, 전체주의 등 여러 이념과 결합하게 했다. 해방 이후에도 조선 민족주의는 이러한 식민지의 부정적 유산에서 벗어나지 못했다. 미소에 의한 한반도의 분단 점령, 국제적 냉전의 격화와 국내에서 일어난 좌우의 격렬한 투쟁, 그리고 분단 정부를 둘러싼 국내 세력의 분열과 투쟁 등으로 이어진 해방 후의 역사는 자주독립국가의 건설과 식민 잔재의 청산이라는 초기 조선 민족주의의 과제를 좌초시켰다. 대신 한국(남한)에는 식민지의 유산 중에서도 특히 반공주의 및 국가주의와 결합한 민족주의가 다시 등장했다.

해방 후 한국 민족주의에 재등장한 반공 국가주의는 한국에서 민주주의가 제도화되는 데 매우 부정적인 영향을 미쳤다. 분단 정부 주도 세력은 반공주의를 내세워 대한민국 정부 수립의 정당성을 주장했고 이에 반대하는 세력들을 모두 공산주의자로 몰아 제거했다. 대한민국 수립 이후 일어난 여순사건과 빨치산 토벌 작전, 제헌국회에서의 소장파 제거와 반민특위 와해, 한국전쟁 시기의 부산 정치 파동 역시 모두 공산주의로부터 국가를 구한다는 반공 국가주의를 명분으로 분단정부 주도세력이 민주주의를 파괴했던 사례이다.

반공 국가주의는 한국전쟁과 남북 간의 적대적 경쟁을 거치면서 남한의 권위주의 정권에 의해 반복적으로 재생산되었다. 특히 반공주의는 국제적 냉전과 남한 내 좌우 대립이 격화되었던 1946년경부터 한국 민족주의에서 더욱 강조되었다. 한국전쟁을 거치면서 반공은 국시國是라는 절대적 위상을 갖게 되었고, 그 지위는 권위주의 정권 내내 유지되었다. 그리고 권위주의 세력은 이런 반공의 절대적 지위를 이용하여 민주주의를 요구하는 정치적 반대 세력을 공산주의자로 몰아 정치사회에서 제거했다. 국가주의 역시 해방 후 권위주의 정권 시기에 지속적으로 강조되었고 1987년 민주화 이후부터 약화되기 시작했지만 여전히 '뿌리 깊은' 유산으로 존재하고 있다.

결국 식민지 시기 주조된 반공 국가주의는 분단과 국내외적 냉전의 심화를 배경으로 해방 이후에도 한국 민족주의의 주요한 특징이 되었고, 권위주의 세력의 통치에 이용됨으로써 한국 민주주의의 발전에 부정적 영향을 미쳤다.

참고 문헌

권태억. 2003. 〈근대화·동화·식민지유산〉. 《한국사연구》 108.

김명구. 2003. 〈한말·일제 강점 초기 신채호의 민족주의 사상〉. 대전대학교 지역협력연구원 옮김. 《단재 신채호의 현대적 조명》. 다운샘.

김수자. 2004. 〈이승만의 일민주의 제창과 논리〉. 《한국사상사학》 22집.

김현숙. 2005. 〈한말 '민족'의 탄생과 민주주의 담론의 창출: 민족주의 역사서술을 중심으로〉. 《동양정치사상사》 제5권 1호.

김혜수. 1995. 〈정부수립직후 이승만 정권의 통치이념 정립과정〉. 《이대사원》 28.

김효신. 2007. 〈한국 근대 문화의 춘원 이광수와 이탈리아 파시즘〉. 《민족문화논총》 제37집.

도승현. 2007. 〈일제말 '민족주의계' 지식인의 식민담론〉. 《한성사학》 Vol. 22.

미 국무성. 1984. 《해방 3년과 미국 I: 미국의 대한정책 1945~1948》. 김국태 옮김. 돌베개.

박영실. 2003. 〈해방이후 이범석의 사상과 정치활동〉. 《역사와 사회》 31집.

박찬승. 2007. 《민족주의 시대: 일제하의 한국 민족주의》. 경인문화사.

_____. 2010. 《민족·민족주의》. 소화.

브루스 커밍스. 2001. 《브루스 커밍스의 한국현대사》. 창작과 비평사.

서중석. 2005. 《이승만의 정치이데올로기》. 역사비평사.

안호상. 1950. 《일민주의의 본바탕》. 일민주의연구회.

양우정. 1949. 《이대통령 건국 정치이념》. 연합신문사.

연정은. 2003. 〈안호상의 일민주의와 정치·교육활동〉. 《역사연구》 제12호.

우남실록편찬회. 1984. 《우남실록》. 열화당.

이나미. 2001. 《한국 자유주의의 기원》. 책세상.

이범석. 1999(1947). 《민족과 청년》. 백산서당(고려문화사).

_____. 1971. 《우등불》. 삼육출판사.

이승만. 1948. 《일민주의 개술》.

이준식. 2000. 〈일제강점기 친일 지식인의 현실 인식 — 이광수의 경우〉. 《역사와 현실》.

이지원. 1994. 〈1930년대 전반 민족주의 문화운동론의 성격〉. 《국사관논총》 5.

_____. 2005. 〈파시즘기 민족주의자의 민족문화론: 민족문화 운동과 관련하여〉. 방기중 편. 《일제하 지식인의 파시즘 체제 인식과 대응》. 혜안.

이지원. 2007. 《한국 근대 문화사상 연구》. 혜안.

이진경. 1994. 〈조선민족청년단연구〉. 성균관대학교 대학원 사학과 석사 학위 논문.

이태훈. 2010. 〈일제하 친일정치 운동 연구: 자치·참정권 청원운동을 중심으로〉. 연세대학교 대학원 사학과 박사 학위 논문.

임지현. 1999. 《민족주의는 반역이다》. 소나무.

전복희. 1996. 《사회진화론과 국가사상》. 한울.

전재호. 2004. 〈자강론과 자유주의: 식민지 초기(1910~1920년대 초) 신지식층의 자유주의관〉. 《정치사상연구》 제10집 2호.

정병준. 2005. 《우남 이승만 연구: 한국 근대국가의 형성과 우파의 길》. 역사비평사.

차원현. 2004. 〈1930년대 중·후반기 전통론에 나타난 민족 이념에 관한 연구〉. 《민족문학사연구》 24호.

최주한. 2007. 〈1930년대 전반기 이광수의 지도자론과 파시즘〉. 《어문연구》 제35권 제3호.

2장

지구화 시대 한국 민족주의
김영삼 정부와 김대중 정부의 경제민족주의 담론 비교 연구

세계는 바야흐로 경제전쟁, 기술전쟁의 시대입니다. 무한경쟁시대에 돌입해 있습니다. 모든 나라가 경제적 실리 추구를 국가의 최고목표로 삼고 있습니다. (김영삼 대통령; 대통령비서실 1994, 100)

'국민의 정부'가 당면한 최대의 과제는 우리의 경제적 국난을 극복하고 우리 경제를 재도약시키는 일입니다. (김대중 대통령; 대통령비서실 1999, 62)

1. 들어가는 말

1993년 출범한 김영삼 정부는 집권 첫해 금융실명제를 비롯해 각종 개혁 정책을 추진하면서 높은 인기를 누렸다. 그러나 1994년부터 경제 활성화를 위해 국제화와 세계화라는 구호를 내걸고 자본·무역자유화 및 시장개방 정책을 추진했고, 집권 마지막 해인 1997년 이 정책들이 파국을 맞이하면서 IMF 구제금융을 요청하게 되는 경제위기에 봉착했다. 국가경쟁력 '강화'를 외치며 국제화와 세계화를 추진하던 김영삼 정부가 '세계화의 덫'에 걸려 '국가부도'의 상황에 내몰린 것은 '세계화의 역설'이 아닐 수 없다.

1998년 경제위기의 상황에서 등장한 김대중 정부는 IMF의 관리 아래서 경제 부문 뿐 아니라 한국 사회 전반의 개혁을 추진했다. 당시 한국사회는 국가의 '경제 살리기'를 위해 개인이 희생해야 한다는 민족주의적(국가주의적) 정서가 팽배해 있었기 때문에, 김대중 정부는 비교적 손쉽게 구조조정을 진행할 수 있었다. 그 결과 한국은 단기간에 IMF 관리체제를 졸업했지만, 구조조정을 통해 기업과 금융기관이 정리되면서 수많은 노동자들이 정리 해고되었고, 그에 따른 중산층 붕괴와 실업 및 불완전 고용, 더 나아가 빈부격차의 심화와 같은 새로운 문제가 등장했다. 김대중 정부는 정리해고에 따른 실업자의 구제를 위해 여러 가지 정책을 실시하고 '생산적 복지' 정책을 실시했지만, 한국 사회의 양극화를 막지 못했다.

그러면 김영삼과 김대중 정부는 당시 자신들에게 닥친 지구화의 흐름을 어떻게 인식했고, 그에 대응하기 위해 어떤 담론을 생산·전파했는가? 특히 지구화와 관련해 국제화, 세계화, 경제 살리기, 생산적 복지 담론은 어떤 성격을 가졌고, 그것은 사회 세력 간 어떤 투쟁을 통해 등장했는가? 그리고 두 정부는 인식과 담론은 어떤 차별성을 보이는가? 이 장은 이러한 질문에 답하기 위해 김영삼·김대중 정부의 지구화에 대한 인식, 그들의 대응 담론, 그 담론의 성격과 결정요인, 그리고 국민의 반응을 분석한다.[1]

그런데 흥미로운 점은 김영삼·김대중 정부가 추진했던 정책을 정당화

---

1 담론 분석은 '무엇을 말하고 있는가'보다 '왜 어떤 방식으로 말을 하는가'에 주목한다. 담론 분석에 따르면 텍스트는 현실을 재현하는 것이 아니라 현실을 '구성'한다. 이런 맥락에서 텍스트는 현실을 진술하는 것이 아니라 특정한 이해관계가 관통하고 있는 자료다.

하는 담론이 모두 민족주의적 성격을 띠었다는 점이다. 특히 두 정부 모두 경제주의와 민족주의가 결합한 경제 민족주의 담론을 생산·전파했다.[2] 민족주의 인식론의 첫째 명제가 바로 안과 밖을 구분하여 바깥의 도전에 대응하기 위해 안이 하나로 뭉쳐야 한다는 주장인데, 김영삼 정부의 '국제화·세계화' 담론과 김대중 정부의 '경제 살리기' 담론은 정확히 여기에 일치된다. 따라서 이 장은 지구화 시대 김영삼과 김대중 정부의 경제 민족주의 담론에 대한 연구이다.

이 글의 구성은 제2장에서 지구화와 민족주의의 관계를 논의한 기존 연구들을 검토하고, 3절에서 지구화 시대의 한국 민족주의 담론을 김영삼 정부와 김대중 정부의 시기로 나누어 분석한다. 4절에서는 지구화 시기 한국 민족주의의 방향을 평가한다.

2. 1990년대 지구화와 민족주의의 관계에 관한 연구

1990년대 김영삼 정부의 국제화·세계화 구호는 지구화에 관한 관심을 촉진했다. 1994년 국제화, 1995년 세계화란 구호를 내걸자 정부뿐 아니라 학자들은 국제화·세계화와 민족주의의 관련성에 관해 관심을 기울였다. 양자의 관계에 관한 연구자들의 주장은 크게 세 가지로 구분된다.

첫째, 국제화·세계화가 민족주의와 모순되지 않는다는 주장이다. 이는 주로 김영삼 정부를 옹호하는 주장으로, 국제화 시기에도 '민족공동체의

---

2 이 글은 민족주의를 역사에서 자기 완결적 논리 구조를 갖추기보다 다른 이데올로기와 결합하는 '이차적 이데올로기(secondary ideology)'로 간주한다(Eccleshall 1994, 30).

이념으로서의 민족주의'는 유효하며 양자는 배타적이지 않다고 주장했다. 그러나 "우리가 추구하는 국제화는 결코 민족주의와의 결별이 아니고 민족주의와 세계주의의 조화가 되어야 할 것"(한승주 1994, 6)이라거나, 또는 "진정한 의미의 개방화와 세계화가 이루어지려면 민족적 자아의 확인이 먼저 요청"(엄정식 1994, 16)된다는 등 대부분은 당위적인 주장에 머물렀다. 곧 지구화와 한국 민족주의가 어떻게 양립할 수 있는가에 대한 답을 제시하기보다는 양자가 양립해야 한다는 당위만을 선언적으로 주장했다.

둘째, 지구화와 민족주의가 양립 가능하다는 입장을 전제로 지구화 시대의 한국 민족주의의 구체적인 방향성을 제시하는 주장이 있다. 하영선은 한반도의 21세기 생존번영 전략으로 '지구적 민족주의'를 제시하면서, 한반도가 21세기의 신세계질서의 주도적 단위체로 활동하기 위해서는 정치·군사·경제·과학기술·이념·환경·남녀평등의 기반을 구축해 나가야 한다고 주장했다. 이를 위해 "한반도는 21세기의 이념기반으로서 세계주의, 계급주의, 그리고 개인주의를 동시에 품는 지구적 민족주의라고 부를 수 있는 새로운 이념을 추구"해야 하며, "한반도가 21세기의 동북아 주도세력의 일원으로 등장하기 위해서는 근대 프로젝트의 숙제인 분단과 통일의 문제를 전진적으로 풀어가야만 한다"(하영선 1993, 24~25)고 지적했다.

한편, 다른 일군의 학자들은 지구화 시대에 한국민족주의가 '개방적' 성격을 띠어야 한다고 주장했다(윤영관 1994; 정일준 1994; 김동춘 1994; 임현진 1995; 김동성 1996). 여기서 '개방적'이란 "민족지상주의적 배타적인 국가의식을 지양하고 포용적이며 진취적" 성격을 의미하는 것으로, 앞으로 이러한 개방적·민족주의는 "보편적 인류애를 기반으로 하면서 우리 민족의 공동체 의식을 긍정적으로 확대시키는 하나의 이념적 지향점, 세계로 열려 있는 중심이념으로 작동"할 수 있다고 주장했다(김동성 1996, 81). 이에 덧붙여, 지구화 시대에 한국이 더 능동적이고 주체적으로 대응할 수 있기 위해서는 한

국민족주의가 국민 간의 이해관계의 호혜적 해결을 가져오는 공동체 의식과 국가경쟁력 강화라는 국가의 공동목표에 대한 '사회적 합의'를 구체적인 내용으로 가져야 한다고 주장했다(김동성 1996, 81).

셋째, 한국을 대상으로 한 연구들과 달리 지구화 시대의 민족주의 일반을 고찰한 연구가 있다. 진덕규는 지구화 시대에 민족주의가 활성화될 것이며, 그 성격도 변화할 것이라고 주장했다.

글로벌리제이션 시대에 들어서면서부터 민족주의는 더한층 활발하게 재생됐으며 다른 어느 시기보다도 민족국가는 ― 비록 내용 면에서는 정치 체제적인 변화를 보여주고 있었지만 ― 더한층 위세를 표출하고 있다. (진덕규 1995, 43)

민족주의는 지구화 시대에 활성화되는 것과 더불어 그 기본적인 속성이 변모할 것인데, 그 내용은 국제사회에서의 민족국가 간의 평등성의 실현이다. 이러한 경향은 "더 이상 강대국 중심의 패권주의를 인정하지 않으려는 움직임"(진덕규 1995, 45)에서 볼 수 있다. 곧 "글로벌리제이션은 민족국가의 소멸로 이끌어가는 것이 아니라 국민국가로의 전환과 동시에 이들 국가간의 상호협조에 의한 새 형태의 세계 체제적 국제기구의 등장을 예견"(진덕규 1995, 51)한다는 것이다.

이렇듯 지구화와 민족주의의 관계를 다룬 연구들은 대부분 민족주의를 이념으로 보면서 그 내용과 지향점을 당위적으로 주장하고 있다. 그러나 앞으로 한국 민족주의가 어떤 내용과 성격을 가져야 하는가와 상관없이 1990년대 한국은 이미 지구화라는 시간대 위에 놓여 있었고, 여러 사회 세력은 학자들의 주장과 다른 민족주의 담론을 생산·유포했다. 사실 김영삼 정부의 국제화·세계화 담론이나 김대중 정부의 경제 살리기 담론은 모두 개방적이지도 않고, 새로운 이념을 담고 있지도 않았다. 지구화 시대에도 한국 사회를 풍미한 민족주의 담론은 여전히 과거에 머물러 있었다.

결국 1990년대의 연구들은 지구화 시대에 한국 민족주의가 지녀야 할 성격과 지향점에 관심을 기울였을 뿐, 우루과이 라운드[UR] 타결, 세계무역 기구[WTO] 출범, 경제협력개발기구[OECD] 가입, 국제통화기금[IMF] 관리체제라는 지구화의 현실 속에서 한국 민족주의가 어떻게 전개됐는지를 다루지는 않았다. 따라서 이 장은 지구화 시대 한국에서 전개된 민족주의 담론을 추적한다.

3. 지구화 시대 한국의 민족주의 담론

1) 김영삼 정부 시기 — 국제화·세계화 담론

1987년 6월 민주화 이행으로 시작된 민주주의의 공고화는 1993년 장면 정부 이래 최초로 민간인 출신 대통령의 등장을 가져왔다. 비록 권위주의 정권 세력들과 연합하여 정권을 잡았지만, 김영삼 정부는 노태우 정부가 지연시킨 민주화에 대한 국민의 열망에 호응하기 위해 '신한국'이라는 슬로건으로 정치, 경제, 사회적인 개혁을 추진했다.

김영삼 정부는 "당시의 상황을 '민족생존의 문제'가 걸려있는 선진국으로의 도약의 문턱에서 한국이 내우외환의 위기에 처해 있다고 정의하였다. 그것은 국제적인 환경이 '무한경제전쟁시대'로 돌입하고 있음에도 불구하고 내부적으로 만연된 '한국병' 때문이라고 진단하였다. …… 여기서 국가는 생산성과 효율성을 최우선의 국정 원리로 삼아 재도약의 기틀을 마련하여, 사회 각 부문의 경쟁력 강화를 선도"해야 한다고 규정되었다(강명구·박상훈 1997, 131). 그들은 여기에 '개혁' 담론을 결합했는데, 그것은 정경유착과 부정부패 등 과거 권위주의 유산의 척결, '기득권층'의 개혁비용 지불, 그리고 '근로계층'의 '고통분담'을 주 내용으로 했다.

이에 따라, 김영삼 정부는 정치영역에서 '부정부패 척결'과 '정경유착의 단절'을 위한 '사정개혁', 군대·안기부 등 억압적 국가기구에 대한 제도적 통제, 선거 및 정당과 관련된 제도개혁을, 경제영역에서는 재벌의 소유구조 분산, 대기업의 문어발식 확장 제한, 중소기업 육성, 금융실명제를, 그리고 사회영역에서는 노동억압적 제도 개선, 농산물개방 허용 불용, 교육제도 개혁 등을 실시했다. 하지만 그들의 개혁정책은 국내외 요인으로 인해 장애에 부딪혔다.

먼저 1990년대 초반은 우루과이라운드[UR]가 타결되고 세계무역기구가 결성되는 등 세계정치경제 질서의 재편기로서 한국도 시장/자본의 개방화/자유화를 본격적으로 요청받았다. 당시 수출증가율이 둔화하고, 외환수지도 적자로 돌아서는 등 경제가 불황 국면에 접어들기 시작했던 상황이었기에, 이러한 압력은 국내 자본에도 큰 부담이었다.

다음으로, 자본에 대한 국가의 통제력 감소는 김영삼 정부의 개혁 추진을 어렵게 만들었다. 고도성장과정에서 자본에 대한 국가의 통제력은 압도적이었지만, 1980년대 은행의 민영화, 증권시장의 발달 등 자본조달 방식의 다양화는 국가의 통제력을 약화했다. 이런 상황에서 수동적으로 대응하던 재벌은 1993년 6월과 8월 사이 현대그룹 노동쟁의와 김영삼 정부의 신 노동정책 및 금융실명제 실시를 계기로 보수언론과 함께 반[反]개혁 연대를 결성하고 '세계화'라는 대체 담론을 생산했다.[3]

---

3 《조선일보》는 'APEC 아태시대', 'UR 경쟁력시대', '국제화 시대의 한국 외교관', '미래로 뛰자', '통일 유럽' 등의 연재물을 통해, 기업의 경쟁력 강화를 위한 규제 완화와 효율적인 행정 뒷받침, '경제 외교', '세일즈 외교' 등을 역설했다(강명구·박상훈 1997, 139).

반개혁 연대의 '세계화' 담론은 "한국사회가 처해있는 상황을 '무한경제 전쟁' 시대로 규정하면서, 이러한 상황에서는 '국가적 우위를 선점하는 데 역량과 지혜를 결집'해야 하고, 따라서 정부의 '최우선 과제는 성장 잠재력의 배양'이지, '기업의 산업경쟁력을 약화'시키고 '과거지사에 연연하는 소모적 분쟁'인 개혁이 아니라"고 주장했다(김윤철 1999, 28). 이에 더해 1987년 6월 항쟁과 7·8월 노동자대투쟁으로 성장한 시민사회 내 개혁세력들 (민주화 및 노동 세력)은 초기에는 더 빠르고 광범위한 개혁을 요구하면서 김영삼 정부를 잠정적으로 지지했지만, 전교조 합법화와 복직문제 거부, 이인제 노동부장관의 신노동정책에 대한 반발, 사정개혁을 둘러싼 갈등, 이인모씨 송환과 대북정책을 둘러싼 갈등 등 개혁 정책이 좌초하자 개혁 지지 대열에서 이탈했다.

이렇게 개혁정책이 벽에 부딪치자, 김영삼 정부는 1993년 11월 '국제화'를 국가전략으로 선언하고 국가경쟁력 강화를 차기 국정목표로 설정하였다. 그들은 국제화란 "무한경쟁체제에서 국가경쟁력을 높이기 위한 것"이고, 이를 위해 '정부는 기업가형', '공직자는 세일즈맨'이 되어야 하고, '세계인'을 양성해야 한다고 주장했다(김윤철 1999, 28). 이는 반개혁 세력의 세계화 담론이 김영삼 정부의 공식 담론으로 채택되었음을 보여준다. 따라서 국제화 담론은 태생적으로 친親자본적 성격을 띨 수밖에 없었고, 이에 따른 국제화 담론의 반反노동적 실천 과정 — 철도, 지하철 노조 등 쟁의행위에 대한 공권력 투입 — 은 김영삼 정부에 대한 민중세력의 지지 철회를 가져왔다.

1994년 11월 김영삼 정부는 국제화 대신 '세계화'를 새로운 국가전략으로 채택했다. 이는 '생산적 복지' — 경제성장에 부담을 주지 않는 범위에서의 복지 — 라는 내용과 '세계중심경영국가', '초일류국가' 등 '미래국가'의 상像을 제시했다는 점에서 국제화와 차이점을 보이지만, '세계화의 원동력은 국가경쟁력 강화'라는 발언에서 볼 수 있듯이 본질은 국제화 담론과 동일했다. 결국, 김영삼 정부의 세계화 담론 채택은 국내 사회 세력의 투쟁에서 반개혁 세력이 승리했다는 점을 말해준다.

그러면 김영삼 정부의 세계화 담론이 담고 있는 내용과 성격은 무엇인가? 먼저, 세계화 담론은 세계를 국민국가가 위계적으로 배열된 상태로 간주하고 여기서 한국이 선두에 서야 한다는 명제에 기반하고 있으며, 이를 위해 정부가 기구 및 기능을 축소해야 할 뿐 아니라 독점재벌 체제 중심의 수출주도 산업화전략을 지속하고 외국투자의 유입을 추진해야 한다는 행동 강령을 담고 있었다.

또한 세계화 담론은 경제발전에 최상의 가치를 부여했다는 점에서 경제 민족주의적 성격과 함께 국가주의적 성격을 갖고 있다. 더욱이 이는 "세계적인 차원에서 격화된 자본간의 경쟁을 민족국가간의 경쟁으로 대치함으로써 국민들의 민족주의적인 감성에 호소하여 민족국가 내 계급관계를 은폐하고 계급 대립을 통합하려는 자본의 논리를 대변"하는 이데올로기로서의 역할을 하고 있었다(정일준 1994, 29). 곧 경쟁력이라는 이름 뒤에 숨어있는 것은 자본의 비용 논리이고, 비용 절감을 위해 국가는 최대한 자본을 지원하여야 한다는 논리로써, 철저한 친親자본 반反노동의 이데올로기였다.

한편 김영삼 정부의 국제화·세계화 담론이 지닌 특징은 무엇인가? 첫째, 국제화·세계화 담론은 사실상 1960·70년대 한국사회를 지배했던 박정희식 신중상주의 경제 민족주의였다(강명구·박상훈 1997).[4] 김영삼 정부가

---

4 여기서 신중상주의란 후진국이 선진국을 따라잡기(catch-up) 위해 국가의 보호 아래 경제 정책을 추진하는 것을 의미한다.

1993년 시작한 신경제 5개년계획은 박정희의 경제개발 5개년계획과 마찬가지로 성장지상주의를 담고 있는 정부주도의 경제계획이며, 본질 역시 자본의 효율적 재편성과 노동착취의 강화를 통해 현재의 경제위기를 극복하는 것이었다. 자본에는 '국가경쟁력 강화'라는 명분 아래 전폭적 지원을, 노동에게는 국가발전을 기한다는 명분 아래 고통전담을 요구하는 것이었다. 노동자의 임금을 억제시킴으로써 국가경쟁력을 강화시키겠다는 김영삼 정부의 전략은 '수출입국'을 외치면서 '저임금 장시간 노동'이라는 전략에 입각하여 경제개발을 추진한 박정희 정부로부터 한발도 전진하지 못한 것이었다.

둘째, 국제화·세계화 담론은 신중상주의(신보수주의)를 기반으로 한 국내 자본의 입장을 대변하고 있었기 때문에 반개혁세력(국내 대자본과 보수언론)으로부터 전폭적인 지지를 받았다. 국내 대자본은 이 담론을 적극적으로 받아들여 '세계일류'(삼성), '세계경영(대우)'과 같은 구호를 내걸었으며 노동 측의 양보를 이끌어내는 구실로 사용했다. 보수언론 역시 이 담론을 유포했으며, '안보와 안정' 이데올로기를 통해 이 담론에 비판적이던 대항세력을 견제했다. 그들은 노동자의 정당한 파업을 '산업파괴'로 규정하고 학생운동의 통일운동을 '친북세력의 준동'으로 규정함으로써 국민의 '레드 콤플렉스'를 자극했다.

셋째, 국제화·세계화 담론은 일정 정도 국민의 지지를 획득했다. 1990년대 초 한국경제의 위기는 1960년대 이후 지속된 고도성장의 과정에서 물적 보상을 받았던 중산층의 위기감을 고조시켰다. 특히 그들은 고도성장의 과정에서 경제발전을 최우선의 가치로 간주하는 발전주의developmentalism 사고를 내면화했기에 자연스럽게 김영삼 정부의 국제화·세계화 담론을 수용했다.[5]

넷째, 국제화·세계화 담론의 등장은 1980년대 이후 민족주의 담론을 주도하던 민주주의와 통일 담론을 약화시켰다. 사회주의권의 몰락으로 인한 대안 체제의 부재 및 공안정국 등 정부의 반공 이데올로기 공세는 1980년대 말 급격히 고조되던 통일 담론을 약화시켰고, 김영삼 정부 초기만 해도 아주 높았던 민주화 요구도 국가경쟁력 강화론에 의해 밀려났으며, 결국 경제 민족주의를 담은 국제화·세계화 담론이 지배 담론이 됐다.

마지막으로, 김영삼 정부의 국제화·세계화 담론은 전통문화에 근거한 문화 민족주의cultural nationalism와 결합하면서 '발명된 전통invented tradition'의 상품화를 가져왔다.[6] 한국사회에서는 1990년대 초반부터 전통, 역사, 문화에 대한 관심이 고조되었는데,[7] 당시 국제시장에서 경쟁력을 갖춘 '상품'을 찾던 정부와 기업들은 전통문화에 눈을 돌려 이를 상품화했다. 이에 따라, 국악, 전통 춤을 비롯한 전통예술 및 식혜, 수정과 등 전통음식이 상품화되었고, '신토불이'와 '우리 것이 좋은 것이여'라는 광고 구호가 인기를 얻었다. 그런데 이러한 전통의 상품화는 의도하지 않게 한국사회에 존재하던 문화 민족주의의 확산에 기여했다.

2) 김대중 정부 시기 ─ 경제 살리기·생산적 복지 담론

1997년 외환위기에 이은 IMF 관리체제는 국가경쟁력 강화를 주장하던

---

5 세계화 담론에 대한 당시 국민 여론 조사 자료가 없기 때문에 이 담론의 지지도를 검증할 수는 없지만, "가장 시급히 해결해야 할 사회문제" ─ '경제회복'이 중산층, 노동자에게 모두 가장 시급한 문제로 인정됨 ─ 와 "고통분담론 동의 여부" ─ 크게 공감 50.7%, 대체로 공감 39.6% ─ 에 대한 여론조사를 통해 간접적으로나마 세계화 담론에 대한 국민 의식을 추정할 수 있다(김윤철 1999, 34). 게다가 당시 국민들은 언론의 세계화 시대 시리즈, 해외여행의 폭발적 증가, 외제 상품의 범람, 외국인 노동자들의 급속한 증가 등을 통해 몸소 세계화를 체험할 수 있었기 때문에 김영삼 정부의 개혁 정책에 대한 지지를 철회하면서도 이 담론을 부정하지는 못했다.

6 전통의 발명에 대해서는 Hobsbawm & Ranger(1984)를 참조하시오.

7 1990년대 한국 사회를 풍미한 '한국문화론'에 대한 자세한 논의는 권숙인(1998)을 참조하시오.

김영삼 정부의 세계화 담론을 '희대의 사기극'으로 만들었다. 국민은 1960년대 이래로 욱일승천하던 아시아의 네 마리 용이던 한국경제가 부도를 맞았다는 사실에 큰 충격을 받았다. 그래서 한국경제의 몰락을 가져온 김영삼 정부와 재벌에게 분노를 표했고, '미일 자본 음모설'이 나돌자 비난의 화살을 외세에게 돌렸다. 그런데 '단군 이래 최대의 위기'로 상처받은 국민의 자존심은 경제위기 극복을 위해 '경제 살리기'에 집중해야 한다는 민족주의 담론을 정당화시켰다.

당시의 민족주의적 분위기는 외환위기 직후 여러 부문에서 감지되는데, 언론은 '제2의 국채보상운동', '외화 동전 모으기 운동', '달러 저금하기', '금 모으기 운동' 등을 통해 민족주의적 분위기를 조장했다. 기업도 '국산품 애용운동'과 같이 '애국적' 담론을 담은 광고를 만들었다.[8] 그리고 피시PC 통신을 통한 공공연한 외국제품 불매운동,[9] 해외여행 가는 사람과 외제차 타는 사람을 매국노로 지칭하는 현상 등 '조악한' 경제 민족주의도 등장했다.

사실 경제위기 상황에서 새로 집권한 김대중 정부의 선택지는 IMF가 결정한 구조조정 외에는 존재하지 않았다. 이미 구제 금융을 받는 조건으로 IMF의 관리체제를 받아들이기로 약속했고, 국내적으로도 '경제 살리기'가 가장 시급한 과제였기 때문이다. 이러한 조건은 도리어 김대중 정부의 부담을 덜어 주었다. 곧 국가의 부도 위기를 막아야 한다는 절박한 심정, IMF 신탁통치에서 벗어나야 한다는 민족주의적 분위기가 충만해 있

---

8 '콜라독립 8·15'나 한글과컴퓨터사의 '한글 8·15판', 프로스펙스의 광고("당신은 달러를 신고 있습니까?"), 로케트 전기의 광고("내 삐삐에서 $가 나간다"), 가방 제조 업체 아이찜의 광고 문구("가방 수출 세계 1등, 넌 누구니? 내 어깨엔 우리나라의 미래가 달려 있지. 우리의 미래가 가진 우리의 가방 — 아이찜") 등이 대표 사례였다.

9 심지어는 미국 영화 〈타이타닉(Titanic)〉 안 보기 운동도 일어났다.

었기 때문에 김대중 정부는 큰 반발 없이 구조조정을 실시할 수 있었다.

김대중 정부는 집권 초기 IMF 관리체제라는 상황을 "6·25 이후 최대의 국난國亂"(대통령비서실 1999, 60)으로 규정하고, '경제의 재도약'을 당면 과제로 설정했다. 그리고 이를 위해 '민주주의와 경제발전의 병행'과 '총체적인 개혁'을 추진할 터이니 국민은 '고통 분담'에 동참할 것을 주장했다. 김대중 정부 초기의 경제 살리기 담론은 개혁과 고통 분담을 핵심으로 하고 있었다. 경제 살리기 담론의 실천 과정을 살펴보면 첫째, 김대중 정부는 외환 유동성 위기와 관련하여 상환 연장 협상과 외자도입 그리고 외평채 발행을 추진했다. 그리고 IMF가 요구한 대외개방정책, 곧 외국인 주식 투자 한도의 대폭 개방, 적대적 인수합병의 허용, 채권과 단기금융상품 시장 및 부동산 시장의 완전 개방, 외국 은행과 증권회사의 국내 현지법인 설립 허용 등을 통해 비교적 단기간에 외환위기를 극복했지만, 내용이 너무 광범위하고 속도도 빨랐기 때문에 국내 자본과 개혁세력 모두로부터 반발을 샀다.

둘째, 김대중 정부는 재벌·노동·금융·공공 부문에서 구조조정과 개혁을 추진했다. 이에 따라 금융부문에서 5개의 시중은행과 17개의 종합금융회사, 5개의 리스회사, 4개의 보험사가 퇴출당했고, 생존한 금융기관도 합병과 외자도입 등을 통해 강도 높은 구조조정을 요구받았다. 공공부문에서는 작고 효율적인 정부를 만든다는 목표를 내걸고 정부조직을 개편하고 공무원 수를 감축했으며, 규제개혁도 단행했다. 재벌 부문에서는 기업경영의 투명성 제고, 상호지급보증 해소, 재무구조개선, 핵심업종 설정과 중소기업에 대한 협력, 그리고 경영자의 책임성 확립 등 5대 원칙을 제시했다. 이에 따라 55개 기업이 퇴출당하고, 81개 업체가 기업개선작업workout에 들어갔으며, 공정거래위원회의 부당내부거래에 대한 감독 강화, 업종전문화를 위한 빅 딜 등이 추진되었다. 노동부문에서는 노사정위원회의 합의에 따라 정리해고제와 근로자파견제가 법제화되었다(김일영 1999, 12~13).

그런데 이러한 김대중 정부의 정책은 외환위기 직후 '아래로부터' 제기된 경제 민족주의 담론과는 사뭇 다른 성격을 띠고 있었다. 아래로부터의 담론이 방어적이고 보호(무역)주의의 내용을 담고 있던 데 비해, 김대중 정부의 정책은 탈규제화·자유화·민영화로 요약되는 신자유주의적 내용을 담고 있었다(김일영 1999, 15; 이해영 1999).

사실 초기부터 김대중 정부는 방어적이고 중상주의적인 민족주의와 거리를 두면서 신자유주의 정책을 실시했다.[10] 이는 김대중 정부의 일방적 결정이라기보다 IMF, 보수언론, 그리고 다국적기업의 공통된 요구사항이었다. 곧 김대중 정부의 정책 결정에는 국내 기업이나 사회세력보다 해외 투자자, 국제 금융기관, 다국적기업 등 외부 세력의 힘이 더 크게 작용했다. 특히 후자는 언론을 통해 중상주의적 민족주의의 폐쇄성을 비난하고, 자신들의 이해관계를 '글로벌 스탠다드', '글로벌 룰' 등으로 포장하여 유포했다.[11] 사실 그들의 주장은 "'애국심' 자체를 공격할 수 없게 만드는 한국인들의 뿌리 깊은 민족주의적 정서를 활용하여 외국상품에 대한 인식을 바꾸는 새로운 전략"(권혁범 1998, 16)이었다는 점에서 경제 민족주의 담론의 신자유주의적 '변형'이었다. 정부와 언론에 의해 변형된 민족주의 담론이 유포되면서 IMF 관리체제 초기에 등장했던 방어적이고 중상주의적인 경제 민족주의 담론은 점차 국민에게 설득력을 상실하게 됐다.

---

10 "소비절약운동을 하는 것은 좋지만 외제라는 이유만으로 싸고 좋은 상품을 구매하는 것까지 나쁘게 봐서는 안 된다"(1998년 1월 22일 김대중 당선자 발언)(한겨레; 권혁범 1998, 13에서 재인용).

11 보수 언론과 다국적 기업들이 적극적으로 자신들의 애국적 성격을 주장한 대표적 사례는 다음 같다. 조선일보는 '외자 유치는 애국'이라는 '신애국자론'을 주장했고, FILA 코리아는 "무엇이 진정한 국산입니까"라는 광고를 통해 "WTO체제하에서 국산 제품의 정의는 무엇입니까? …… 외국 합자 회사로서 240여 개 국내 업체와 더불어 국내 산업 발전에 이바지하였으며 국내 판매용 제품의 97퍼센트를 국내에서 생산하고 있습니다. 또한, 지난 6년간 1조6천억 원에 달하는 신발도 수출하였습니다. 이런 기업은 어떻게 평가받아야 합니까?"라고 주장했다.

그런데 신자유주의 정책에 의한 경제개혁이 일정 정도 성과를 거두자, 김대중 정부의 지배 담론에 약간의 변화가 일어났다. 그들은 집권 2년째인 1999년 초 민주주의와 시장경제의 병행발전에 '생산적 복지'라는 정책 목표를 첨가했다.[12] 생산적 복지는 "첫째, 근로 능력이 없거나 소득이 낮은 국민에게 생계·교육·의료 등 기본생활이 제도적으로 보장될 수 있도록 '국민기초생활보장법'을 제정하고, 둘째, 근로 능력이 있는 모든 국민에게는 고부가가치를 창출할 수 있는 능력을 배양하는 인간개발에 중점을 두며, 셋째, 국민 대다수의 '삶의 질'을 높이는 데 주력하는 것"을 골자로 했는데, 김대중 정부는 그 중 최저생활보장과 삶의 질 향상이 가장 중요한 사회적 목표로 상정했다(여유진 1999, 16).

생산적 복지 담론의 등장은 당시 김대중 정부가 처한 딜레마를 반영한 것이었는데, 그것은 바로 '20대 80의 사회'로 지칭되는 빈부 간의 소득격차 심화였다. 김대중 정부의 유연적 노동시장 정책은 외자 유치에는 도움이 되었지만, 구조조정으로 인해 발생한 실업자들을 보호하는 사회적 장치를 갖추지 못했고, 그 결과 중산층과 서민층이 어려움에 직면했고 그만큼 불만도 고조되었다.[13] 게다가 경제 회복이 가져온 실업률의 감소에도 불구하고 신규 고용자의 대부분은 임시직이나 일용직과 같은 비정규직으로 고용불안도 지속되었다.[14]

김대중 정부는 생산적 복지라는 구호 아래 4대 사회보험제도와 공적

---

[12] 당시 '제2건국'이라는 담론도 제출하고 '제2건국위원회'까지 조직했지만, 이 담론은 큰 파장을 못 일으킨 채 일회성에 그치고 말았다.

[13] 생산적 복지 담론은 국내적 요인 이외에도 경제의 지구화와 서구 복지국가의 변화라는 대외적 요인에도 영향을 받았다(여유진 1999, 10~11).

[14] 외환 위기 이후 급증하던 실업자 수가 감소세를 보인 1999년 3월부터 11월까지 증가한 임금 근로자 98만 5000명 중 84.4퍼센트가 비정규직이었다(한겨레 1999/12/27).

부조 전반에 대한 개혁을 진행했다. 먼저 4대 사회보험제도를 살펴보면, 1998년 10월에 실업보험이 전 사업장으로 확대되었고, 1999년 4월에 국민연금이 도시지역에 거주하는 자영업자들에게 확대되어 전 국민연금시대를 열었으며, 2000년 7월에는 직장과 지역으로 나누어졌던 의료보험조합이 통합되었고 산업재해보상보험이 전 사업장으로 확대되었다. 한편, 2000년 10월부터 기존의 생활보호제도를 대체하여 국민기초생활보장제도를 시행하면서, 공적부조제도의 획기적 변화를 가져왔다. 곧 국민기초생활제도에서는 최저생계비 이하의 모든 가구는 연령, 근로능력의 유무에 관계없이 의·식·주·의료·교육 등의 기초생활을 국가가 보장하게 되었다(신동면 2003, 18).

이러한 김대중 정부의 경제 살리기와 생산적 복지 담론이 지닌 특징은 무엇인가? 첫째, 경제 살리기 담론이 신자유주의적 내용을 가지고 있는 반면, 생산적 복지 담론은 신자유주의를 수정하려는 영국 노동당의 신중도노선을 따르고 있다. 따라서 두 담론은 제로섬의 관계는 아니지만 마찰이 일어날 수밖에 없었다. 곧 김대중 정부는 경제 살리기를 위한 경제정책에서는 신자유주의적 기조를 그대로 수용, 확대 재생산했고, 그 결과 복지 정책은 이러한 경제정책의 부작용을 완화하는 보조 장치 정도로 이해되면서 부수적 수단이 되어 버렸다. 특히 정부 내에 생산적 복지 정책의 실현을 위한 주체 세력 내지 기관이 존재하지 않았고, 한국사회 내에 존재하는 복지 수요에 대해 적극적으로 대응할 수 있는 구체적인 수단을 확보하는데도 실패했다(이태수 2009, 99).

둘째, 김대중 정부의 경제 살리기 담론은 국민에 의해 형성된 것을 이어받은 것으로, 초기에는 '아래'로부터의 적극적인 지지를 획득했다. 그러나 빈익빈 부익부를 가져온 신자유주의적 성격이 뚜렷해지자 국민의 지지가 철회되었다. 그래도 '위'로부터의 담론과 '아래'로부터의 담론이 결합된 것은 한국 정치사에서 보기 드문 사례 중 하나로 평가할 수 있다.

셋째, 경제 살리기 담론은 경제 민족주의 담론의 범위를 스포츠 영역으로 확장시켰다. 스포츠가 정치적으로 이용된다는 사실은 상식이지만, 대부분의 경우 스포츠는 국민통합을 위한 국가 이데올로기로 이용되었다. 그러나 김대중 정부 시기에는 언론이 주도적으로 스포츠 스타를 '애국자'로 만든 이후 국가가 이를 이용하였다는 점과 자본주의의 꽃인 돈과 결부된 프로 스포츠 선수를 통해 경제 민족주의 담론을 확산시켰다는 점에서 이전과의 차별성을 보여준다.[15]

넷째, 김대중 정부가 초기부터 시행한 대북포용정책은 한국 민족주의 담론에서 가장 핵심적인 내용인 통일 담론의 복원을 가져왔다. 통일 담론은 김영삼 정부가 1994년 김일성 사망 및 북한 핵위기를 빌미로 민족주의 담론에서 탈락시킨 후 무려 5년 만에 복원된 것이었다. 게다가 포용정책은 통일 담론의 복원 뿐 아니라 그 동안 한국 사회를 지배하고 있었던 적대적인 반북反北 이데올로기를 극복할 수 있는 계기가 되었다. 또한 정경분리에 기초한 포용정책의 꾸준한 실시는 북한 잠수정 침투 및 서해교전과 같은 갈등에도 불구하고 한국인의 마음속에 통일의 불씨를 되살렸다는 점에서 긍정적 평가를 내릴 수 있다.

결국 김영삼·김대중 정부는 경제 민족주의를 핵심적인 지배 담론으로 선택했지만, 담론의 성격, 생산 주체, 주제 영역, 그리고 국민의 지지라는 측면에서 차별성을 보였다. 먼저 주체의 측면에서 국제화·세계화 담론이

---

15 선진국인 미국에서 성공한 박찬호와 박세리는 외환 위기가 외세에 의한 침탈이라고 생각하는 한국인들의 감정에 결부되면서 카타르시스를 가져다줬는데, 김대중 정부와 언론은 이런 이미지를 통해 국민을 민족주의적 정서로 통합시키려 했다. IMF 극복을 위한 정부의 공익 광고에서 박세리가 물속에 빠진 공을 들어올리는 장면은 한국인이 위기의 순간을 극복하고 결국에 승리하는 상황을 상징적으로 표현했다.

신중상주의적 성격을 띤 채 국가·보수언론·국내 대자본의 주도로 생산·유포되었다면, 경제 살리기 담론은 보호무역주의적 성격을 띠었던 외환위기 초기에는 개혁세력과 국민에 의해 생산·유포되었지만, 신자유주의적 성격을 띠게 된 1998년부터는 주로 국가·해외자본·보수언론에 의해 생산·유포되었다. 그리고 1999년 하반기부터 등장한 생산적 복지 담론은 주로 국가에 의해 생산·유포되었다.

다음으로 담론의 성격에서 국제화·세계화 담론이 '적극적'이고 '공세적'인 성격을 띠었다면 '경제 살리기' 담론은 '소극적'이고 '방어적'인 성격을 띠었다. 그리고 담론의 주제에서 국제화·세계화 담론이 경제 영역과 전통문화 영역을 포괄했다면, 경제 살리기 담론은 경제 영역 이외에도 스포츠 영역도 포괄했다.

마지막으로 국민의 지지라는 측면에서 국제화·세계화 담론이 국민으로부터 일정정도 공감을 끌어냈다면, 경제 살리기 담론은 국민들의 적극적 지지에서 출발하였지만 신자유주의적 성격이 두드러지면서 지지가 감소했고, 이를 대신해 등장한 생산적 복지 담론은 일정 정도 국민의 지지를 받았다.

4. 나가는 말 ― 김영삼·김대중 정부의 민족주의 담론 평가

지구화의 흐름 속에서 등장한 김영삼·김대중 정부는 국제 정치경제질서의 상이한 조건에도 불구하고, 모두 경제 민족주의 담론을 생산·실천했고, 이 담론은 일정 정도 국민의 지지를 받았다. 이는 지구화 시대 한국 민족주의의 다양한 모습을 보여주었다.

첫째, 지구화와 민족주의의 관계에서 김영삼·김대중 정부의 사례는 지

표 1. 김영삼 정부와 김대중 정부의 담론 비교

	김영삼 정부 시기	김대중 정부 시기
담론의 생산	국가, 국내 (대)자본, 보수언론	경제 살리기: 국가, 해외자본, 보수 언론/ 생산적 복지 담론: 국가
담론 주제 영역	경제, 전통문화	경제, 스포츠
국민들의 지지	신한국 담론: 지지 상실 국제화·세계화 담론: 지지	경제 살리기 담론: 지지(약화) 생산적 복지 담론: 지지(?)
민족주의 담론의 성격	적극적, 공세적 신중상주의	소극적, 방어적/ 개방적 보호(무역)주의/ 신자유주의(신중도노선)

구화 시대에도 민족주의가 지속된다는 사실을 보여주었다. 이는 상품과 자본의 자유로운 이동과 문화의 보편화라는 지구화의 모습에도 불구하고, 안/밖이라는 이분법적인 사고를 지닌 민족주의가 여전히 지속된다는 점을 보여준다. 더욱이 이러한 분석은 지구화 시대 한국 민족주의의 규범적 성격을 따지는 것이 얼마나 공허한 것인지, 그리고 지구화 시대에는 민족주의가 사라질 것이라고 주장하는 일부 서구 학자들의 사고가 얼마나 큰 오판인지를 잘 보여준다.[16] 특히 1990년대 중반 한국 사회를 풍미한 문화 민족주의는 전통문화의 상품화라는 자본주의의 논리와 결합되면서 도리어 지구화가 민족주의를 촉진시키는 사례였는데, 이는 지구화 시대에 민족주의가 생존할 수 있는 또 다른 모습을 보여주었다.

둘째, 김영삼·김대중 정부의 사례는 지구화 시대에 국민국가의 역할이 축소될 것이라고 주장했던 일부 학자들의 예상과 달리, 지구화 시대에도 국가의 이데올로기적 역할이 여전히 중요하다는 사실을 보여주었다. 두

---

16 지구화 시대에 민족주의가 쇠퇴할 것이라고 주장하는 대표적 학자는 에릭 홉스봄이다(Hobsbawm 1993).

정부의 경제 민족주의 담론은 모두 국가가 민족주의를 이용하여 노동에 대한 자본 — 국내 자본이건 해외 자본이건 상관없이 — 의 지배를 정당화하는 이데올로기적 역할을 했다는 사실을 보여주었다.[17] 김대중 정부의 생산적 복지 담론 등장 역시 노동과 자본의 화해라는 현대 국가의 중요한 이데올로기적 역할을 보여주었다.

그러면 여러 학자가 주장했듯이 한국 민족주의가 긍정적이고 건설적인 방향으로 나아갈 수는 없는가? 이에 대해서는 라이시[Reich]를 참조할 필요가 있다. 그는 경제의 지구화 결과 '국가 경제[national economy]'라는 가정이 무너짐으로써 기업의 경쟁력 강화의 혜택이 곧바로 국가 경제의 구성원에게 돌아가지 않으며, 지구 경제[global economy]에 밀접히 연계된 상위 집단들과 그렇지 못한 사람들, 곧 빈부격차가 날로 증가할 것이며, 이런 상황에서 국가의 중요한 정치적 과제는 국민 분열에 대처하는 일이라고 주장한다. 이것은 외환위기를 거치면서 경제가 회복되었지만 그 혜택이 골고루 돌아가지 않았던 한국의 상황과 매우 흡사하다.

라이시는 이런 상황을 타개하기 위해 '제로섬적 국가주의'를 비판하면서 긍정적 경제 민족주의[positive economic nationalism]'를 제안했다. 이는 민족사회가 국경이 더 이상 존재하지 않는 지구경제의 출현 속에서 인적 자원의 개발을 통해 국민들의 세계경제에 대한 기여를 유도하여 결과적으로 전반적 시민생활 수준을 높이는 역할을 하는 것이다(Reich 1994). 이러한 주장이 과연 현실에서 실현될 수 있는가라는 문제와는 별개로, 이는 국민통합을 위해 문을 폐쇄하는 행위나 외국에게 무조건 문을 개방하는 행위를 넘

---

17 지구화가 민족국가의 약화와 소멸에 영향을 끼칠 것이라는 입장은 미래학자 엘빈 토플러를 비롯해 데이비드 헬드 등 일부 경제학자들이 제시한다. 자세한 논의는 정진영(1994)을 참조하시오.

어서 국민 개개인의 삶의 조건을 증진시키자는 문제의식을 지니고 있다는 점에서 주목할 만하다. 곧 국가나 국민 모두 폐쇄적 민족주의에서 벗어나 지구화의 현상을 받아들이고 거기서 소수만이 아니라 모두 다 생존할 수 있는 방법을 모색하자는 측면에서 받아들일만하다.

셋째, 양김 정부의 지배 담론이 모두 경제 민족주의를 핵심으로 하고 있음에도 불구하고 담론의 내용, 생산 주체, 주제영역, 그리고 국민의 지지라는 측면에서 차별성을 보여주었다. 이는 지구화라는 외부환경의 변화에 따라 일국 내 민족주의 담론이 어떻게 등장할 것인지를 전망하는데 도움이 될 것이다.

참고 문헌

강명구·박상훈. 1997. 〈정치적 상징과 담론의 정치〉. 《한국사회학》 제31집 봄호.

권숙인. 1998. 〈소비사회와 세계체제 확산 속에서의 한국문화론〉. 《비교문화연구》 4.

권혁범. 1994. 〈민족주의, 국가, 애국심과 보편적 이성〉. 《녹색평론》 11, 12월.

김동성. 1996. 〈한국현대정치사와 민족주의〉. 한흥수 편. 《정치동태론》. 서울: 오름.

김동춘. 1994. 〈'국제화'와 한국의 민족주의〉. 《역사비평》 27호(겨울).

김성배. 1993. 〈지구화시대의 민족주의〉. 하영선 편. 《탈근대지구정치학》. 서울: 나남.

김수행. 1994. 〈김영삼 국제화 전략 비판〉. 《월간 말》 5월.

김영춘·김성배. 1994. 〈최근 국제화 논의에 대한 비판적 고찰〉. 《통일문제연구》 제3권 제1호.

김윤철. 1999. 〈새로운 '성장 정치' 시대의 지배담론에 관한 일고찰: 김영삼 정권 시기 '세계화' 담론을 중심으로〉. 《동향과 전망》 43호(겨울).

김일영. 1999. 〈'국민의 정부'의 정체성: '김대중모델'은 과연 존재하는가?〉. 아태평화재단. 《새천년을 향한 한국사회의 비전》.

대통령비서실. 1994. 《김영삼대통령연설문집》.

_____. 1999. 《김대중대통령연설문집》.

박상훈. 1997. 〈민주적 공고화의 실패와 그 기원〉. 《동향과 전망》 제34호(여름).

박형준. 1994. 〈국제화와 전지구주의의 논리〉. 《창작과 비평》 22권 3호.

신동면. 2003. 〈김대중 정부의 '생산적 복지'와 노무현 정부의 '참여복지'〉. 《한국행정포럼》 101.

엄정식. 1994. 〈개방화, 세계화, 그리고 민족적 자아〉. 《철학과 현실》 봄.

여유진. 1999. 〈생산적 복지의 개념과 한계: 김대중 정부의 복지관에 대한 비판적 재고〉. 《동향과 전망》 43호(겨울).

윤영관. 1994. 〈세계화: 민족주의의 새로운 지평을 위하여〉. 《계간 사상》. 가을.

이태수. 2009. 〈'반쪽의 실패로 끝난 김대중·노무현 시대 복지정책〉. 《내일을 여는 역사》 37.

이해영. 1999. 〈총론: '국민의 정부'의 신자유주의를 비판한다〉. 《역사비평》 48호(가을).

임현진. 1995. 〈지구시대 한국의 진로: 민족주의, 지역주의 및 세계주의를 넘어서〉. 《계간 사상》 봄.

전재호. 1997. 〈박정희 체제의 민족주의 연구: 담론과 정책을 중심으로〉. 서강대학교 대학원 정치외교학과 박사 학위 논문.

정일준. 1994. 〈국제화 시대의 한국민족주의와 민주주의〉. 학술단체협의회 편. 《국제화와 한국사회》. 서울: 나남.

정진영. 1994. 〈국민국가의 장래〉. 《경제와 사회》 23호(가을).

진덕규. 1995. 〈민족주의의 역사성과 미래〉. 《오늘의 한국지성, 그 흐름을 읽는다》. 서울: 문학과 지성사.

하영선. 1993. 〈신세계질서와 지구적 민족주의〉. 하영선 편. 《탈근대지구정치학》. 서울: 나남.

한승주. 1994. 〈기조연설: 국제화와 한국의 과제〉. 외교안보연구원. 《국제화와 한국의 과제》.

Arnason, J. 1991. "Nationalism, Globalization and Modernity", Eccleshall, Robert et al.(eds). 1994. *Political Ideology*. London: Routledge.

Featerstone, Mike. ed. 1991. *Global Culture: Nationalism, Globalization, and Modernity*. London: Sage.

Hobsbawm, Eric & Terrence Ranger. 1984. *Invention of Tradition*. Cambridge: Cambridge Univ. Press.

Hobsbawm, Eric. 1993. *Nation and Nationalism Since 1780*. Cambridge: Cambridge Univ. Press.

Reich, Robert. B. 1991[1994]. *The Works of Nation*. New York: Alfred A. Knopf. 남경우 외 역. 《국가의 일》. 서울: 까치.

《한겨레》.

3장

민주화 이후 한국 민족주의의 변화
통일, 북한, 미국, 외국인, 재외동포, 북한이탈주민에 대한 인식을 중심으로

1. 민주화 이후 한국 민족주의는 변했는가

1987년 민주화 이후 한국 사회에는 많은 변화가 일어났다. 정치적으로 군부 권위주의 세력이 퇴진했고 대통령 직선제가 시행됐으며 선거 제도를 포함해 많은 반反민주적 법률과 제도가 개정 또는 폐지됐다. 사회적으로는 '정치적 공간'이 확장됨으로써 노동운동과 함께 시민운동이 활성화되었고, 경제적으로도 급속한 경제성장을 주도했던 '발전국가'가 약화하고 친親자본적인 신자유주의 정책이 집중적으로 시행되었다.[1] 뿐만 아니라 한국인의 인식, 특히 한국인의 사고를 지배하던 민족주의 인식도 변화했다.

먼저, 민주화 이후 전개된 국내 및 한반도 정세는 한국 민족주의 담론

---

[1] 민주화 이후 한국인은 정부의 경제 개입을 독재의 유산으로 인식해 국가의 퇴진과 시장의 회복을 요구했다. 그 뒤 한국에서는 민주화의 이름으로 신자유주의가 지배하게 됐다(이강국 2005, 328).

의 핵심 요소였던 반공주의와 친미주의를 변화시켰다. 1980년대 말 시민사회의 통일운동과 북한바로알기운동, 노태우 정부의 북방정책과 남북기본합의서 체결, 1990년대 북한의 고립과 핵·미사일 개발 및 경제난, 김대중 정부 이후 확대된 남북교류, 두 차례의 남북정상회담, 2000년대 미국과 북한의 대치 및 북한의 핵실험과 6자회담, 그리고 이명박 정부 이후 남북관계의 악화와 무력충돌 등 민주화 이후 한반도 정세의 변화는 북한과 통일에 대한 한국인의 인식에 큰 변화를 가져왔다. 또한 탈냉전 이후 미국의 '노골적인' 시장개방 압력, 2002년 미군 장갑차에 의한 여중생 사망 사건과 '불평등한' 한미행정협정, 부시 행정부의 아프가니스탄 및 이라크 파병 요구, 미국발 경제위기와 중국의 부상 등은 한국 민족주의 담론의 중요한 요소인 친미주의, 곧 한국인의 대미인식을 변화시켰다.

다음으로, 한민족은 한 조상에서 유래했다는 단일민족관념도 1990년대부터 시작된 외국인 및 '이질적인' 한민족의 유입으로 변화하기 시작했다.[2] 1990년대부터는 재중동포(고려인)를 포함한 외국인 노동자가, 그리고 2000년대부터는 외국인 결혼이주자와 북한이탈주민이 대거 유입되기 시작하여 2000년대 후반에는 외국인 '100만 시대'가 열렸다. 이는 극소수의 화교를 제외하고 외국인과 공존한 역사가 없던 한국인에게 낯선 경험이었다. 또한 외국인 결혼이주자에 따른 '다문화' 가정의 증가 및 한민족이지만 오랜 역사적 단절로 인해 동질성보다 이질성이 더 큰 조선족과 북한이탈주민의 유입은 단일민족관념을 약화했다.

마지막으로 민주화가 가져온 효과 역시 한국 민족주의를 변화시켰다.

---

2 이주 노동자의 유입은 1987년 6월 민주화운동이 성공한 결과 '7~9월 노동자 대투쟁'이 전개되고, 그 결과 변화된 한국의 경제 환경, 곧 3D 업종에서 노동력이 부족하게 된 때문에 가능했다.

민주화는 '정치 공간'의 확장을 가져왔고 이를 통해 시민운동과 노동운동 뿐 아니라 통일운동이 발전할 수 있었다. '민주적 시민의식'의 성장도 단일 민족관념에 내재한 폐쇄성과 배타성을 비판적으로 인식하도록 했다. 그리고 민주화의 성공은 경제성장과 함께 한국인의 민족적 자긍심을 높였고, 이는 그동안 관심을 기울이지 못했던 강대국과의 '불평등한' 관계, 특히 불평등한 한미관계에 대한 개선을 요구하는 계기가 됐다. 그런데 한국인의 민족주의적 인식 변화는 민주화 이후 장기간에 걸쳐 점진적으로 진행됐기 때문에 그 중요성에도 불구하고 별로 관심을 끌지 못했다. 이 글은 민족주의의 변화를 파악하기 위해 반공, 통일, 친미, 외국인 노동자, 재외동포, 북한이탈주민을 선택했는데, 이것들을 개별적으로 다룬 연구들은 여럿 존재하지만, 이것들을 종합하여 한국 민족주의의 변화를 고찰한 연구는 없다. 그러나 이 주제들은 개별적으로도 중요한 의미가 있지만, 모두 한국 민족주의를 파악하는 데 중요한 요소이기 때문에 민족주의의 시각에서 종합적으로 고찰할 필요가 있다. 따라서 이 장은 민주화 이후 한국 민족주의의 변화를 대외적으로 통일, 북한, 미국, 그리고 대내적으로 외국인, 재외동포, 북한이탈주민에 대한 한국인의 인식을 중심으로 고찰한다.

민족주의는 정의하는 사람에 따라 달라진다고 할 정도로 다양한 의미로 사용되기 때문에 이 장은 먼저 민족주의의 개념을 설명하고, 그다음 민주화 이후 한국 민족주의의 변화를 대외적 측면과 대내적 측면으로 나누어 고찰한다.

2. 민족주의의 개념 ─ 다양성

민족주의는 다양한 분야에서 다양한 방식으로 사용되기 때문에 그것을 올바로 이해하기 위해서는 그것이 어떻게 사용되는지를 살펴봐야 한다. 일반적으로 민족주의는 민족의 독립과 통일과 자유를 추구하는 정치적 이데올로기이자 강령으로 정의된다(장문석 2011, 58). 그런데 민족주의는 외적으로 "일차적으로 정치적 단위와 민족적 단위가 일치해야 한다는 원칙", 곧 '1민족 1국가'를 의미하는 정치적 교의이자, 내적으로는 구성원에게 다른 이념이나 정체성에 앞서 민족(국가)에 최고의 충성심을 바칠 것을 요구한다.

한편으로 민족주의의 등장 이전까지 사람은 자신이 속한 종족宗族, 마을, 도시, 직업, 신분, 지역, 왕조, 제국, 종교 등에 대해 일체감을 가졌고, 현대에도 개인은 혈연, 지역, 계급, 언어, 종교, 성별 등 복수의 정체성을 보유한다. 개인이 어떤 정체성을 가장 중시하는가는 시대와 환경에 따라 달랐고, 다양한 정체성은 충돌하거나 또는 평화롭게 공존했다. 그러나 민족주의는 궁극적으로 다양한 정체성의 공존을 허락하지 않는다. 민족 정체성과 다른 정체성이 충돌할 경우, 개인에게 다른 정체성에 우선하여 민족에 충성을 바칠 것을 요구한다. 민족주의가 특별한 것은 바로 민족이 개인에게 최고의 충성대상이 되어야 한다는 것, 곧 민족이 일체의 충성심을 독점해야 한다는 논리에 있다.

다른 한편으로 민족을 모든 정치공동체의 기준으로 삼는 인식, 곧 민족자결주의는 근대 이후 유럽에서 등장하여 20세기에 전 세계적으로 공인되었다. 이 원리는 많은 사람들에게 민족의 이름으로 자민족의 국가를 획득 또는 유지하기 위해 투쟁하도록 만들거나, 제국이 국민국가nation-state로 재편되는 과정에서 그동안 공존하던 타민족을 강제적으로 축출하거나 제거하도록 만들었다. 결국 민족주의는 근대 이후 사람들의 사고와 행동을 지배한 매우 중요한 정치적 이념(이데올로기)이다.

다음으로 민족주의는 맥락에 따라 민족정체성과 동일한 의미로 사용된다. 민족정체성은 특정 민족을 타민족과 구별하는 고유한 속성character을 의미하거나 또는 그에 근거하여 특정 민족의 구성원이 자민족에 대해 갖는 소속감belongings 또는 애착attachment을 지칭한다. 그것이 속성이건 소속감이건 민족정체성은 공통의 언어, 문화, 역사의식, 영토의식 등 특정 민족을 식별할 수 있다고 간주되는 '객관적' 요소를 매개로 인지된다. 이를 근거로 사람은 자신의 민족정체성을 인식한다. 많은 경우 민족정체성은 민족주의와 관련된 것으로 인식된다. 대표적으로 서구문화의 유입으로 인해 자민족의 문화가 위협당한다고 느낄 때 많은 비서구인은 민족정체성의 위기로 인식한다. 이 경우 자민족의 정체성을 지키기 위해 전통 문화를 보존하려는 활동이 전개되는데, 이는 문화적 민족주의라고 불린다. 곧 민족주의는 민족정체성과 밀접히 관련되어 사용된다.

마지막으로 민족주의는 담론의 영역에서 사용된다. 우리는 일상에서 무의식적으로 민족(국가)을 중심에 놓고 사고하며 민족과 관련된 많은 담론을 생산한다. 사실 이데올로기로서의 민족주의는 개인에 따라 수용할 수도, 거부할 수도 있다. 그러나 민족과 관련된 담론은 일상 언어와 이론에 침윤되어 있기 때문에 무의식적으로 수용하게 된다. 곧 민족 담론이 언어생활 전반을 지배하면서 사람들의 인식, 태도, 가치에 깊숙이 침투한다(장문석 2007, 39). 예를 들어, 한국 사회에는 한민족의 우수성을 부각시키는 많은 담론이 존재한다. 한글, 인쇄술, 팔만대장경 등에 붙여진 '과학적', '세계 최초', '세계 최고' 등의 담론은 우리 역사와 민족의 우수성을 부각시켜 한국인에게 자긍심을 부여하려는 의도를 지닌 것이다.

이렇게 민족주의 담론은 민족에 순수성, 역사성, 우수성을 부여함으로써 구성원에게 민족에 대한 자긍심을 갖게 한다. 따라서 민족주의는 담론 영역에서도 중요한 역할을 한다. 결국 민족주의는 이데올로기, 정체성, 그리고 담론 등 다양한 영역에서 사용되는 개념이다. 그런데 이데올로기이건, 정체성이건, 담론이건 공통적으로 민족주의가 지향하는 목표는 민족의 독립, 통합, 발전이다. 비록 그 목표가 구체적으로 의미하는 바가 무엇이고, 어떤 방법으로 그 목표를 달성할 수 있는지에 대하여 모두 동의하는 규정이 존재하지 않지만, 최소한 이러한 목표와 관련돼 있어야 민족주의라고 불린다. 그러면 민족주의를 구성하는 개별 목표를 구체적으로 살펴보자. 먼저, 민족의 독립은 겔너Ernest Gellner가 규정한대로 일차적으로 정치적 단위와 민족적 단위가 일치해야 한다는 원칙을 의미한다. 이 원칙은 20세기 초 민족은 주권 정부를 구성하고 운영해야 한다는 '민족자결주의'로 공인됐다. 물론 이전부터 많은 피식민 민족이 제국주의에 대항해 민족해방투쟁을 전개했고, 식민지 조선에서도 1919년 '3·1 운동'을 비롯하여 식민지 기간 내내 많은 독립투쟁이 전개됐다. 그런데 식민지 상태에 있는 민족이 독립을 위해 선택할 수 있는 방법은 무장투쟁을 통한 독립, 국제사회의 세력관계를 이용하는 외교적 방법, 또는 인도의 간디처럼 비폭력 무저항운동을 통해 식민 본국의 양심적 세력의 마음을 움직이는 것 등 여러 방법이 존재한다. 그 방법은 민족이 처한 상황과 조건에 맞게 선택해야 하는 것이지 특정 방법이 절대적으로 옳다고 말할 수 있는 것은 아니다.

다음으로 민족의 통합은 민족 구성원 내부의 차이를 제거하여 동질적으로 만들려는 목표이다. 역사적으로 근대국가는 신분제도를 폐지하고 분권화되었던 봉건체제의 유산을 제거했으며 행정과 교육을 이용하여 민족 내부의 언어, 관습, 역사의식, 문화 등을 통일시켰다. 한반도에서도 대한제국 말기 한자 대신 한글이 보급되었고 중국사가 아닌 조선의 역사가 만들어졌으며, 한민족의 영토와 영웅에 대한 인식이 확산되었다. 식민지 시기에는 한글 맞춤법 통일안이 제정되었고, 해방 후에도 표준어의 보급 등이 이어지면서 전 근대 시기에 존재했던 여러 종류의 이질성이 대부분 사라졌다.

또한 민족의 통합은 하나의 민족이 두 국가로 분단되거나 또는 여러 국가에 분산된 경우에도 적용된다. 이 경우 그 민족은 1민족 1국가 원칙에 따라 자연스럽게 하나의 민족국가를 수립하려 한다. 전자는 한민족과 중화 민족에 해당되고, 후자는 쿠르드족과 알바니아 민족에 해당된다. 쿠르드족은 이란, 터키, 이라크, 시리아 등에 산재해 있고, 알바니아 민족은 알바니아와 이웃한 신유고 연방의 코소보 자치주에서 다수를 차지한다. 따라서 민족의 통합은 민족국가 내부의 통일성을 지향하는 목표이지만 민족이 처한 상황에 따라서는 민족국가 외부로 확대된다.

마지막으로 민족의 발전은 일반적으로 경제성장을 위한 '후진국'의 노력을 지칭한다. 여러 '후진국'은 '선진국'을 '따라잡기catch-up' 위해 가능한 한 많은 자원을 경제발전에 집중하는 정책 또는 행위를 '민족의 이름'으로 정당화했다. 19세기 말 독일과 일본, 그리고 1960년대 이후 한국과 타이완이 이러한 민족주의에 의거해 경제성장에 성공한 대표적인 사례이다. 한국의 경우, 박정희 정권은 1960년대부터 '민족중흥'과 '조국근대화'라는 민족주의 구호를 내걸고 국가 주도의 경제발전정책을 전개했다. 그런데 민족의 발전에는 경제적 측면 이외에 예술, 스포츠와 같은 문화적 측면도 포함된다. 올림픽과 같은 국제대회를 개최하거나 자민족을 대표하는 스포츠 팀이나 스타가 국제대회에서 좋은 성적을 거두면 민족 구성원들은 그것을 민족의 발전, 곧 강한 국력의 증거로 인식하여 자부심을 느낀다. 1936년 나치 독일은 게르만족의 우수성을 과시하기 위해 올림픽을 개최했고, 냉전 시기 사회주의 국가들도 올림픽에서 자국의 우수성을 과시하기 위해 스포츠를 대대적으로 지원했다. 한국인들도 올림픽에서의 메달 순위나 월드컵서 국가대표팀의 성적을 한민족의 국력이 성장한 것으로 인식한다.[3]

---

3 국제올림픽연맹에서는 메달 수를 기준으로 하는 국가별 순위를 공식 집계하지 않는다. 또한 미국을 비롯한 서구 언론은 국가별 순위를 집계하지만, 한국처럼 금, 은, 동을 차별하지는 않는다. 한국 언론의 이런 행태는 '일등에만 집착'하는 '천박한' 사고를 반영한 것으로 보인다.

또한 최근 동아시아를 넘어 전 세계로 확산되는 한류도 한민족의 발전이라는 범주에 포함된다. 대부분의 한국인은 한류의 확산이 한국이 발전했기 때문에 가능한 것이라고 생각한다.

결국 민족주의는 민족의 독립, 통합, 발전을 지향하지만 그것의 의미와 방법은 하나로 고정된 것이 아니라 민족이 처한 상황과 조건에 따라 상이하다. 따라서 자신이 규정한 내용만이 민족주의이고 다른 것은 민족주의가 아니라는 방식의 접근은 민족주의를 올바로 파악하는데 적절치 않다. 필자는 이를 민족주의에 대한 '규범적' 입장이라고 정의하는데, 그것은 민족주의를 구성하는 고유한 내용이 존재한다고 전제한 후, 그것을 기준으로 민족주의를 참과 거짓으로 구분하는 입장이다. 규범적 입장의 대표적 사례는 분단 이후 한국 민족주의의 핵심 과제를 통일로 상정하고, 그것을 지향하는 행위만이 '진정한' 민족주의라고 주장하는 입장이다. 그러나 지적했듯이 민족주의는 다양한 내용과 방법을 포괄하는 개념이기 때문에 규범적으로 재단하는 것은 민족주의의 다양한 모습을 보지 못하게 만든다. 따라서 민족주의를 올바로 파악하기 위해서는 상이한 정치세력의 상이한 민족주의가 존재한다는 점을 고려하여야 한다.

한국 민족주의와 관련하여 첨가해야 할 내용은 한국 민족주의의 독특한 성격이다. 한국 민족주의는 본래 '한민족의 정체성'이었지만, 분단 정부 수립 이후 한민족을 향한 충성심인 '종족 정체성ethnic identity'과 대한민국(또는 조선민주주의공화국)을 향한 충성심인 '정치적 정체성political identity' 또는 국가정체성state identity으로 분열되었다. 식민지 시기 한반도의 주민은 해방이 되면 당연히 하나의 민족국가가 건설될 것으로 생각했다.

그러나 해방 이후 한반도에는 적대적 이데올로기에 기초한 두 개의 정부가 탄생했다. 그들은 자신만이 한민족의 정통성을 갖고 있다고 주장하면서 자신의 지배하는 주민에게 배타적으로 충성을 바칠 것을 요구했다. 그

리고 상대 정부를 비롯하여 자신의 정부에 동의하지 않는 세력은 모두 '비
非민족' 또는 '반反민족' 세력으로 몰아 구성원의 자격을 박탈했다. 곧 분단
정부에 대한 충성을 한민족에 대한 충성으로 치환하려 했다. 이러한 분단
정부의 노력은 처음에는 실효를 거두지 못했지만, 상대방을 적으로 설정한
전쟁을 통해 민족 구성원에게 강제적으로 부과되었다. 전쟁은 한민족의 구
성원에게 남과 북 어느 한쪽의 국민 또는 공민이 되는 선택을 강제했다.

사실 한국전쟁은 역설적으로 그것이 목표로 했던 한민족의 통일국가
수립이 매우 어렵다는 사실을 보여주었다. 따라서 전후 남북은 통일을 유
보한 채, 상이한 이데올로기에 기초한 국가건설을 지속했다. 이는 남북에
서 각각 '자본주의 민족'과 '사회주의 민족'의 형성과정, 곧 남북의 이질성
을 확대 재생산하는 과정이었다. 상이한 세계관, 정치체제, 경제체제, 생활
양식은 모든 측면에서 남북의 이질성을 가져왔고, 분단 반세기가 지나면
서 그 거리는 더욱 멀어졌다. 특히 남한에서는 통일을 향한 종족 정체성이
약화되고, 경제적 성취와 민주화에 성공한 '자랑스러운' 대한민국을 향한
정치적 정체성이 강화되었다. 이제 통일을 한국 민족주의의 최우선의 과
제로 생각하는 한국인은 소수가 되어 가고 있다.

결국 분단 정부의 수립 이후 새롭게 등장한 분단국가를 향한 '정치적
정체성'은 한국전쟁과 전후의 상이한 국가건설 과정을 거치면서 한민족
을 향한 '종족 정체성'을 압도하게 되었다. 이는 한국 민족주의의 독특한
성격을 형성했고, 한국사회에 강력한 영향을 미치고 있다.

이상에서 민족주의가 지닌 다양한 측면을 고찰했는데, 다음 절부터는
민주화 이후 한국 민족주의의 변화를 외적 측면과 내적 측면으로 나누어
살펴본다.

3. 민주화 이후 한국 민족주의의 변화 — 대외적 측면

이 절은 민주화 이후 한국 민족주의의 변화를 보기 위해 통일, 북한, 미국에 대한 한국인의 인식을 고찰한다.

1) 통일에 대한 인식 — '당위적'이고 '적극적' 인식에서 '현실적'이고 '소극적인' 인식으로

통일은 이론에서나 현실에서 모두 한국 민족주의의 가장 근본적인 과제이다. 이론에서 통일은 민족주의의 정치 교의인 1민족 1국가의 원칙을 실현하는 것이며, 현실에서 한국인은 남북을 한 민족으로 생각하기 때문에 하나의 민족이 하나의 국가를 만드는 통일은 당연한 일이라고 생각한다. 그러나 분단 정부 수립 후 진행된 독자적인 국가건설은 남북을 상이한 정치, 경제, 사회, 문화 체제로 만들었다. 더욱이 분단 상황에서 태어나 자란 '분단 세대'의 증가는 이전 세대와 다른 통일인식의 등장을 가져왔다.[4] 분단 직후만 해도 한국인에게 통일은 논란나 설명이 필요 없는 너무나도 자연스럽고 당연한 '당위'였다. 그러나 언젠가부터 통일은 남북의 군사적 긴장이 초래하는 불안정을 해소하고 한국의 발전을 위해 필요하다는 '현실적' 인식에 의해 정당화되는 명제로 전환되었다.[5] 게다가 상당수의 한국인은 이러한 조건이 충족되지 않는다면 통일보다 현 분단 상황이 낫다는 '소극적인' 통일 인식을 갖게 되었다. 곧 민족동질성에 기초한 당위적 통일 인

---

[4] 이것과 별개로 분단 65년이 지난 2010년에도 과반수 이상(59%)의 한국인이 통일이 필요하다고 응답했다(서울대학교 통일평화연구소 2010, 21).

[5] 2010년에는 이명박 정부 이후 통일의 필요성에 대한 응답률이 가장 높았는데, 이것은 "천안함 사건 이후 남북한 간의 군사적 긴장이 극도로 높아지자 안보 불안에 대한 반작용으로 평화적인 남북관계를 원하는 국민들이 많아졌기 때문으로 볼 수 있다"고 해석됐다(서울대학교 통일평화연구소 2010, 22).

식이 점차 현실적 이해관계에 기초한 소극적인 통일 인식으로 변했다.

한국인의 통일 인식이 이렇게 변화하기 시작한 것은 냉전체제에 균열이 일어나고 한국에서 민주화가 진행되기 시작한 1980년대 후반부터로 보인다. 1987년 민주화 이후 정치적 공간이 '개방'되자, 민주화운동 세력은 1988년 봄부터 통일에 대한 국민의 관심을 고조시키기 위해 '북한바로알기운동'과 '올림픽공동개최운동'을 전개했다. 1989년에는 3월 문익환 목사가 북한을 방문했고 6월에는 전국대학생대표자협의회(전대협) 대표 임수경이 평양 세계청년학생축전에 참가했다. 당시 노태우 정부도 소련과 동구권의 개혁·개방을 계기로 북방정책을 실시하여 그들과 수교를 맺었고 북한과도 적극적으로 접촉을 시도했다. 그 결과 1991년 남과 북은 UN에 동시 가입했고 1992년에는 분단 이후 최초로 남북 간의 관계를 규정한 '남북사이의화해와불가침및교류·협력에관한합의서'를 체결했다. 이는 그동안 억눌렸던 북한과 통일에 대한 한국인의 관심을 증가시켰을 뿐 아니라 그동안 잊었던 '동족同族' 북한을 '재발견'하게 만들었다.

1993년 출범한 김영삼 정부의 대북 정책도 한국인의 통일인식에 영향을 미쳤다. 김영삼 정부는 1993년 대통령 취임사에서 민족을 강조했고, '진보' 인사로 알려진 한완상을 통일부장관에 임명했으며, 장기수 이인모를 북한으로 송환했으며 남북정상회담을 추진했다. 그러나 1993년 3월 북한의 NPT 탈퇴와 핵·미사일 개발은 한반도의 긴장을 높였고, 1994년 6월 김일성 주석 사망으로 조성된 남한 내부의 '조문파동'은 남북관계를 악화시켰다. 더욱이 1990년대 중반 연이은 자연재해는 사회주의권의 붕괴로 인한 북한의 경제난과 식량난을 더욱 악화시켰다. 이런 상황에서 남한에서는 '조기붕괴론'이 등장하여, 북한이 얼마 지나지 않아 남한으로 흡수 통일될 것이라는 기대가 확산되었다. 표 1은 이런 인식을 보여주는데, 1990년대 중반 '10년 이내' 통일 가능하다는 응답률이 가장 높았다. 1993

표 1. 통일예상시기
(민족통일연구원 1993, 75; 1994, 92: 1995, 75; 1998; 1999, 47)

	2, 3년 내	5년 이내	10년 이내	20년 이내	30년 이내	30년 이상	절대불가능/ 잘모름
1993년	1.3	6.5	37.3	23.6	7.2	9.2	13.3
1994년		17.5	56.3		18.7	7.1	0.4
1995년		9.5	40.9	26.9	7.1	15.5	
1998년		4.7	28.3	27.1	7.2	10.6	22.1
1999년		3.0	27.0	28.3	7.4	11.3	22.9

년부터 1999년까지 통일예상시기에 대한 응답률을 보면, '10년 이내 통일 가능성'은 1993년 45.1%, 1994년 73.8%, 1995년 51.4%, 1998년 33%, 1999년 30%였다. 이와 대조적으로 '30년 이상' 및 '절대불가능/잘 모름'은 1998년과 1999년 32.7%와 34.2%로 이전에 비해 크게 상승했다. 이는 많은 한국인이 북한이 최악의 상태였던 1990년대 중반 '조기' 통일의 가능성을 높게 보았지만, 1990년대 후반 김정일 체제가 안정되면서 통일 가능성을 낮게 보았음을 보여준다. 이런 1990년대 통일인식의 변화는 한국인의 통일인식이 당위나 희망보다는 현실에 기초해 있음을 보여준다. 곧 1990년대부터 한국인은 '현실적인' 통일 의식을 갖게 되었다고 볼 수 있다.

현실적 통일 의식은 1990년대 후반 김대중 정부가 '대북포용정책'을 시행한 이후 더욱 확고해졌다. 1998년 금강산 관광과 경제협력이 시작되었고, 2000년 6월에는 분단이후 최초로 '남북정상회담'이 개최되었다. 물론 이 시기에 연평도 사건 및 미국 부시 행정부의 강한 대북 압박이 있었지만, 분단 이후 처음으로 우호적인 남북관계가 열렸다. 특히 김대중 정부는 통일정책 대신 대북정책이란 명칭을 사용하면서 통일을 서두르지 않았고, 기존의 두 국가 체제를 인정하는 한반도 평화체제를 추구했다.

김대중 정부의 대북정책은 한국인의 통일 인식에 영향을 미쳤다. 남북정상회담 2년 뒤인 2002년 9월 조사에 따르면 응답자의 절반이 넘는 61.6%가 '점진적인 통일'을 원했고, '가능한 한 빠른 시일 안에 통일이 이루어져야 한다'는 응답은 12.8%에 불과했다. 또한 '통일보다 남북한이 좋은 관계를 유지하면서 공존하는 것이 낫다'는 응답도 24.8%에 달했다. 이는 한국인이 통일에 대해 점진적으로 접근하는, 상대적으로 '소극적' 인식을 가졌음을 보여준다(민주평화통일자문회의 http://www.acdpu.go.kr/boardz/List.asp?txtBoardSeq=3803(검색일: 2005년 10월 20일)).

이런 경향은 2005년 EAI 중앙일보의 '국민정체성' 조사에서도 볼 수 있다. 이 조사에 따르면 통일에 대한 '유보적' 또는 '소극적' 의견('여건을 봐가며 속도를 조절해 추진해야 한다' 54.6%, '통일을 서두를 필요가 없다' 19.6%, '굳이 통일할 필요가 없다' 7.9%)이 82.1%로, '적극적' 의견('빨리 통일을 해야 한다' 17.4%)을 압도했다(이내영 2007, 206). 그리고 절대 다수(88.2%)가 '최소한' 남한체제를 유지한 상태에서의 통일을 요구했다.[6] 이는 사실상 한국인의 압도적 다수가 남한체제가 아니라면 통일을 원하지 않는다는 점을 의미하는 것으로, 통일을 '제한적'으로만 받아들이고 있다는 사실을 보여준다.

당시 한국인의 통일 인식에 영향을 미친 또 하나의 요인은 남북의 경제적 격차와 상이한 사고·행동방식이었다. 1990년대부터 시작된 북한의 경제 사정 악화와 생활고 및 지속적인 남북 교류는 남북의 경제적 격차와 상호 이질성이 매우 크다는 점을 드러냈다. 이에 따라 한국인은 남한

---

6   조사 결과는 '각각의 체제를 유지하면서 공존하는 방식으로의 통일' 52.9퍼센트, '남한식 체제로의 통일' 35.3퍼센트, '남한식도 북한식도 아닌 제3의 체제로 통일' 8.3퍼센트였다(이내영 2007, 206).

표 2. 통일의 필요성
(서울대학교 통일평화연구소 2007, 13; 서울대학교 통일평화연구소 2010, 23~24)

	같은 민족 이니까	남북 간에 전쟁 을 없애기 위해	한국이 보다 선진 국이 되기 위해	이산가족의 고통 을 덜어주기 위해	북한주민도 잘 살 수 있도록
2007년	50.6	19.2	18.7	8.9	1.8
2008년	57.3	14.5	17.1	6.8	4.3
2009년	44.0	23.4	18.6	8.5	5.5
2010년	43.0	24.1	20.7	7.0	4

에 큰 부담이 될 가능성이 높은 통일에 대해 소극적으로 생각하게 되었다. 2000년대 중반까지도 대다수의 한국인이 통일의 필요성을 인정했지만, 이는 당위적인 사고일 뿐 실제로는 자신의 이해관계에 기초하여 통일을 소극적으로 사고한다.[7] 통일 인식의 변화는 2000년대 후반에도 확인된다. 통일의 필요성에 대한 인식은 2008년을 기점으로 민족동질성 차원의 비중이 축소되고 현실적 차원의 비중이 증가한다.

통일의 필요성에 대해 민족동질성 차원의 응답('같은 민족이니까')은 지속적으로 현실적 차원의 응답('남북한 간에 전쟁위협을 없애기 위해', '한국이 보다 선진국이 되기 위해서')을 압도했지만, 2008년 이후 전자는 하락하기 시작했고, 2010년에는 후자에 의해 역전되었다. 이는 이명박 정부의 등장 이후 대북강경정책이 실시되면서 천안함 사건과 같이 한반도의 긴장 고조를 경험한 한국인이 좀 더 현실적으로 통일을 인식하게 되었음을 보여준다.

7　2005년 통일연구원 조사에 따르면 '통일 당위성'에 대해 '매우 찬성' 49.2퍼센트, '대체로 찬성' 34.7퍼센트, '대체로 반대' 12.8퍼센트, '매우 반대' 3.3퍼센트였다(통일연구원 2005, 96).

사실 김대중 정부의 포용정책을 계승한 노무현 정부는 부시 행정부의 강력한 대북압박에도 불구하고 2007년 10월 2차 남북정상회담 개최가 보여주듯이 남북관계를 평화적으로 관리하려 했다. 그러나 2008년 이명박 정부가 들어선 이후 남북관계는 극도로 악화되었다. 특히 2010년대의 천안함 사건과 2011년 연평도 포격 사건은 남북관계를 최악으로 만들었다. 이런 상황은 한국인이 통일에 대해 더욱 현실적으로 접근하도록 만들었다. 이는 2010년의 조사에서 잘 드러나는데, 조사에 따르면 통일에 대한 소극적, 부정적 인식('통일을 서두를 필요가 없다' 23.5%, '굳이 통일할 필요가 없다' 19.6%)이 2005년(19.3%, 7.9%)에 비해 급증한 데 비해, 긍정적, 적극적 인식('빨리 통일해야 한다')은 17.4%에서 10.4%로 감소했다(《중앙일보》 2010년 12월 4일).

결국 1990년대 후반 이래 남북 교류가 진전되면서 한국인의 통일 인식도 변화했다. 한국인은 민족동질성에 기초한 당위적 명령에 따라 즉각적 통일을 원하기보다는 현실을 고려하여 점진적인 통일을 선호한다. 이러한 변화는 분단을 가져온 냉전체제의 붕괴, 2국가 체제가 낳은 남북의 이질화, 분단 이후 출생한 세대의 증가 등에 기인한 것으로 보인다. 특히 남북 교류의 증가는 역설적으로 한국인의 통일 인식을 현실적이고 소극적으로 만들었다. 곧 한국인은 당위보다 이해관계를 중시한다는 측면에서 현실주의적이고, 즉각적인 통일보다는 자본주의 체제에 기초한 점진적 통일을 지향한다는 점에서 소극적이게 제한적인 통일 인식을 강하게 지니게 되었다.

2) 북한에 대한 인식 — '맹목적인' 적대의식에서 '우월적인' 반공의식으로

남북의 한민족은 분단 직후에는 서로를 구별하지 않았지만, 분단 정부 수립과 생사生死를 건 전쟁을 치르면서 한민족 정체성과 구별되는 대한민국

'국민'과 조선민주주의인민공화국 '인민'이라는 새로운 정체성을 자각하게 되었다. 게다가 이어진 냉전체제 아래서 남과 북은 주민에게 한민족 정체성과 구별되는 자국의 '정치적' 정체성을 내면화하고 상대방을 '적敵'으로 간주할 것을 요구했다. '무찌르자 공산당'이라는 구호가 보여주듯이 한국인에게 북한(정부 또는 주민)은 동족이 아닌 '제거해야 할 적'이었다. 특히 냉전 시기 권위주의 정권은 북한에 대한 정보를 차단하고 적대의식을 고취하기 위해 노력했다. 그 결과 자연스럽게 한국인은 대북 적대의식을 내면화했다. 그런데 한국인의 대북 적대의식은 1980년대 후반부터 변화하기 시작했다. 한국인의 대북인식을 유추할 수 있는 조사에 따르면 북한과 미국 또는 일본의 축구경기에서 북한을 응원하겠다는 응답의 비율이 1980년대 중반부터 계속 증가했다(표 3). 물론 이 사례가 한국인의 대북 적대의식 약화와 정확히 일치한다고 말할 수는 없지만, 한국인의 북한에 대해 민족동질성 여부를 간접적으로 보여주는 지표로 볼 수는 있다.

한편 1990년대의 대북인식 조사는 한국인의 대북 적대의식의 변화를 더 잘 보여준다. 조사에 따르면 김영삼 정부 초기(1993년, 1994년)와 김대중 정부 출범 2년차(1999년)에는 북한에 대한 긍정적 인식이 높은 반면, 1995년과 1998년에는 부정적 인식이 더 높았다(표 4)(전재호 2006, 130).

이 결과는 당연한 것이지만 조사 당시 한반도의 정세를 반영한 것으로 보인다. 1993년과 1994년에 북한은 심각한 경제난에 시달렸고 남북관계도 개선 조짐을 보였기에 과반 이상의 한국인이 북한의 무력도발 가능성을 낮게 보았고, 북한을 협력 또는 지원 대상으로 인식했다. 또한 1999년 대북인식이 긍정적으로 변화한 것은 1998년부터 시작된 김대중 정부의 대북포용정책이 가져온 효과로 보인다. 이에 비해 1994년 김일성 주석 사망에 따른 '조문파동'과 1995년 대북 쌀 지원 과정에서 보여준 북한의 '비상식적' 돌출행동은 1995년 한국인의 대북인식을 부정적으로 전환시킨

표 3. 국제축구경기에서 북한 응원자의 비율
(설동훈 2002, 36에서 재구성)

	북한 대 미국	북한 대 일본
1986년	21.8	45.9
1987년	56.0	74.6
1988년	60.0	76.3
1989년	71.9	82.6
1990년	85.4	93.9

표 4. 북한에 대한 인식
(민족통일연구원 1993; 1994: 1995; 통일연구원 1998; 1999)

	긍정적 인식			부정적 인식			중립적 인식	기타
	협력대상	지원대상	계	적대대상	경계대상	계	경쟁대상	잘 모름
1993년	28.7	50.8	79.5	14.3		14.3	5.7	0.4
1994년	20.4	39.2	59.6	7.1	30.7	37.8	2.5	×
1995년	25.2	11.7	39.9	15.9	43.7	59.6	3.5	×
1998년	24.8	12.4	37.2	13.8	40.6	54.4	3.3	5.1
1999년	32.6	19.3	51.9	8.2	28.7	36.9	3.1	8.2

것으로 보인다(민족통일연구원 1995, 11~17).

결국 1990년대 실시된 조사는 당시 한국인의 대북인식이 북한의 상황, 남북관계, 그리고 국제정세에 따라 변했고, 이는 한국인의 대북 인식이 권위주의 시기의 감정적이고 맹목적이던 적대인식에서 일정 정도 벗어나 이성적이고 현실주의적인 인식으로 변화되었음을 보여준다. 특히 북한을 협력과 지원 대상으로 보았다는 점은 한국인들이 경제적 우위에 기초하여 북한을 바라보고 있음을 보여준다. 이러한 측면에서 볼 때 한국인의 대북인식은 '수동적'이고 '적대적인' 반공에서 '적극적'이고 '우월적인' 반공의식으로 전환되었다고 볼 수 있다.

한국인의 우월적인 대북인식은 미국 정부의 대북 적대정책과 북한의 핵·미사일 개발로 북미관계가 악화되고, 남북관계도 정상회담에서 무력 충돌로 출렁이던 2000년대에도 계속되었다. 표 5에 따르면 2000년대 한국인의 대북인식은 2008년을 기점으로 전환되었지만, 긍정적 인식이 여전히 다수였다. 1999년 51.9%였던 긍정적 인식은 2003년 55.4%로 증가했고, 2007년까지 꾸준히 증가했다. 그러나 긍정적 인식은 통일의식과 마찬가지로 2008년을 기점으로 감소하고 대신 부정적 인식이 증가했다. 이 역시 이명박 정부의 대북적대정책의 결과 악화된 한반도의 안보 상황을 반영한 것으로 보인다. 그러나 천안함 사건이 일어났던 2010년에도 여전히 긍정적 인식이 부정적 인식을 압도한 점은 한국인의 대북인식이 과거의 맹목적인 적대의식으로 복귀하지 않고 있음을 보여준다.

결국 냉전기 한국인의 대북 적대의식은 한국전쟁의 경험, 북한의 호전성, 군사력의 열세, 그리고 권위주의 정권의 대북 적대정책에 기인한 것이었다. 그러나 이런 적대의식은 1987년 민주화 이후 등장한 통일운동과 사회주의권의 개혁·개방을 계기로 변하기 시작했고, 냉전이 붕괴된 1990년대 점차 약화되었다. 특히 1990년대 북한의 NPT 탈퇴에도 불구하고 국제적 고립과 경제적 곤경, 그리고 이에 대비되는 한국의 경제적 성공과 국제적 위상 상승은 북한에 대한 한국인의 두려움과 적대의식을 변화시킨 결정적 요인이었다. 그 결과 한국인은 맹목적인 적대의식 대신 경제적 우위에 기초한 반공의식을 갖게 되었고, 이는 김대중 정부 이후 진행된 대북 포용정책과 남북교류를 통해 더욱 확고해졌다. 그러나 앞의 통일인식에서 보았듯이 대북 적대의식의 약화가 곧바로 민족동질성의 회복을 의미하지는 않는다. 남북교류가 확대되고 북한에 대한 정보가 확산되자, 도리

표 5. 북한에 대한 인식/태도
(통일연구원 2005, 12; 서울대학교 통일평화연구소 2007, 24; 서울대학교 통일평화연구소 2010, 23~24)

	긍정적 인식			부정적 인식			무관심
	협력대상	지원대상	계	경계대상	적대대상	계	경쟁대상
2003년	38.2	16.2	55.4	28.6	12.5	41.1	
2005년	41.8	23.1	64.9	20.9	10.2	31.1	4.0
2007년	56.6	21.8	78.4	11.8	6.6	18.4	3.3
2008년	57.6	21.9	79.5	11.3	5.3	16.6	3.8
2009년	50.7	20.6	71.3	17.4	9.0	26.4	2.3
2010년	44.7	19.3	64.0	20.7	12.0	32.7	3.3

어 한국인은 동질성보다 '이질성'을 분명히 인지했고, 그렇기 때문에 통일을 현실적이고 소극적으로 바라보게 되었다.

3) 미국에 대한 인식 — '맹목적인' 친미에서 '현실주의적인' 친미로

민족주의는 민족국가 간의 평등을 전제로 하고 있기 때문에, 민족국가 역시 외부의 간섭으로부터 독립된 주권을 가질 것을 요구한다. 그러나 20세기 중반까지 대부분의 아시아, 아프리카 지역은 서구 제국주의 세력의 식민 지배를 받았기 때문에 그들의 민족주의는 자연스럽게 반(反)제국주의적, 곧 '저항적' 성격을 띠게 되었다. 이에 따라 독립 이후 그들의 민족주의는 식민 본국에 대한 '배타적' 성격을 갖게 되었다. 그래서 냉전기 아시아, 아프리카의 많은 국가는 미국과 소련이라는 두 강대국과 거리를 두는 비동맹 노선을 지향했다.

그러나 한국은 미국의 절대적 영향력 아래서 출발했기 때문에 다른 아시아, 아프리카 국가와 다른 강대국 미국에 대한 인식을 갖게 되었다. 미국은 제2차 대전의 승리를 통해 한반도의 해방을 가져다주었고, 한국전쟁에 참전하여 공산군을 물리쳤으며, 전후에도 한국의 경제성장을 견인했다. 그 결과 미국은 한국인에게 일본 제국주의로부터 해방시켜준 '은인'이고, 공산주의자의 침략으로부터의 구해준 '구원자'이자 자유민주주의의 '수호자'로 인식되었다. 따라서 많은 한국인은 오랫동안 '숭미崇美의식'이라는 맹목적인 친미의식을 지녔다. 1965년 주한 미국공보원의 조사에 따르면 68%의 한국인이 '제일 좋아하는 나라'로 미국을 선택했고, 1981년 동아일보 여론조사에서도 그 비율은 60.6%였다(이강로 2004, 250). 이는 최소한 1980년대 초까지 한국인의 반 이상이 미국에 대해 우호적 감정, 곧 친미親美의식을 지니고 있었음을 보여준다.

그러나 한국인의 친미의식은 1980년대를 거치면서 변화했다. 1981년 광주, 1982년 부산, 1985년 서울의 미국 문화원 방화 및 점거 사건은 제한적이지만 '반미反美의식'의 표출이었다. 이를 주도한 세력은 광주민주화운동의 무력진압과 관련하여 미국이 신군부를 지원했다고 비판하면서 자유민주주의의 수호자라는 미국의 '신화'에 도전했다. 또한 1980년대부터 민주화세력은 권위주의 정부가 미국의 시장개방 요구를 받아들이는 것을 보면서 '불평등한' 한미관계를 비판했다. 특히 1987년 민주화 이후 '민족해방민주주의혁명NLPDR' 세력은 한국을 미국의 식민지라고 주장하면서 반미反美를 외쳤다. 그러나 이러한 주장이 한국인의 대미인식에 얼마나 부정적인 영향을 미쳤는지는 불확실하다. 대신 1988년 서울 올림픽에서 보여준 미국 NBC의 편파보도와 유명 선수의 오만함은 실제로 한국인의 대미인식에 부정적 영향을 미쳤다. 그래서 당시 한국인은 우방국 미국 선수보다 적성국 소련과 동구권 국가의 선수를 더 응원했다.

여론조사 결과는 1980년대 한국인의 대미의식이 변화했음을 보여준다. 미국을 '가장 좋아하는 나라'로 선택한 한국인이 1981년 60.6%였는데, 유사한 질문('미국은 내가 〈가장 좋아하는 나라〉이다')에 대한 응답이 1984년 37.3%, 1987년 36.3%, 1990년 19.5%, 1991년 19.7%였다(이강로 2004, 253). 그러나 이 결과를 무조건 한국인의 친미의식 약화라고 평가하기는 힘들다. 왜냐하면 미국이 '가장' 좋아하지 않고 '그냥' 좋아하거나, 또는 '다른 나라만큼' 좋아할 수도 있기 때문이다. 그래서인지 1995년에도 여전히 상당수의 한국인(70.1%)이 미국을 '가깝게 느끼는 나라'로 선택했다.[8] 다만 이것이 숭미 의식이 약화되었는지, 아닌지의 여부는 정확히 보여주고 있지는 못하다. 그런데 2000년대의 조사를 보면, 한국인의 대미의식 변화가 분명히 보인다. 여러 조사에 따르면, (2003년 3월 조사를 제외하고) 2001~2004년까지 미국에 대한 부정적 인식이 긍정적 인식보다 높고, (2002년 2월을 제외하고는) 중립적인 인식이 과반수에 달할 정도로 높은 비중을 차지했다. 이는 2000년대 전반기 한국인의 친미의식이 약화되었음을 보여준다.

이러한 변화는 특히 2002년 6월 미국 장갑차에 의한 여중생 사망이 큰 영향을 미친 것으로 보인다. 이 사건을 계기로 대규모 항의 촛불시위가 일어났고, 이 과정에서 한미주둔군지위협정SOFA의 '불평등성'에 대한 비판적 인식도 확산되었다. 게다가 2003년 미국 부시 대통령이 한국군의 이라크 파병을 요청하자 많은 한국인은 파병반대와 함께 반전反戰, 반미를 구호로 시위를 조직했다. 그 결과 2005년의 조사가 보여주듯이 한국인 사이에서 반미의식이 친미의식에 버금갈 정도로 확산되었다. 이 조사는 중립적 견해를 제외한 채 오직 찬반만을 선택하는 것이었는데, 절반 정도의 한국인

---

8 '한국이 가깝게 느끼는 나라'는 미국 70.1퍼센트, 북한 16.4퍼센트, 중국 6.7퍼센트, 일본 6.1퍼센트, 러시아 0.7퍼센트 순으로 선택됐다(민족통일연구원 1995, 58).

이 반미정서를 지지했다.[9] 또한 2005년의 또 다른 조사는 주변국가 중 미국이 한국인이 신뢰하는 국가 중 첫 번째임을 보여주었다.[10] 그러나 미국을 '신뢰한다'는 비율이 19.8%이고, '신뢰하지 않는다'는 비율이 44.4%라는 점은 한국에서 2000년대 중반까지 친미의식이 상당히 약화되었음을 분명히 보여준다. 그런데 2000년대 후반의 조사는 친미의식이 약화되던 이전의 경향과 사뭇 다른 모습을 보여주었다. 2000년대 후반의 조사에 따르면 미국을 '가장 가깝게 느끼는' 한국인의 비율은 다시 증가했다(**표 7**).

1995년 70.1%였던 비율은 2007년에는 53.4%로 하락했지만 이후 계속 상승하여 2010년에는 다시 1995년의 수준으로 상승했다. 이는 2006년과 2009년 북한의 핵실험, 2008년 이명박 정부 등장 이후 남북관계의 악화, 그리고 2010년 천안함 사건 등 한반도의 긴장이 높아지는 상황에서, 안보를 미국에 의존할 수밖에 없다는 한국의 현실을 고려한 인식으로 보인다. 곧 북한이 2차 핵 실험 직후인 2009년 6월의 여론조사에서 한미동맹을 강화해야 한다는 의견이 자주외교보다 우세했고, 북한의 연평도 포격이 일어난 직후인 2010년 12월의 여론조사에서도 '한미동맹을 강화해야 한다'는 의견이 37.9%인 반면, '독자외교'에 대한 지지가 26.5%였던 결과도 이를 잘 보여준다.[11]

그러나 이 결과가 한국인이 과거의 친미의식으로 돌아갔다는 것을 의

---

9 '귀하는 한국의 반미 정서에 대해 어떻게 생각하십니까?'라는 질문에 대한 결과는 '지지한다' 50.3퍼센트(매우 지지 12.3%, 대체로 지지 37%)와 '반대한다' 49.7퍼센트(대체로 반대 20.3%, 매우 반대 19.5%)로 나타났다(통일연구원 2005, 121).

10 2005년 조사에서 한국인이 신뢰한다고 응답한 비율은 미국 19.8퍼센트, 일본 6.4퍼센트, 북한 6.1퍼센트, 중국 6.1퍼센트, 러시아 3.7퍼센트였다. 신뢰하지 않는다고 응답한 비율도 미국 44.4퍼센트, 러시아 57.4퍼센트, 북한 61.6퍼센트, 중국 63.6퍼센트, 일본 72.3퍼센트로 미국이 가장 낮았다(이내영 2007, 199).

11 2010년 조사는 '한미동맹을 강화해야 한다'는 의견이 2005년 30.3퍼센트에 견줘 증가한 반면, '독자 외교'에 대한 지지는 축소됐다(《매일경제》 2009년 6월 17일; 《중앙일보》 2010년 12월 4일).

표 6. 미국에 대한 인식
(서울대학교 사회발전연구소 2003)

	(아주, 약간) 좋다	(약간, 매우) 싫다	중립	모름/무응답
2001년(서울대 사회발전연)	30.5	39.9	42.3	
2002년 2월(한국 갤럽)	33.7	59.6	6.7	
2002년 12월(한국 갤럽)	37.0	54.0		
2003년 3월(코리아리서치)	23.0	29.5	46.0	1.4
2003년 5월(코리아리서치)	26.3	19.9	52.5	1.2
2004년 9월(코리아리서치)	20.0	24.4	53.9	1.6

표 7. 한국인이 가장 가깝게 느끼는 국가
(민족통일연구원 1995, 58; 서울대학교 통일평화연구소 2010, 122~124)

	미국	일본	북한	중국	러시아
1995년	70.1	6.1	16.4	6.7	0.7
2007년	53.4	11.6	24.0	10.2	0.9
2008년	59.9	9.6	21.8	7.7	1.6
2009년	68.2	8.7	15.9	6.1	1.0
2010년	70.6	9.6	14.8	4.2	0.7

미하는 것으로 보이지는 않는다. 한국인은 전통적인 반일감정에 더해 2000년대 들어 두드러진 일본의 우경화에 대해 걱정하고, 중국에 대해서도 동북공정을 비롯하여 정치경제적 지위의 급상승에 따른 '패권주의'를 두려워하며, 러시아에 대해서는 지리적 거리감만큼이나 심리적 거리감도 컸다. 이에 비해 미국은 안보를 위해 선택할 수 있는 거의 유일한 주변국이다. 따라서 2000년대 후반의 대미인식 변화는 안보를 고려한 가장 현실주의적인 선택으로 보인다. 이런 점을 고려할 때, 2000년대 후반의 친미의식

은 냉전 시기의 맹목적인 친미의식과는 전혀 다른 성격을 가진 것이었다.

결국 맹목적인 친미의식은 냉전 붕괴와 한국의 경제성장과 민주화 및 새로운 세대의 등장에 따라 점차 변화했다. 냉전 붕괴는 미국이 더 이상 '정의의 수호자'가 아니라 자국의 이익을 극대화하려는 '보통 국가'임을 드러냈다. 그리고 대한민국에 대한 자부심을 갖고 자라난 새로운 세대는 전쟁과 가난을 겪은 구세대와 달리 미국에 대해 보은의식과 열등감에서 자유로우며 한미관계의 불평등성을 견디지 못했다. 그리고 한국인도 이익과 안보라는 현실주의적 사고에 기초하여 미국을 바라보게 되었다. 그 결과 2000년대 후반 한국인은 많은 국가 중 미국을 제일 신뢰하고 있기 때문에, 한국인의 대미인식은 현실주의적 친미의식이라고 볼 수 있다.

4. 민주화 이후 한국 민족주의의 변화 — 대내적 측면

1990년대 이후 한국에는 혈통, 언어, 피부색 등이 상당히 다른 외국인이 대거 이주하는 현상이 등장했다.[12] 1990년대 이후 중국과 동남아시아와 남아시아에서 이주노동자를 비롯하여 결혼이주자가 유입되면서, 1990년대 초만 해도 몇 만에 불과하던 정주 외국인의 숫자가 2010년에는 한국 전체 인구의 2.5%인 126만 명으로 증가했다. 게다가 2000년대 이후 국제결혼의 증가와 더불어 그들의 자녀도 증가했다.[13]

---

12 민족주의의 대외적 측면이 주로 정치적 교의에 연관된 반면, 대내적 측면은 정체성과 담론에 연관돼 있다.

13 통계청 조사에 따르면 2010년 외국인과 한국인의 혼인은 3만 4235건으로 2009년보다 900건 증가했으며 전체 혼인 건수(32만 6104건)의 10.5퍼센트 수준이다(통계청, '국제결혼현황'(http://www.index.go.kr/egams/stts/jsp/potal/stts/PO_STTS_IdxMain.jsp?idx_cd=2430)(검색일 2012년 2월 9일).

이는 그동안 한국 민족주의의 주요한 특징이던 '순혈주의적' 단일민족 관념의 변화를 가져왔다. 이 관념은 한민족이 한 명의 조상에서 유래한 '순수' 혈통을 보유했다는 인식과 한민족은 하나의 언어, 문화, 영토, 역사적 기억을 공유하는 동질적 집단이라는 인식이 결합된 것이다. 이는 해방 이후 언론과 교육을 통해 확산되었고, 인구 구성에서 소수의 화교를 제외하고 장기간 한국에 거주하는 외국인이 극소수였기 때문에 자연스럽게 받아들여졌다. 그러나 1990년대 이후 이주민이 대량 유입되고 2007년 유엔 인종차별위원회가 '단일민족국가' 이미지를 극복할 것을 권고하자, 단일민족 개념은 더 이상 공식적으로는 사용되지 않게 되었다. 그리고 행정기관과 학교에서 '다문화' 정책과 교육을 실시했고 한국이 장래에 다문화 사회로의 전환될 것이라는 인식도 확산했다. 그러나 이러한 변화가 실제 한국인의 순혈주의적 단일민족관념을 변화시켰는지는 확실하지 않다. 이를 고려하여 이 절은 1)에서 1990년대 이후 외국인과 관련된 정책의 변화를 살펴보고, 그 과정에서 외국인에 대한 한국인의 인식이 어떻게 변했는지를 살펴본다. 또한 2)와 3)에서는 1990년대부터 등장한 중국동포로 인해 부쩍 쟁점이 되었던 재외동포와 2000년대부터 증가하기 시작한 북한이탈주민에 대한 한국인의 인식을 살펴본다.

1) 외국인에 대한 인식 — 외국인 노동자와 결혼이주자에 대한 상이한 대응

1990년대 이전까지 외국인에 대한 한국인의 인식은 '손님'이었다. 해방 이후 화교를 제외하고 한국에 장기 거주하는 외국인은 극소수였기 때문에 한국인은 대부분의 외국인이 잠시 한국에 머물다가 고향에 돌아갈 것이라고 생각했다. 그러나 이러한 인식은 1990년대부터 시작된 외국인의 노동이주와 장기 체류, 그리고 2000년대 영구 거주를 전제로 한 결혼이주

표 8. 국내 장단기 체류 외국인, 1999~2010년
(이삼석 외 2011, 64)

	체류외국인	총인구대비 비율		체류외국인	총인구대비 비율
1999년	381,116	0.8	2005년	747,467	1.5
2000년	491,324	1.0	2006년	910.149	1.86
2001년	566,835	1.2	2007년	1,066,273	2.16
2002년	629,006	1.3	2008년	1,158,866	2.34
2003년	678,687	1.4	2009년	1,168,477	2.35
2004년	750,873	1.5	2010년	1,261,415	2.50

여성의 지속적 유입을 계기로 바뀌었다.

1990년대 외국인 노동자가 대거 유입되었을 때, 그들에 대한 한국인의 인식은 전과 다르지 않았다. 그들은 잠시 거주할 것이며, 정부의 정책도 이런 인식을 전제로 만들어졌다. 정부는 1991년 '외국인산업기술연수제도'의 시행에서부터 외국인 노동자를 한국 사회의 구성원으로 받아들이지 않았다. 시간이 가면서 노동조건이 개선되고 체류기간도 연장되었지만, 귀화조건이 매우 까다로웠기 때문에 그들은 반드시 본국으로 돌아가야만 했다. 이런 측면에서 볼 때, 한국의 외국인 정책은 자국민으로의 편입을 허용하지 않는 '배타적' 성격을 지닌 것이었다.

2000년대에는 결혼을 목적으로 한국으로 이주하는 외국인 여성들이 급속히 증가했다. 이는 1990년대 이후 고학력화와 경제활동 참여 확대 등에 따른 한국 여성의 만혼과 독신 경향 심화로 인해 농촌과 도시의 저소득 남성이 국내에서 결혼배우자를 찾지 못한 현상과 관련되어 있다. 지방자치단체는 저출산 현상 극복, 지역 인구 감소 방지, 주민 복지 차원에서 개별적으로 국제결혼 지원 정책을 실시했다. 중앙 정부도 국제결혼 이주민의 급격한 증가에 따라 발생하는 인권 침해, 한국 사회 부적응, 빈곤화,

자녀 양육 곤란 등의 문제를 해결하기 위해 많은 정책을 시행했다.[14]

결국 1990년대 이후 한국은 외국인 노동자에 대해서는 한국 사회의 일원으로 받아들이지 않는 배타적 정책을 전개한 데 비해, 결혼이주자에 대해서는 한국 사회로의 성공적 적응을 지원하는 '수용적' 정책을 시행했다. 이는 한국정부가 입국 목적을 기준으로 외국인에 대해 상이한 대응을 한다는 사실을 보여준다. 그러면 1990년대 말 이후 전개된 외국인의 대량 이주에 대해 한국인은 어떤 인식을 갖고 있는가?

2007년 이주자의 권리에 대한 태도 조사에 따르면 한국인의 압도적 다수(78%)는 외국인도 한국인과 마찬가지로 '노동법적 권리'를 보호받아야 한다고 응답했다. 또한 이보다 낮지만 외국인 근로자의 가족동반, 이주자 정책 마련 과정에서 그들의 의견 수렴, 이주자 인권보호 등에 대해서도 찬성 의견이 다수였다. 그러나 이것이 한국인이 외국인 노동자를 국민 또는 민족 구성원으로 인정한다는 것을 의미하지는 않는다. 위의 조사에 따르면 '계약 종료 외국인 노동자들 귀국'과 '불법 외국인 노동자 본국 송환'에 찬성하는 비율은 모두 50%가 넘었다. 곧 반수 이상이 외국인 노동자는 계약기간이 끝나면 귀국해야 하고, 불법 체류자는 본국으로 보내져야 한다고 답했다(황정미 외 2007, 108). 결국 이주 외국인에 대한 한국인의 인식은 복합적이다. 합법적으로 국내에 거주하는 외국인의 권리는 인정하고 배려하지만, 법적 체류 기간을 넘긴 장기 거주는 반대한다. 이는 한국인이 여전히 '다른 민족'인 외국인을 한민족 또는 한국 국민으로 받아들이지 않는다는 사실을 보여준다.

---

14 정부는 2005년 외국인 이주 여성 자녀의 인권 실태 및 차별 개선 방안을 마련했으며, 2006년에는 결혼 이민자 및 혼혈인, 이주자의 사회 통합 지원 대책을 확정했다. 특히 2008년 다문화가족지원법과 2008년 12월 확정된 '제1차 외국인정책기본계획'(2008~2012)을 중심으로 국제결혼 이주민 지원 정책이 추진되고 있다(이삼석 2011, 57~58).

2006년 '결혼이민자 자녀의 정체성'에 대한 분석 역시 이런 경향을 보여준다. 결혼 이주자 자녀에 대해 한국인의 69%가 '한국인'으로, 그리고 54.4%가 '한민족'으로 보았다.[15] 한민족의 피가 절반 섞인 자녀에 대해 한민족이라는 응답이 절반을 넘었다는 점, 그럼에도 불구하고 한국인보다 한민족이라는 응답이 낮은 것을 볼 때, 한국인이 여전히 혈통에 근거한 단일민족관념을 고수하고 있음을 볼 수 있다.

흥미로운 사실은 절반 이상의 한국인이 속지주의에 따라 한국에서 태어난 외국인 이주자 자녀들에게 시민권을 부여하는 것에 대해서는 긍정적이라는 점이다. 위의 2007년 조사에 따르면 54.9%의 한국인이 부모의 인종이나 국적에 관계없이 한국에서 태어나면 한국 국적을 부여해야 한다는데 찬성했고, 반대는 15.7%에 불과했다(황정미 외 2007, 104~108). 이는 한국인이 민족 개념을 혈통적으로, 그리고 국민은 시민권적으로 구별하여 인식하고, 단일민족관념에도 불구하고 한국인이라는 국민 개념의 범주가 점차 개방적으로 변화했다는 점을 보여준다. 이는 외국인 귀화에 대한 한국인의 태도에서도 잘 드러난다. 한국인은 같은 민족인 조선족보다 인종, 언어, 문화적으로 아주 다른 미국인의 귀화를 인정할 수 있다는 비율이 더 높다. 한국인은 자신과 인종적으로 비슷한 중국인이나 몽골인, 일본인보다 인종적으로 크게 차이가 나는 미국인을 국민으로 받아들이는 태도를 지니고 있다는 점을 볼 때, 한국인은 국민의 기준으로 혈통적 특징을 중시하지 않는 것으로 보인다(황정미 외 2007, 99).

외국인 노동자와 결혼 이주자 및 그 자녀에 대한 한국인의 인식은 단일민족개념의 지속과 변화라는 상반된 인식을 보여준다. 2011년 한국보건

---

15 결혼 이민자 가족의 부모들 대부분이 자녀를 한국인(97.3%)인 동시에 한민족(97%)으로 봤다(설동훈 2006, 84).

사회연구원의 '외국인·이민자에 대한 국민의식조사'도 외국인에 대한 상반된 인식이 드러난다. 한국인의 66.9%가 '외국인·이민자에 대한 친밀감'을 느낀다고 응답했고, '외국인·이민자가 증가하면 한국사람들이 느끼는 위협감이 커질 것'이라는 견해에 59.3%가 동의하지 않았다. 반면 한국인의 절반 정도(57.8%, 50.8%, 47.5%)가 언어, 종교, 피부색의 차이로 인해 외국인·이주자와 갈등이 존재할 것이며, 64%가 외국인 이민자가 증가하면 외국과 같이 그들의 소요사태나 데모 등이 발생할 것이라고 우려했다 (이삼식 외 2011, 216~228).

결국 민주화 이후 민주적 의식의 증진으로 인해 한국사회에서 외국인에 대한 법적 처우는 상당히 개선됐지만, 이주 노동자를 한국사회의 일원으로 받아들이지는 않고 있다. 반면 한국인과 결혼하는 외국인 이주자에 대해서는 그들이 성공적으로 한국 사회에 정착하도록 지원한다. 2000년대 중반 한국 정부는 다민족, 다문화 사회를 공식화했지만, 한국인의 혈통중심적 단일민족관념은 지속되고 있었다. 다만 1990년대 이전에 비해 외국인의 지속적 유입으로 그 관념이 가진 배타성은 약화되기 시작했다.

2) 재외동포에 대한 인식 — 경제적 위상에 따른 위계적 인식의 등장

한국의 민족구성과 관련하여 1990년대 이후 일어난 또 하나의 변화는 그동안 잊고 지냈던 조선족과 북한이탈주민의 유입이다. 그들은 '같은 민족'이지만 한국에 들어오기 전까지는 한국 국적을 가진 한국인은 아니었다. 따라서 '동포'에 대한 한국인의 의식을 파악할 수 있는 중요한 대상이다.

1990년대 이전까지 한국인에게 재외동포는 교포라고 불렸고, 주로 재일교포와 재미교포를 의미했다. 재일교포는 식민지 시기 반강제적으로 이주한 사람들과 그들의 자손으로 일본에서 차별대우를 받았기 때문에 한국인의 안타까움과 함께 반일反日 감정을 일으키는 존재였다. 또한 친親북한의 조총련이 있었기 때문에 일반인이 쉽게 접할 수 있는 사람은 아니었다. 이에 비해 재미교포는 주로 해방 이후 이주한 사람이 다수였고, 그래서 한국과 지속적으로 교류하는 경우가 대부분이었다. 특히 해방 후 선진국인 미국에 이민갈 수 있는 사람은 제한되었고, 이민 후 경제적 성공을 거두었다고 알려졌기 때문에 부러움의 대상이었다.

흥미로운 것은 한국인은 재일교포가 일본 국적을 취득하면 한민족으로서의 정체성을 포기한 것으로 인식한 데 비해, 재미교포의 경우에는 미국 국적을 취득해도 계속 한국인이라고 생각하는 경향이 있었다. 이는 국적여부와 상관없이 한국인은 백인이 아니기 때문에 진짜 미국인이 될 수 없다고 생각했기 때문으로 보인다. 비록 재일교포가 일본에서 차별당하는 존재였지만 1990년대 이전까지 재외동포는 주로 한국보다 선진국에 사는 동포였기에 대체로 한국인은 그들을 동경했다.

그런데 재외동포에 대한 인식은 1990년대 초 조선족과 고려인이 유입되면서 변화했다. 특히 한국이 경제발전과 민주화에 성공하고 경제적으로 뒤떨어진 지역의 동포가 유입되자, 재외동포에 대한 인식은 달라졌다. 재외동포 중 조선족은 1990년대 초부터 경제적 격차와 지리적 근접성으로 인해 한국으로 대거 입국했다. 초기에 그들은 오랜만에 다시 만난 형제로 인식됐고 특유의 말투와 문화로 인해 '관심'의 대상이었다. 그러나 그들은 다른 이주 노동자들과 마찬가지로 일자리를 찾기 위해 한국에 들어왔기 때문에 주로 한국인이 기피하는 3D업종에 종사했고, 그로 인해 한국인에게 '무시'와 '동정'의 대상이 됐다. 2001년 조사에 따르면 한국인에게 멸시나 피해를 당한 적이 있는 조선족이 67%에 달했다(설동훈 2002, 215).

그럼에도 불구하고 조선족은 한국 사회에 존재하는 특유의 단일민족 관념으로 인해 수혜를 입었다. 1998년 한국 정부가 재외동포에게 혜택을 부여한 재외동포법을 제정할 때 중국의 반대로 조선족은 적용 대상에서 제외되었다. 그러나 이후 정치권과 시민사회의 지원으로 재외동포법이 2004년 개정되었고, 2007년에는 방문취업제가 실시됨으로써 그들은 중국 국적자임에도 불구하고 재외동포로서의 특혜를 받았다. 그러나 2000년대 조선족에 대한 한국인의 인식이 개선된 것 같지는 않다. 이는 전문직에 종사하는 조선족도 존재하지만, 다수가 한국인이 꺼리는 3D 업종에 종사하기 때문인 것으로 보인다.

한편 재외동포 중 다수를 차지하는 재미동포에 대해서도 한국인의 인식은 과거와 달라진 것으로 보인다. 1980년대 후반 한국의 민주화와 '3저 호황'에 따른 경제적 성공은 한국의 경제적 위상을 높였고 미국에 대한 한국인의 열등감을 일정 정도 해소시켰다. 특히 1990년대에는 '역이민'이 등장할 정도로 한국의 상황이 개선되었다. 따라서 과거처럼 재미동포를 '동경憧憬'하는 현상도 약화되었다. 비록 IMF 경제위기를 겪으면서 이러한 경향이 역전되기도 했지만, 미국의 세계적 위상 약화와 배타성의 증가, 한미관계의 상대적 악화 등으로 인해 재미동포에 대한 한국인의 인식은 더 이상 과거와 같지는 않게 되었다.

그런데 재외동포에 대한 한국인의 인식은 지역에 따라 상이한 것으로 나타난다. 2003년 조사에 따르면 한국인의 92%가 재미교포를 동포로 답한데 비해, 조선족에 대해서는 77%만이 동포라고 답했다(Seol Dong-hoon and John D. Skrentny 2009, 160). 이는 한국인이 조선족보다 재미교포를 더 친근하게 느낀다는 점을 말해준다. 그것은 조선족이 대부분 해방 이전 이주한 사람들의 자손이고 오랫동안 접촉하지 못했으며, 한국과 다른 사회주의 체제에 살았고 한국보다 경제적으로 뒤처진 지역 출신이라는 것등 여러 이유에 기인한 것으로 보인다. 결국 1990년대 이후 재외동포에 대한 한국인의 인식은 재외동포의 형성 과정, 출신지역과의 역사적 관계, 그리고 그 지역의 경제적 지위 등에 따라 '위계적' 성격을 보여주었다. 곧 한국인은 같은 재외동포라도 출신국에 따라 다르게 대우하는 차별적 인식을 지녔다.

3) 북한이탈주민에 대한 인식 — 친근하지 않은 이웃

북한이탈주민은 중국동포와 마찬가지로 1990년대 이후 새롭게 한국사회에 유입된 한민족이다. 그들은 같은 민족이지만 조선민주주의인민공화국의 공민으로 '자유'를 찾아 대한민국에 들어왔다. 그들의 유입은 1990년대 초반까지 10명 이내의 적은 인원이었으나, 1994년 김일성 사망을 기점으로 증가하여 2001년 1,043명, 2002년 1,138명으로, 2006년부터는 매년 2,000명 이상으로 급격히 증가했다. 이는 북한의 어려운 경제 상황과 기존 북한 이탈주민의 중간 역할, 브로커의 활동으로 인한 것으로 분석된다. 또한 입국경로가 이전에 비해 다양화되었고, 먼저 입국한 가족이나 친인척의 도움을 받아 입국을 하는 것도 중요한 증가 요인 중 하나가 되고 있다. 그리고 입국자들의 직업 배경도 다양해지고 있다. 그들은 남한 사회에 안정적으로 정착하기 위해 정부가 운영하는 하나원에서 교육을 받고 한국사회로 진출한다(최승호 2010, 162).

유입 초기 한국인은 북한이탈주민에 대해 호기심과 동정심을 보였지만, 북한의 열악한 경제 상황에 따라 입국자가 증가하자 점차 관심이 옅어졌다. 게다가 그들은 북한이라는 독특한 사회에서 거주했기 때문에 언어, 사고, 문화 등 모든 측면에서 한국사회에 쉽게 적응할 수 없었다. 이에 따라 북한이탈주민에 대한 한국인의 인식도 그리 좋지 않았다. 그래서 그들은 한국사회로부터 차별과 배제를 경험했다. 그래도 2000년대 후반의 조사에 따르면 북한이탈주민에 대한 한국인의 친근감은 약간씩 상승하고 거리감도 축소되고 있다. 그러나 2010년에도 여전히 다수의 한국인이

표 9. 북한이탈주민에 대한 친근감
(서울대학교 통일평화연구소 2010, 101)

	매우 친근	다소 친근	별로 친근하게 느끼지 않는다	전혀 친근하게 느끼지 않는다
2005년	7.0	29.3	61.8 (별 감정이 없다 46.8 + 다소 거리감이 느껴진다 15.0)	1.9 (매우 거리감이 느껴진다)
2007년	2.6	33.4	56.8	7.0
2008년	3.1	33.1	57.2	6.6
2009년	3.1	33.2	55.3	8.0
2010년	4.4	38.1	50.8	6.7

친근감보다는 거리감을 가지고 있었다.

결국 2000년대 후반의 조사에 따르면 북한이탈주민에 대한 한국인의 인식이 점차 개선되고 있지만, 여전히 다수의 한국인이 거리감을 느끼고 있다. 이는 한국인은 북한이탈주민이 같은 한민족일지라도 남한과 북한의 '거리'만큼 그들에게 이질감을 느끼고 있다는 사실을 보여준다. 한국인에게 북한이탈주민은 관념상으로는 민족동질성을 지닌 존재지만, 현실에서는 차별성과 이질성을 지닌 존재이다.

5. 민주화 이후 한국 민족주의의 변화 요인과 전망

이상에서 민주화 이후 한국 민족주의의 변화를 여러 국내외적 변수에 대한 한국인의 인식을 중심으로 고찰했다. 이 변화는 다양한 국내외적 요인에 의해 추동된 것으로 1987년의 민주화와 1990년대 초의 냉전 붕괴가 가장 중요한 역할을 했다. 반공주의적이고 친미적인 한국 민족주의를 변화시킨 요인을 살펴보자.

첫째, 1990년대부터 시작된 탈냉전과 북한의 변화는 한국인의 통일 인식을 변화시켰다. 권위주의 시기에는 북한에 대한 정보와 교류가 차단되었기에 한국인의 통일인식은 민족동질성에 기초한 감성적이고 당위적이며 적극적인 성격을 지녔다. 1990년대 북한의 외교적 고립과 경제난은 북한 붕괴, 곧 통일에 대한 기대를 높였지만, 김정일 체제가 안정되고 김대중·노무현 정부의 남북교류가 확산되자 이러한 기대는 다시 약화되었다. 특히 10여 년간의 남북교류는 남북 간의 이질성을 확인시켰을 뿐 아니라 즉각적인 통일이 현실적으로 가능하지 않고, 통일된다 하더라도 한반도의 발전과 번영을 가져오지 못할 것이라는 인식을 갖게 했다. 따라서 한국인은 즉각적인 통일보다는 점진적인 통일을, 개인의 삶에 부담이 되는 통일보다는 '평화적인' 분단 상태가 더 바람직하다고 생각했다. 결국 2000년대 한국인의 통일인식은 통일의 당위성과는 별개로 매우 현실적이고 소극적인 성격으로 변했다.

둘째, 민주화 직후부터 전개된 통일운동과 북한바로알기운동은 북한에 대한 호기심과 호의를 끌어냈다. 그러나 1990년대 북한의 NPT 탈퇴와 핵·미사일의 개발 및 경제난은 이런 호의적 대북인식을 역전시켰다. 이는 김대중, 노무현 정부 시기 남북정상회담과 남북교류의 확대로 인해 다시 개선되었지만, 북한의 핵실험과 부시 행정부와의 갈등, 결정적으로 2000년대 말 북한의 무력 공격으로 인해 다시 악화되었다. 이렇게 민주화 이후 한국인의 대북인식은 호전과 악화를 거듭했고, 이 과정에서 한국인은 핵과 미사일만 제외한다면 북한이 더 이상 두려워할 만한 대상이 아니라고 생각하게 되었다. 또한 북한의 '후진성'으로 인해 한국인의 대북 호감도 저하되었다. 결국 민주화 이후 한국인의 대북인식은 무조건 북한을 절멸시켜야한다는 냉전기의 맹목적인 반공주의에서 벗어나 '체제 우월감'

에 기초한 반공주의로 전환되었다.

셋째, 한국인의 대미인식 역시 1980년대부터 변화되기 시작해 2000년대에 결정적으로 변화했다. 냉전기 한미 간의 '특수한' 관계로 인해 한국인의 대미인식은 숭미崇美의식이라고 할 정도로 친미적이었다. 그러나 1980년대 초 광주민주화운동을 거치면서 친미의식에 대한 비판이 시작되었고, 냉전 붕괴 이후 노골적으로 자국 이익만을 추구하는 미국의 외교정책으로 비판적 시각이 확산됐다. 2000년대 초 불평등한 한미관계를 드러낸 몇 가지 사건은 한국인의 자존심을 건드림으로써 반미의식을 확산시켰다. 그러나 2000년대 북한의 핵·미사일 실험과 중국의 부상, 그리고 2000년대 말 북한의 무력 사용은 한국인의 대미인식을 다른 방식으로 변화시켰다. 이제 한국인은 안보의 관점에서 미국의 중요성을 인정하고 안보를 위한 대미의존을 승인하는 현실주의적 대미인식을 갖게 되었다. 결국 2000년대 한국인의 대미인식은 숭미도, 반미도 아닌 현실주의적인 친미로 변화되었다.

다음으로 한국 민족주의의 내적 측면인 단일민족관념의 변화를 가져온 요인은 1990년대 시작된 외국인 노동자와 재중동포의 대거 유입, 그리고 2000년대 급증한 결혼 이주자와 북한이탈주민의 유입이었다. 그들 중 재중동포를 포함한 외국인 노동자의 유입은 1987년 민주화가 가져온 노동자 대투쟁의 결과 중 하나였다. 노동자 대투쟁은 노동자의 임금 상승과 권익 향상을 가져왔기 때문에 한국인 노동자들은 더 이상 3D 업종에서 일하려 하지 않았다. 그 결과 3D 업종에 공백이 생겼고, 외국인 노동자가 이 자리를 채우기 시작했다. 따라서 민주화는 외국인 노동자 유입을 가져온 간접 요인 중 하나로 볼 수 있다. 그러나 결혼 이주자의 증가와 북한이탈주민의 유입에는 민주화가 영향을 미친 것으로 보기는 힘들다.

한편 외국인 노동자 유입은 단일민족관념에 내재한 배타성을 드러내는 계기가 됐다. 소수 화교를 제외하고 외국인과 살아본 경험이 없던 한국인은 한국사회에 외국인 노동자가 들어오자, 그들을 무시하고 편견을 드러냈다. 그러나 외국인 노동자의 저항, 한국 시민단체의 지원, 그리고 정부의 인권 보호 정책 등으로 인해 1990년대 중반 이래 한국사회에서 외국인 노동자의 상황은 상당히 개선되었다. 게다가 2000년대 결혼 이주자가 대거 유입되면서 단일민족 개념도 공식적으로 사용되지 않게 되었고, 다문화 담론의 확산을 통해 그들을 포용하려는 노력도 진행되었다.

그러나 다수의 한국인은 여전히 단일민족관념을 갖고 있다. 한국인은 외국인 노동자의 인권 보호에는 동의하지만, 그들이 합법적인 체류 기간을 넘겨 한국에 거주하는 것을 원하지는 않는다. 이는 한국인이 아직 외국인을 한국사회의 일원으로 받아들이는 정도로 개방적으로 변하지는 않았음을 보여준다. 다만 다수의 한국인이 다문화가정 지원 프로그램에 찬성하고, 한국인과 결혼한 외국인을 한국인으로 수용하는 태도를 보이는 점은 이전보다 배타성이 많이 약화되었다는 사실을 보여준다. 결국 외국인의 유입 이후 외국인에 대한 한국인의 인식은 상당히 개선되었지만, 단일민족관념은 여전히 지속되고 있다.

둘째, 같은 한민족이지만 중국국적을 가진 외국인인 중국동포에 대한 인식도 변화했다. 처음에는 호기심과 관심의 대상이었지만 수가 늘고 이질성이 드러나면서, 그리고 게다가 한국인이 기피하는 3D 업종에 종사하면서 그들은 동정 또는 무시의 대상이 되었다. 곧 한국인은 돈을 벌기 위해 고향을 떠나 한국에 들어온 그들을 불쌍히 여기거나 또는 직업과 경제적 위상에 근거하여 그들을 무시했다. 물론 그들은 동포라는 이유로 다른 외국인에 비해 법적이고 현실적으로 많은 혜택을 누렸지만, 그들에 대한 인식은 개선되지 않았다. 이는 재미교포 및 재일교포에 대한 인식과 다른 것으로 중국동포의 유입이 재외동포에 대한 한국인의 위계적 인식을 드러내는 계기가 되었다. 곧 같은 한민족임에도 불구하고 재외동포 형성의 역사와 출신국의 경제적 위상에 따라 한국인은 재외동포를 차별하고 있다. 이는 혈연적 단일민족관념에도 위계가 존재한다는 점을 보여준다.

또한 2000년대 본격적으로 한국사회로 들어온 북한이탈주민에 대한 인식도 중국동포와 유사했다. 그들은 처음에는 엄혹한 상황에서 목숨을 걸고 탈출했기 때문에 한국인의 관심 또는 동정심의 대상이 되었다. 그러나 수가 늘고 이질성이 드러나자 한국인은 점차 관심을 거두었다. 2000년대 후반 다수의 한국인은 그들에 대해 친근감보다는 거리감을 더 많이 느끼고 있는데, 이는 단일민족관념이 가진 한계를 드러내는 사례이다.

이렇게 외국인의 유입으로 1990년대 시작된 한국사회의 인구 구성의 변화는 한국인이 기존에 갖고 있던 단일민족관념에 대한 도전이었다. 재외동포, 외국인 노동자, 결혼 이주자, 북한이탈주민 등 다양한 이방인의 유입은 이 관념이 지닌 문제점을 드러냈고, 그래서 2000년대 중반 노무현 정부는 공식적으로 다민족·다문화 정책을 시행했다. 많은 한국인은 이에 공감하면서도 여전히 다수는 단일민족관념을 갖고 있다. 그러나 재중동포와 북한이탈주민의 유입이 가져온 단일민족관념의 균열은 인권과 민주주의의 가치를 중시하는 시대적 흐름이 지속될 때, 약화될 것이다. 곧 이질적인 외국인과 동질적이기도 하고 이질적이기도 한 한민족의 유입은 단일민족관념에 기초한 한국 민족주의를 변화시켰다.

결국 민주화 이후 한국의 민족주의는 외적으로는 반공과 친미, 그리고 통일지상주의에 기초한 당위적 인식에서 자신의 이익에 기초한 현실주의적 인식으로 변화했다. 반면 내적으로는 단일민족관념의 균열이 시작됐지만 아직도 한국인의 인식에서 지배적 위상을 차지하고 있다. 그러나 대한민국에 대한 자긍심과 민주적 의식을 지닌 세대의 증가 및 노동 이주자와 결혼 이주자의 유입을 필요로 하는 한국사회의 구조로 인해 앞으로도 한국 민족주의에서 현실주의적 인식은 강화되고 단일민족관념은 약화될 것이다.

참고 문헌

민족통일연구원. 1993. 《1993년도 통일문제 국민여론조사 결과》. 서울: 민족통일연구원.

_____. 1994. 《1994년도 통일문제 국민여론조사 결과》. 서울: 민족통일연구원.

_____. 1995. 《1995년도 통일문제 국민여론조사 결과》. 서울: 민족통일연구원.

민주평화통일자문회의. 〈2000년 일반국민 및 자문위원 통일여론조사(Gallup Korea)〉. http://www.acdpu.go.kr/boardz/List.asp?txtBoardSeq=3803(검색일: 2005. 10. 20).

서울대학교 사회발전연구소. 2003. 《한국사회 국민의식과 가치관에 관한 조사연구》. 서울: 서울대학교 사회발전연구소.

서울대학교 통일평화연구소. 2007. 《2007 통일의식조사》. 서울: 서울대학교 통일평화연구소.

_____. 2010. 《2010 통일의식조사》. 서울: 서울대학교 통일평화연구소.

설동훈. 2002. 〈국내 재중동포 노동자: 재외동포인가, 외국인인가?〉. 《동향과 전망》 제52호.

_____. 2006. 〈국민·민족·인종: 결혼이민자 자녀의 정체성〉. 한국사회학회. 《동북아 다문화시대 한국사회의 변화와 통합》. 서울: 동북아시대위원회 용역과제 보고서.

이강국. 2005. 《다보스, 포르투 알레그레 그리고 서울: 세계화의 두 경제학》. 서울: 후마니타스.

이강로. 2004. 〈한국 내 반미주의의 성장과정 분석〉. 《한국정치학회보》 제44집 4호.

이내영. 2007. 〈한국인의 북한과 통일에 대한 인식과 국가정체성〉. 강원택 편. 《한국인의 국가정체성과 한국정치》. 서울: EAI.

이삼석 외. 2011. 《저출산·고령사회에서 외국인 유입의 파급효과 분석》. 서울: 한국보건사회연구원.

장문석. 2007. 《민족주의 길들이기》. 서울: 지식의 풍경.

전재호. 2005. 〈세계화·정보화 시대 한국의 정치적 정체성 변화〉. 《한국정치학회보》 제40집 3호.

최승호. 2010. 〈북한 북한이탈주민에 대한 사회통합 방안: 독일 사례를 바탕으로〉. 《정치정보연구》 제13권 제1호.

통일연구원. 1998. 《1998년도 통일문제 국민여론조사 결과》. 서울: 민족통일연구원.

_____. 1999. 《1999년도 통일문제 국민여론조사 결과》. 서울: 민족통일연구원.

_____. 2005. 《2005년도 통일문제 국민여론조사 결과》. 서울: 통일연구원.

황정미 외. 2007. 《한국사회의 다민족·다문화 지향성에 대한 조사연구》. 서울: 한국여성정책연구원.

Seol Dong-hoon and Skrentny, John D. 2009. "Ethnic return migration and hierarchical nationhood: Korean Chinese foreign workers in South Korea." *Ethnicities*. Vol. 9 no. 2.

《중앙일보》, 《매일경제》.

4장

한국 근현대사 교과서를 둘러싼 역사 인식 갈등 연구
한국 민족주의의 '균열'을 중심으로

1. 역사 전쟁의 개시

2000년대 한국 사회에서는 '역사 전쟁'이 치열하게 전개되었다. 이는 1998년 이후 등장한 김대중·노무현 정부가 이전 정부들과는 다른 역사관에 기초하여 과거사 관련 정책을 시행한 것이 계기가 되었다. 김대중 정부는 권위주의 정권에 의해 탄압받았던 민주화운동 관련자의 명예를 회복하고 보상을 했으며, 제주 4·3 사건과 한국전쟁 시기 민간인 학살 등 그동안 베일에 가려졌던 사건을 재조사했다. 노무현 정부도 일제강점기 강제 동원 및 폭력 실태·피해, 항일 독립항쟁, 한국전쟁 전후의 불법적 희생 사건, 광복 후 국가 공권력에 의한 사망·상해·실종 의심 사건 등을 규명하기 위해 '진실·화해를위한과거사정리기본법'을 제정하고 '진실·화해를위한과거사정리위원회'를 출범시켰다.

한나라당, 보수 언론, 보수 시민단체들은 이런 활동이 대한민국의 정체성을 위협하고 친북 세력에게 면죄부를 주는 것이라고 격렬히 비판하면서

법 제정을 반대했고, 제정 후에도 관련 위원회의 해체를 주장했다. 2008년 출범한 이명박 정부는 이런 의견을 받아들여 임기 첫해부터 과거사 관련 법률을 정리하고 관련 위원회를 통폐합했다.

2008년 기존의 고등학교 《한국 근·현대사》 교과서를 둘러싸고 집필진과 교육과학기술부 사이에 갈등이 시작됐다. 2000년대 중반 보수 세력은 2001년 제7차 교육과정에 따라 만들어진 교과서를 비판했다. 그들은 2005년 〈교과서 포럼〉을 구성하고 《한국현대사의 허구와 진실》(2005)에서 기존 교과서를 비판했다.[1] 그들은 기존 교과서가 친북, 반미적이며 대한민국의 역사를 부정하는 '자학사관自虐史觀'이며, 이는 대한민국의 정체성을 위협한다고 주장했다. 2008년에는 자신의 역사관을 담은 《대안교과서 한국 근현대사》를 출간했다.[2] 이에 대응하여 한국사학계 학자들은 〈역사교육연대회의〉를 구성하고, 《뉴라이트 위험한 교과서, 바로 읽기》(2009)를 출판하고, 그들을 '친일파', '친미내셔널리즘' 등으로 비판했다. 그런데 2008년 초 교육과학기술부는 기존 교과서를 수정할 것을 지시했고, 집필진의 거부에도 불구하고 출판사가 내용을 수정해 새로운 교과서를 출간했다.[3]

그러면 당시 한국 사회를 뜨겁게 달구었던 '역사 전쟁'을 어떻게 평가할 수 있는가? 일반적으로 지난 10년간 정권을 담당했던 '진보(?)세력'과 권위주의 정권의 '후예' 및 뉴라이트로 구성된 '보수세력'이 역사 인식을 둘러싸고 갈등을 빚은 것으로 간주한다. 그래서 기존 교과서를 옹호하는

---

1 2001년 7차 교육과정이 도입되면서 고등학교 한국사 관련 교과서는 조선 왕조 말까지를 다루는 '국사'와 개항기 이후를 다루는 '한국 근·현대사'로 분리됐다. 전자는 국정 교과서 체제로, 후자는 검정 교과서 체제가 됐다.
2 2004년 4월호 《월간조선》은 '경고! 귀하의 자녀들은 위험한 교과서에 노출돼 있다'는 제목 아래 현행 고등학교 국사 교과서의 '반한·친북 성향'을 지적했다. 그리고 10월 초 교육부 국정감사에서도 한나라당이 고등학교 일부 역사 교과서의 이념적 편향성 문제를 집중 제기했다.
3 이하에서는 편의상 금성출판사의 고등학교 《한국 근·현대사》 교과서는 '금성 교과서'로, 교과서포럼의 《대안교과서 한국 근현대사》는 '대안 교과서'로 표기한다.

한국사학자들과 그를 비판하는 뉴라이트 학자들이 각각 상대 교과서를 비판했다.[4]

필자는 이러한 '정치공학적' 해석을 부정하지는 않지만, 갈등의 근본 원인을 파악하기 위해서는 분단국가 건설 이후 등장한 한국 민족주의의 '균열'에 주목해야 한다고 생각한다. 이 시각은 해방 직후까지 '종족적' 정체성으로 이해되었던 민족 개념이 분단국가 수립 이후 특정 이데올로기와 결합된 '정치적political' 민족 개념의 등장으로 분열되었다는 사실에 주목한다. 민족에 대한 정치적 개념은 한국전쟁과 남북한의 '적대적' 국가건설 과정을 거치면서 남과 북의 주민에게 가장 중요한 '정치적 정체성'이 되었다. 이 장은 이렇게 한국 민족주의의 균열이라는 시각에서 2000년대 후반 근현대사 교과서를 둘러싼 갈등에 접근한다.

이를 위해 이 장은 금성출판사의 《한국 근·현대사》 교과서와 《대안교과서 한국 근현대사》를 비교·분석한다. 여기서 금성출판사의 교과서를 선택한 것은 7차 교육과정에 따라 출간된 6종의 한국 근·현대사 교과서 중 가장 많은 학교가 채택했고, 뉴라이트 세력의 주 비판 대상이었기 때문이다. 대안교과서를 선택한 것은 그것이 뉴라이트 세력이 자신의 견해를 집약해 출간했기 대표적인 교과서였기 때문이다.

이 장은 먼저 2절에서 이 글이 사용하는 민족 및 민족주의의 개념과 이 글의 이론적 의미를 설명한다. 3절에서는 한국 민족주의에서 종족적 정체성과 정치적 정체성이 어떻게 전개되었는지를 설명하고, 4절에서는 금성출판사와 교과서 포럼의 역사서술에 대한 비교 분석을 통해 양자가 종족

---

4 이외에도 김일영(2006)은 뉴라이트의 입장에서, 박찬승(2008), 하종문(2007), 홍석률(2008)은 한국사학계의 입장에서 상대 교과서를 비판했다.

적 정체성과 정치적 정체성을 어떻게 반영하고 있는지를 고찰한다. 마지막으로 5절에서는 이 글이 지닌 학술적 의미를 제시한다.

2. 민족과 민족주의에 대한 이론적 논의

민족주의는 매우 다양하게 정의되고 해석되지만, 개인적 차원에서는 개인이 최고의 충성심을 민족에게 바칠 것을 요구하는 교리로 인식된다. 곧 개인은 자신이 보유한 여러 정체성 중 민족에 최고의 가치를 부여하도록 요구받는다. 정치적 차원에서는 '국가 경계와 민족 경계의 일치'(Gellner, 1983) 또는 '일민족 일국가'의 원칙을 의미한다. 이 원칙은 현실에서 민족의 독립, 통합(통일), 발전, 자긍심 고양 등을 지향하는 이념과 운동으로 표출된다. 여기서 이렇게 민족주의를 넓게 사용하는 이유는 민족주의에 대한 '규범적' 입장을 받아들이지 않기 때문이다.

규범적 입장은 민족주의를 구성하는 고유한 내용이 존재한다고 전제한 후, 그것을 기준으로 민족주의를 참·거짓으로 구분한다. 대표적 사례는 분단 이후 한국 민족주의의 핵심과제로 통일을 상정하고, 그것을 지향한 행위와 언술만을 '진정한' 민족주의라고 주장하는 입장이다. 그러나 민족주의는 다양한 내용을 지닌 개념이다. 분단 이후 한국 민족주의의 핵심과제에는 통일 뿐 아니라 민족의 발전, 통합, 그리고 자긍심 고양 등도 포함된다. 따라서 통일만을 한국 민족주의의 핵심과제로 한정할 수는 없다. 더욱이 민족주의는 특정 목표만을 가졌을 뿐 그것을 어떻게 달성할 것인지에 대해서는 정해진 프로그램이 없다. 그래서 민족주의는 자신이 지향하는 목표를 달성하기 위해 여러 이데올로기와 결합한다.[5] 곧 복수의 민족주의 담론이 존재할 수 있다. 따라서 규범적 입장에서 특정 목표와 결합한 담론만을 민족주의라고 정의하는 것은 민족주의의 복수성을 간과하는 '잘못된' 인식이다.

일반적으로 민족주의 연구자는 민족을 '종족적ethnic'/'문화적culture' 민족과 '시민적civic'/'정치적political' 민족으로 구분한다. 이는 독일의 역사학자 마이네케가 민족을 '문화민족Kulturnationen'과 '국가민족Staatsnationen'으로 구분한 데서 유래했다(마이네케 1907, 25). 그는 민족 형성에서 중요한 계기가 되었던 요소를 기준으로 민족을 구분했는데, 문화민족은 언어, 문화, 종교 등 객관적 요소를, 국가민족은 민족 구성원의 의지라는 주관적 요소가 중심이 되어 형성되었다. 그러나 이런 이분법은 기계적이고 피상적이다. 왜냐하면 개념으로서의 민족은 두 요소를 모두 포함하고 있으며, 역사적으로도 양자 모두 민족 형성에서 중요한 역할을 했기 때문이다. 이는 다음 절에서 살펴볼 한국의 사례에서 잘 드러난다. 한국에서도 민족주의가 등장하던 시기에는 종족적/문화적 요소가 중요한 역할을 했지만, 분단 이후에는 정치적 요소가 매우 중요한 역할을 했다. 따라서 분단 이후 한국의 사례는 민족주의 연구에서 일반적으로 받아들여지는 민족의 이분법이 가진 한계를 잘 보여주는 사례이다.

3. 한국 민족주의의 전개 과정

한국인은 대부분 민족을 혈연, 언어, 문화 등 종족적 요소를 공유하는 인간집단으로 인식한다. 이는 태곳적부터 한반도에서 한민족이 존재했다고

---

5 그래서 많은 학자들은 민족주의를 '이차적' 이데올로기로 간주한다(임지현 1999, 24).

배웠기 때문이다. 그러나 정작 한반도에서 주민의 '종족적' 요소가 동질화된 것은 한반도의 상당 부분이 단일한 왕조의 지배로 들어갔던 시기 곧 멀리 잡으면 통일신라, 짧게 잡으면 조선부터였다. 그렇지만 한민족이 형성되는 데는 19세기 후반 지식인의 '민족 만들기^{nation-building}'가 결정적 역할을 했다. 지식인은 중국의 역사 대신 '조선사'를 구성했고, 외세를 물리친 인물을 '민족 영웅'으로 '발명^{invention}'했으며, 한문을 중국말로 '격하'시키고 대신 그동안 천시하던 한글을 '민족 언어'로 자리매김했으며, 국토에 대한 관심을 환기시켰다. 또한 조선의 신민을 민족 구성원으로 만들기 위해 언론과 교육을 증진하려 했다. 이 과정에서 종족적 민족 개념의 핵심 요소인 언어, 역사, 영토 및 조상과 혈통의 동질성에 대한 인식이 전파되었다. 그 결과 20세기 초 민족 시조^{始祖}로서 단군과 혈통적 동질성에 기초한 '단일민족^{ethnic homogeneity}' 의식이 확립되었다(슈미드 2007).

특히 식민지 시기 일본의 차별은 조선인이 자신을 일본민족과 구별되는 '조선민족'으로 인식하도록 만들었다. 게다가 1930년대 일선동조론^{日鮮同祖論}과 같은 동화^{同化}정책은 조선 지식인이 조선학운동, 조선어 보존 운동, 고대사 연구 등 민족의 정체성에 관심을 갖도록 만들었고, 이는 조선인의 종족적 민족 개념을 강화했다. 그 결과 해방 이후 한민족의 정체성은 종족적 요소로 정의되었다. 그래서 해방 직후 남북한의 지도자 모두 자연스럽게 남북 주민이 같은 민족이며 단일혈통을 지녔다고 주장했다.[6]

그러나 해방 후 분단이 지속하면서 종족적 민족 개념에 균열이 발생했

---

6 이승만은 일민주의를 통해 가족이나 하나의 유기체로서의 한국인, 민족, 인종의 영원한 동질성을 주장했고, 김일성 역시 "우리 민족은 수천년 동안 같은 땅에서 단일한 민족으로 살아왔습니다. 그들은 하나의 언어를 말하고 썼으며, 그들의 역사적, 문화적 전통은 같습니다"라고 "종족적 순수성과 단일성"을 주장했다(신기욱 2009, 232~233). 물론 그들의 단일 민족 주장에는 분단된 남북의 통일을 강조하려는 의도도 존재했다.

다. 한반도는 남과 북에 두 개의 국가가 별도로 발전하면서 '국가와 민족의 경계가 일치'하게 되지 않았는데, 이는 종족적 정체성과는 별개로 두 개의 새로운 정치적 민족 개념을 탄생시켰다. 물론 남북 모두 자신만이 종족적 정체성을 대표한다고 주장했지만, 개별 국가는 좌우 이데올로기에 기초한 새로운 정치적 민족 개념을 구성했다.[7] 그런데 이렇게 등장한 정치적 민족 개념은 분단체제가 지속하면서 도리어 종족적 민족 개념을 압도하게 되었다. 그러면 해방 후 한국 민족주의에서 종족적 민족 개념과 정치적 민족 개념의 관계가 어떻게 변화했는지 살펴보자.

식민지 시기 한국 민족주의의 핵심 목표는 독립이었다. 이때 독립이 의미하는 바는 하나의 국민국가였지 분단된 국가는 아니었다. 그러나 국제 체제는 해방 직후 한/조선 민족의 즉각적인 독립을 허용하지 않았을 뿐 아니라 한반도를 남과 북으로 분단시켰다. 이는 한국 민족주의에 통일이라는 새로운 과제를 부과했다. 이때까지만 해도 단일민족이라는 종족적 민족 개념이 좌우 이데올로기에 기초한 정치적 민족 개념을 압도했다. 그런데 남과 북을 통합시키려 했던 한국전쟁은 목표 달성은커녕 민족에게 돌이킬 수 없는 상처만을 남겼다. 곧 전쟁은 '동족同族'임에도 불구하고 상대를 '철천지 원수'로 생각하게 만들었다. 이제 한민족에게 아我와 타他를 구분하는 기준은 민족이 아니라 이데올로기가 되었다. 또한 남과 북의 주민들은 3년간 전쟁 과정에서 그동안 불분명했던 분단국가에 대한 정체성을 갖게 되었다. 전쟁은 그들에게 '남이냐 북이냐'라는 선택을 강요했고, 그 선택에 따라 대한민국 또는 조선민주주의인민공화국을 향한 '충성',

---

7 "한국인들은 여전히 한국의 종족공동체에 강한 일체감을 지녔지만 영토 분할은 일체감(identification)의 일차적 근원과 일치하지 않는 추가적인 정치적 정체성(identity)을 만들어냈다"(신기욱 2009, 232).

곧 정치적 정체성을 갖게 되었다. 남한에서 정치적 정체성의 요체는 민족에서 북을 배제하는 '반공·반소'였고, 북한에서는 남을 배제하는 '반자본·반미' 민족이었다. 분단체제 아래서 남북 간의 적대가 심화될수록 반공과 반제(국주의)는 주민에게 더욱 내면화되었다. 남북의 주민은 대한민국 또는 조선민주주의인민공화국을 향한 충성을 한민족 전체를 향한 충성보다 더 우선적으로 선택해야 했다. 그렇지 않으면 그들은 자유와 생명을 보전할 수 없었다.

또한 한국전쟁은 국제적 냉전 체제 아래서 사실상 통일이 불가능하다는 점을 보여주었다. 세계 양대 열강이 한국전쟁에 직간접적으로 개입했음에도 불구하고 한반도의 분단을 해소하지 못했다. 그 결과 한국 민족주의의 핵심 목표는 자연스럽게 통일에서 '전후 복구', 곧 독자적인 '국가 건설'로 전환되었다. 전후에도 이승만 정부는 '북진 통일'을 외쳤지만, 이미 시작된 국가건설과 국민형성 과정은 통일이 아니라 대한민국의 독자적 발전을 지향했다. 1960년 민주당 정부가 당시의 통일 요구를 무시하고 '경제제일주의'라는 구호 아래 근대화 노력을 시작한 것은 통일보다 대한민국의 독자적 발전이 한국 민족주의의 핵심 과제임을 분명히 보여주었다.

박정희 정부도 '조국근대화'와 '민족중흥'이라는 민족주의 담론을 내세워 대한민국의 독자적 발전에 박차를 가했다. 특히 1960, 70년대의 빠른 경제성장은 한국인에게 대한민국에 대한 '긍정적' 인식을 불어넣었고, 이는 대한민국에 대한 충성심, 곧 정치적 정체성을 강화시켰다. 그러나 박정희 정부는 국민들의 통일 열망을 무시할 수 없었기 때문에 자신의 정책을 '승공통일' 또는 '멸공통일'이라는 '배타적인' 민족주의 담론으로 정당화했다. 물론 대항세력이 꾸준히 통일을 선결과제로 주장했지만, 경제발전에 대한 시대적 요구와 박정희 정부의 탄압을 거스를 수는 없었다. 따라서 당시 통일은 '우리의 소원은 통일'이라는 노래를 부르면서 눈자위를 적시는 '감상적' 차원 이상으로 나아가기는 힘들었다. 그 결과 한국 민족주의의 핵심 담론은 반공에 기초한 대한민국의 발전이 되었다.

그런데 1987년 민주화와 1980년대 말 냉전 붕괴는 한국 민족주의 담론에서 종족적 민족 개념을 부활시켰다. 1980년대 말 대항세력의 '북한바로알기'와 통일 운동, 노태우 정부의 북방정책과 남북기본합의서 타결, 김영삼 정부의 남북정상회담 추진 등은 한국 사회에서 통일과 북한에 대한 관심을 확산시켰다. 1990년대 중반 북한 '핵 위기'로 인해 남북 교류는 중단되었지만, 김대중 정부의 등장 후 본격적인 남북교류의 시대가 열렸다. 김대중 정부의 대북포용정책과 남북정상회담은 적대적 남북관계를 평화적인 공존 관계로 전환했다. 이에 따라 그동안 정치적 민족 개념에 의해 압도되었던 종족적 민족 개념이 상당 수준 부활했다.

한편 김대중·노무현 정부 시기, 당국자 간 교류뿐 아니라 민간 교류가 활성화되면서 그동안 통제되었던 북한에 대한 정보가 확산되었다. 이는 한국인에게 두 가지의 북한 모습, 곧 '한민족의 일원'으로서의 북한과 '경제적 후진국'으로서의 북한을 모두 보여주었다. 전자는 그동안 한국 사회가 잊고 지냈던 종족적 정체성을 부활시킨 데 비해, 후자는 공포에 기초한 반공주의를 경제적 우월감에 기초한 반공주의로 전환되는 계기가 되었다. 특히 경제난에 시달리는 북한의 실상을 보면서 많은 한국인은 동족으로서의 아픔과 함께 동정심도 느꼈지만, 후진국 북한과의 통일이 가져올 혼란에 대한 두려움을 갖게 만들었다. 곧 김대중·노무현 정부의 대북포용정책은 동족 북한을 '재발견'하도록 하여 한국 민족주의에서 종족적 민족 개념의 부활을 가져왔을지라도, 반공에 기초한 정치적 민족 개념은 약화되지 않았다. 더욱이 대북포용정책은 그동안 반공주의에 기초해 대북 적대 정책을 추진했던 보수 세력의 반발을 가져왔다. 그들은 이 정책이 북한의 핵무기 개발과 김정일 정권의 생존을 가능하게 만들었다고 주장하면서 대북지원과 남북경제협력의 중단을 요구했다.

결국 김대중 정부 이후 한국 사회에서는 '민족공조' 세력과 '반공보수' 세력간의 '남남갈등'이 진행되고 있다. 이는 한국 민족주의의 관점에서 보면, 종족적 정체성과 정치적 정체성의 균열에서 유래한 갈등이다. 여기서 다루는《한국 근·현대사》교과서를 둘러싼 역사 전쟁이 바로 한국 민족주의의 균열을 보여주는 대표적인 사례이다. 다음 절에서 한국 민족주의 담론에 내재한 종족적 민족 개념/정체성과 정치적 민족 개념/정체성의 균열이《한국 근·현대사》교과서에 어떤 모습으로 나타나는지 살펴보자.

4.《한국 근·현대사》교과서의 역사 인식

이 절은 금성교과서와 대안교과서의 서술을 식민지 시기, 분단과 대한민국, 북한과 통일, 그리고 민족주의라는 주제로 구분하여 살펴본다.

1) 식민지 시기에 대한 인식 — 수난과 독립운동 대 식민지 근대화

2000년대 이전까지 한국에서 식민지 시기에 대한 인식에는 큰 이견이 없었다. 일본이 근대화를 추진하던 조선을 강제로 점령해 수탈했고, 이에 저항하여 국내외에서 독립운동이 전개되었다는 것이 정설이었다. 금성교과서가 이런 시각을 견지하는데 비해, 대안교과서는 상이한 인식을 보였다.

먼저, 식민지 시기에 대한 서술 비중을 살펴보면, 금성교과서는 전체를 4부로 구성하여 서론격인 1부(한국 근·현대사의 이해)에서 한국 근·현대사에 대한 시각을 제시하고, 본론인 2부(근대 사회의 전개)에서 개항부터 대한제국까지의 시기를, 3부(민족 독립 운동의 전개)에서 식민지 시기를, 4

부(현대 사회의 발전)에서 광복 이후의 시기를 다루었다. 본문인 2, 3, 4부의 분량은 각각 3분의 1(약 100쪽)로 거의 동일하다. 곧 금성교과서는 세 시기를 동일한 비중으로 다루었다.

이에 비해 대안교과서는 식민지 시기의 분량이 대한민국 시기에 비해 상당히 적다. 본론에서 식민지 시기는 5분의 1(3부_일제의 지배와 민족독립운동의 전개)에 불과했고, 대한민국 시기는 5분의 3(4부 해방과 국민국가의 건설, 5부 근대화혁명과 권위주의 정치, 6부 선진화의 모색)을 차지했다.[8] 금성교과서가 해방 이후를 본론의 3분의 1을 배정한 것과 비교하면, 대안교과서가 해방 이후를 훨씬 더 중시했음을 볼 수 있다.

다음으로, 식민지 시기에 대한 인식을 살펴보면, 금성교과서는 다음과 같이 기술했다.

비록 나라를 빼앗기고 강압적인 일제의 식민 통치에 시달렸지만, 우리 민족은 이에 굴하지 않았다. 1919년에는 3·1운동을 일으켰으며, 이후 국내외에서 줄기차게 민족 해방 운동을 전개했다. (김한종 외 2007, 18)

'민족 독립 운동의 전개'라는 3부의 제목에서 알 수 있듯이, 금성교과서는 식민지 시기를 독립운동의 시기로 본다. 그래서 '민족의 수난'(3부 1장 일제 식민 통치와 민족의 수난)보다는 독립운동(2장 3·1 운동과 대한 민국 임시 정부, 3장 무장 독립 전쟁의 전개)과 민족운동(4장 사회·경제적 민족 운동, 5장 민족 문화 수호 운동)에 압도적으로 많은 분량(5분의 4)을

---

8 금성출판사 교과서는 4부를 4개의 장(1장 광복과 대한 민국의 수립, 2장 민주주의 시련과 발전, 3장 북한의 변화와 평화 통일의 과제, 4장 경제발전과 사회·문화의 변화)으로 구분했다.

배정했다. 이런 시각에 대해 대안교과서를 집필한 교과서 포럼은 금성교 과서가 일제 강점기를 '우리 역사'의 일부로 보지 않는다고 비판했다. 그 러면서 식민지 시기는 근대 문명의 이식과 정착의 시기라고 서술했다.

세계사적으로 볼 때 자유민주주의와 시장경제가 16세기 이후 서양에서 발생 한 문명이다. 1876년 개항 이후 1945년 일제의 억압에서 해방되기까지 한국 근 대사는 크게 보면 서양 기원의 근대 문명이 이식되고 정착하는 과정이었다. 식 민지 시기 일본에서부터 사유재산제도가 도입되고 시장경제가 발전하였다. (교 과서포럼 2008a, 148)

교과서 포럼은 식민지 시기 조선에서 '수탈' 대신 합법적 경제 운영과 상 당한 '경제 성장' 등 긍정적 변화가 있었다고 주장했다(교과서포럼 2005, 34). 또한 대안교과서의 책임편집자인 이영훈은 식민지 근대화론을 내세우면 서 식민지 시기는 새로운 근대 문명의 학습기이자 제도적 확립기였다고 주장했다.[9]

대안교과서는 이런 관점을 반영하여 식민지 시기의 내용을 구성했다. 대안교과서의 제목(3부_'일제의 지배와 민족독립운동의 전개')은 금성교 과서와 비슷하지만, 체제와 내용은 전혀 다르다. 3부는 '1. 일제의 지배체 제', '2. 식민지 시기의 경제적 변화', '3. 한국 사회의 변화와 민족문화의 생 장', '4. 항일민족독립운동의 전개'로 구성되었다. 금성교과서가 5분의 4를 독립운동과 민족운동에 할애한 데 비해, 대안교과서는 전체 내용 중 4분

---

9 대안 교과서는 식민지 근대화론을 "오늘날 한국 현대 문명의 제도적 기초가 그 과정에서 닦였음을 강조하는 시 각"(교과서포럼 2008a, 96)이라고 설명했다.

의 1에서만 독립운동을 다루었고, 민족의 수난도 '1. 일제의 지배체제'에서 간략히만 다루었다.

식민지 시기 양자의 차이점이 가장 두드러지는 서술을 살펴보면, 첫째, 금성교과서는 '민족의 수난'이라는 제목에서 볼 수 있듯이, 일본의 식민 지배를 매우 부정적으로 서술한다. 그래서 개별 소제목들도 '강압적 식민지 지배', '헌병 경찰 통치', '어르고 뺨치는 문화통치', '전시 체제하의 민족 말살 정책', 조선 땅 빼앗는 토지 조사 사업', '쌀 수탈을 목적으로 한 산미 증산 계획', '침략 전쟁을 위한 노동력 수탈' 등 부정적 의미를 담고 있다.

더욱이 본문과 별도로 '역사의 수레바퀴' '역사의 현장' 등의 '읽기자료'에서 부정적 내용을 더욱 자세히 기술했다. '일제의 수탈이 적나라하게 드러난 농촌의 현실', '일본 대사관 앞 700회 수요 집회', '생존 일본군 '위안부' 할머니들의 눈물'(역사의 현장)에서는 식민지 시기의 수난 뿐 아니라 일본의 과거사 미청산 문제도 다루었다. 그리고 1장의 마지막 부분에 '역사 찾기: 어두운 시대의 변절자, 친일의 길'이라는 항목을 만들어 2쪽에 걸쳐 문인의 친일 활동, 친일 경찰 활동, 친일 예술 활동, 친일 예속 자본주의, 교육계 인사의 친일 활동 등 다양한 분야 친일행각을 기술했다.

둘째, 금성교과서는 식민지 근대화에 대해서도 대안교과서와 달리 매우 부정적으로 기술했다. 예를 들어, 일제의 토지조사사업은 조선농민들의 땅을 빼앗기 위한 것이었고, 산미증산계획도 조선의 쌀 수탈을 위한 것이었다고 기술했다. 그리고 1930년대 후반의 산업화 조치 중 하나인 '남면 북양南綿北羊 정책'도 "일본인 방직 자본가를 보호하려는 조치"였고, "일제에 의한 식민지 공업화 결과, 공업 발전이 지역적 편차는 물론이고, 농업과 공업, 경공업과 중공업 사이의 산업 간 불균형이 깊어졌다"(김한종 외 2007, 160)고 부정적으로 평가했다.

셋째, 금성교과서는 친일 활동을 제외하고 식민지 시기에 일어난 조선인의 모든 활동을 민족 운동의 범주에 포함시켰다. 다만 실력양성운동(물산장려운동, 민립대학설립운동, 문맹퇴치운동), 노동운동, 농민운동, 청년운동, 소년운동, 여성운동, 형평운동은 사회·경제적 '민족' 운동으로, 국어연구와 한글보급, 한국사 연구 등 국학운동, 교육과 종교 활동, 문학과 예술 활동은 '민족문화수호' 운동으로 구분했다. 이는 일제의 탄압에도 불구하고 조선인이 적극적으로 민족운동을 전개했음을 강조하는 서술이다. 결국 금성교과서는 조선 민족과 일본 제국의 '적대'라는 민족주의적 시각에서 식민통치를 강력히 비판하고 독립운동과 민족운동을 부각시켰다. 물론 이런 시각은 금성교과서만의 독자적 시각이라기보다는 한국사학계의 지배적인 시각이라고 볼 수 있다.

이에 비해 대안교과서의 서술은 금성교과서와 상당히 다르다. 대안교과서는 식민지 근대화론에 따라 식민지 시기에 일어난 한국의 변화를 매우 긍정적으로 평가했다. 첫째, 도로, 철도, 자동차·화물차·우마차와 같은 각종 운반수단, 우편·전신·전화를 취급하는 통신기관 등 "사회간접자본의 확충이 식민지 한국에서 자본주의적 시장경제를 활성화"(교과서포럼 2008a, 94)시켰고, 회사와 은행의 설립, 인구의 증가와 도시화의 진전, 무역의 확대와 자본의 유입, 공업화와 산업구조의 변화, 한국인 상공업자의 성장 등 긍정적 변화가 일어났다고 서술했다. 또한 "전체적으로 식민지 한국의 연평균 총생산은 연평균 인구성장률 1.3%를 능가하는 3.6%의 성장률을 보였다"(교과서포럼 2008a, 99)고 긍정적으로 평가했다.

둘째, 토지조사사업과 쌀 수탈도 긍정적으로 평가했다. 전자에 대해서는 "이를 통해 일제는 토지의 재산권제도를 확립하고, 지세를 안정적으로 수취할 수 있는 기반을 마련하고, 농촌개발을 위한 기초 정보를 확보하고자 했다"(교과서포럼 2008a, 84)고 기술했다. 후자에 대해서는 "쌀은 일본에 수탈된 것이 아니라 경제 논리에 따라 일본으로 수출되었으며, 그에 따라 일본인을 포함한 한반도 전체의 소득은 증가하였다"(교과서포럼 2008a, 98)고 기술했다.

셋째, 1인당 열량 섭취량, 엥겔계수, 키의 성장 등을 기준으로 '식민지 한국인의 생활수준'이 나아졌다고 기술했다.

쌀의 1인당 소비가 감소한 것은 사실이지만, 잡곡 등 대용 식품과 기타 가공 식품을 종합적으로 고려할 때, 1인당 열량 섭취가 줄어들었다고 단언할 수 없다. 생활비 가운데 식료품비의 비중을 나타내는 엥겔계수도 하락하여 사람들의 생활수준이 개선되었음을 시사하고 있다. 1890~1920년대에 태어난 한국인들의 키가 1~2cm 커진 것도 생활수준의 개선을 의미한다. (교과서포럼 2008a, 98)

결국 대안교과서는 금성교과서와 달리 식민지 시기를 "근대 문명을 학습하고 실천함으로써 근대국민국가를 세울 수 있는 '사회적 능력'이 두텁게 축적되는 시기"(교과서포럼 2008a, 78)로 평가했다. 물론 대안교과서도 일제의 억압과 이에 대한 한국인의 투쟁을 기술했지만, "근대문명의 입장"에서 식민지 시기의 변화를 매우 긍정적으로 평가했다. 이는 대안교과서가 대한민국의 발전에 도움이 되었느냐, 아니냐를 기준으로 식민지 시기를 바라본 것에 따른 시각이다. 곧 대안교과서는 자유민주주의와 시장경제 체제에 기초한 대한민국을 가장 중요하게 생각하기 때문에 해방 이후 등장한 정치적 민족 개념을 기준으로 식민지 시기를 평가했다.

2) 분단과 대한민국에 대한 인식 ― '미완성인' 분단국가 대 '자랑스러운' 대한민국

광복 이후 한반도는 '일민족, 일국가'라는 민족주의 원칙이 달성되지 못한 채 분단되었다. 그렇기 때문에 대한민국을 어떻게 볼 것인가는 입장에 따라 다를 수밖에 없다. 일민족 일국가라는 민족주의의 원칙에서 보면, 대한 민국은 '미완성' 분단국가인데 비해, 자유민주주의를 기준으로 보면, 대한 민국은 한민족의 정통성을 지닌 '정상' 국가이다. 이와 관련하여 금성교과 서와 대안교과서가 어떤 인식을 갖고 있는지를 분단, 광복부터 분단 정부 수립까지의 시기, 대한민국의 수립 이후로 시기를 구분하여 살펴보자.

먼저, 해방과 분단에 대한 인식을 살펴보면, 금성교과서는 해방이 '연합 국의 승리'에 따른 결과였고, 외세에 의한 해방이었기에 민족의 자주성에 장애가 되었음을 지적했다.

우리가 나라를 되찾은 것은 일제의 식민 지배에서 벗어나기 위해 끊임없이 투 쟁한 대가였다. 그러나 직접적으로 우리에게 광복을 가져다 준 것은 연합군의 승리였다. 연합군이 승리한 결과로 광복이 이루어진 것은 우리 민족 스스로 원 하는 방향으로 새로운 국가를 건설하는 데 장애가 되었다. (김한종 외 2007, 253)

그래도 한민족의 끊임없는 투쟁을 언급함으로써 해방이 완전히 외세의 의한 것만은 아님을 강조했다. 그에 비해 분단에 대해서는 전적으로 외세 에 책임을 돌렸다. 금성교과서는 한국 현대사를 '분단의 역사'로 인식했 고, 분단의 책임을 한국인의 분열보다는 미소의 대결 탓으로 돌렸으며, 분 단이 한국 사회와 사람의 삶에 부정적 영향을 미쳤음을 강조했다.

흔히 한국 현대사는 '분단의 역사'라고 말한다. 남과 북에 각각 들어온 미군 과 소련군은 한반도를 둘로 나누었다. …… 남북 분단은 한국 사회와 사람들 의 삶에 커다란 영향을 끼쳤다. …… 남북분단은 다른 나라가 우리에게 간섭 할 구실을 주었다. 또한, 남북 사회의 균형있는 경제발전에 커다란 장애가 되 었고, 정치 발전에도 걸림돌이 되었다. (김한종 외 2007, 27)

금성교과서는 분단의 대표적인 부정적인 영향으로 외세의 간섭 구실과 남북 정치, 경제발전의 장애를 지적했다. 이는 분단 극복의 필요성을 함축하는 서술이다. 이에 비해 대안교과서는 일본의 항복으로 한국이 해방되었다는 사실만을 간략히 언급한 채, 그것의 원인이나 정치적 의미를 다루지는 않았다. 반면 분단에 대해서는 금성교과서와는 대조적으로 '부정적' 측면보다 '긍정적' 측면을 서술했다. 대안교과서는 4부(해방과 국민국가의 건설) 1장(대한민국의 성립)의 '민족의 분단과 미군정의 전개'라는 소절에서 38도선으로의 분단이 아주 다행스러운 결과라고 기술했다.

만약 미국이 38도선을 경계로 한반도를 분할 점령하자고 소련에 제안하지 않았더라면 한반도 전체가 소련군의 점령 하에 들어갔을 것이다. 전후 동유럽의 경험에서 명확히 알 수 있듯이 소련 점령 하에 들어간 국가는 모두 공산화되고 말았다. 마찬가지로 한반도도 공산화의 운명을 면하기 어려웠을 것이다. 그렇게 본다면 38도선은 단순히 한반도의 분단을 불러온 것이 아니라, 자유, 인권, 시장 등 인류 보편의 가치가 미국군을 따라 한반도에 상륙한 북방한계를 나타내는 선이었던 것이다. (교과서포럼 2008a, 137)

대안교과서는 분단의 의미를 한반도의 반쪽이라도 공산화되지 않고 '인류 보편의 가치'가 상륙했음에서 찾고 있다. 곧 자유민주주의를 기준으로 대한민국의 성립에 중요성을 부여했기 때문에 분단이 가져온 부정적 영향에 대해서는 관심을 기울이지 않았다.

다음으로 해방 이후의 정국과 대한민국의 수립에 대한 양자의 서술을 살펴보면, 첫째, 금성교과서는 주제 2(8·15 광복과 통일 국가 수립 운동)에서 건국동맹, 건국준비위원회를 거쳐 인공으로 변화하는 일련의 흐름을 자세히 기술했다. 이는 해방 직후 한반도에서 '새로운 국가 건설을 위한 자발적 움직임'이 진행되었음을 강조하기 위한 서술이다. 그리고 제목에서 볼 수 있듯이 금성교과서는 미군정 수립 이후의 주요 흐름이 '통일국가수립운동'이라는 점을 강조했다. 그래서 해방 지도자 중에서도 양자의 흐름을 모두 주도했던 여운형을 높이 평가했다.

둘째, 금성교과서는 주제 3(대한민국의 수립과 분단)에서 이승만과 미국이 분단이 될 것을 알면서도 남한만의 단독정부 수립을 주도했다고 기술했다. 이는 분단의 주요한 책임이 미국과 남한의 단독정부 추진 세력에게 있다고 보는 시각이다.

이승만은 제1차 미·소 공동 위원회가 중단되자 곧바로 남한만의 단독 정부 수립을 주장하였다. 미·소 공동 위원회가 깨어지자 미국은 자신들이 유리한 위치를 차지하고 있던 유엔에 한국의 문제를 넘겼다. …… 남한에서 정부가 세워진다면 이는 북한 정부의 수립으로 이어질 것이 확실하였다. 이제 남과 북은 분단의 길로 치닫게 되었다. (김한종 외 2007, 261)

또한 금성교과서는 당시의 정세를 설명하면서 미군정 하에서 식량난과 경제난이 극심했고, 이것이 미군정의 과오라고 기술했다. 곧 금성교과서는 미군정을 부정적으로 평가했다(김한종 외 2007, 260).

셋째, 금성교과서는 남한 단독정부 수립에 대한 정치세력간의 갈등을 서술하면서 김구, 김규식 등 민족주의자의 활동을 자세히 기술했다. 특히 그들이 "단독선거가 민족을 분열시킨다며 반대했고, 북한과 협상을 통해 남북 분단을 막으려 했다"는 사실을 기술했다. 그러나 그들의 노력이 실제적인 방안의 부재와 민족주의자와 공산주의자의 견해차로 인해 "단독정부의 수립을 막는 데 별다른 힘이 되지 못하였다"고 하며 그 한계 역시 기술했다(김한종 외 2007, 262).

이렇게 금성교과서는 해방 후의 주요 흐름이 통일국가 수립이었지만 미국과 단독정부 추진 세력에 의해 남북에 별개의 정부가 수립됨으로써 통일 국가의 수립이 좌절되었다는 시각을 갖고 있다. 이는 금성교과서가 자유민주주의에 기초한 대한민국 정부의 수립보다 분단 극복, 곧 한민족의 통일국가 수립을 더욱 중요하게 생각하고 있음을 잘 보여준다. 따라서 금성교과서의 민족 개념은 한민족 전체를 포함하는 종족적 민족 개념이다.

이와 달리 대안교과서는 해방 이후의 역사에서 대한민국의 수립에 가장 큰 의미를 부여했다. 그래서 4부(해방과 국민국가의 건설) 1장의 제목을 '대한민국의 성립'으로 명명했다. 또한 '대한민국 성립의 역사적 의의'라는 소절에서 대한민국이 자유민주주의 정치체제로서 민주공화국을 수립했고, 국민의 재산권과 경제활동의 자유를 보장하는 시장경제체제로 출발했다는 점을 강조했다. 그리고 그 결과 대한민국이 현재의 물질적, 정신적 발전을 성취했다는 점을 역시 강조했다.

> 지난 60년간 세계사는 개인의 자유와 재산권을 존중하고, 그것을 국가체제의 기본 원리로 채택한 자유민주주의와 시장경제의 체제가, 인간의 물질적 복지와 정신적 행복을 증진하는 올바른 방향이었음을 보여주었다. …… 대한민국은 혼란 속에서 어렵게 출발했지만 지금까지 세계가 주목하는 물질적, 정신적 발전을 성취했다. …… 대한민국의 이 같은 발전은 1948년의 제헌헌법에 담긴 건국의 이념과 방향이 정당했기 때문에 가능한 것이었다. (교과서포럼 2008a, 148)

이렇게 대안 교과서는 대한민국 수립의 정당성을 자유민주주의와 시장경제체제의 수립에서 찾는다. 그리고 이를 정당화하기 위해 '문명의 융합과 전통의 계승'이라는 소절에서 "자유민주주의와 시장경제가 16세기 이후 서양에서 발생한 문명"이고 1876년 개항 이후 1945년 일제의 억압에서 해방되기까지 한국 근대사는 크게 보면 서양 기원의 근대 문명이 이식되고 정착하는 과정"이었다고 기술했다(교과서포럼 2008a, 149). 그러면서 식민지 시기 일본으로부터 사유재산제도가 도입되고 시장경제가 발전했으며, 해방 후 미국에 의해 민주주의 정치제도가 한국에 이식되었다고 기술했다.

대안교과서는 대한민국이 한국 근·현대사의 주류, 곧 정통성을 지닌 국가임을 강조했다. 그들은 한국 근·현대사의 주류를 문명사의 융합과 전환을 이끌어 온 정치세력으로 설정하고, 그 선구로 개화파를 지목했다. 이승만은 개화파를 계승했고 "이동휘, 이상재, 안창호, 김구, 김규식, 박용만, 박은식, 신채호, 김성수 등 식민지 시기 국내외에서 민족의 독립과 실력 양성을 추구한 수많은 독립운동가, 사상가, 실업가 등이 이 노선에 참여"했고 "대한민국의 건국은 역사적으로 발전해 온 개화파에 의해 주도"되었으며, 그 점에서 대한민국은 긴 한국사에서 전통 문명을 발전적으로 계승하는 역사적 계보에 서 있다"고 기술했다(교과서포럼, 2008a, 149).

이렇게 대안교과서는 대한민국이 한국 근현대사의 주류인 자유·민주주의와 시장경제체제를 통해 '자랑스러운' 성취를 이루었다고 평가한다. 곧 대안교과서가 한민족 전체보다는 대한민국을 더 중시한다는 점에서, 그들의 민족 개념은 종족적 민족 개념이라기보다 정치적 민족 개념이다.

3) 북한과 통일에 대한 인식 — 하나의 민족 대 '실패한 국가', 평화통일 대 자유민주주의 통일

한국에서 북한과 통일에 대한 평가는 매우 논쟁적인 쟁점이다. 1987년 민주화 이전까지는 정부가 북한과 통일 담론을 독점했지만, 김대중 정부 이후에는 토론의 대상이 되었다. 이러한 시대적 변화에 따라 교과서의 서술도 변화했다. 그러면 금성교과서와 대안교과서가 북한, 통일, 그리고 김대중 정부의 대북포용정책을 어떻게 평가했는지를 살펴보자. 먼저, 북한에 대한 두 교과서의 시각과 서술은 매우 상이하다. 금성교과서는 서론에서 '북한의 역사'를 '민족의 또 다른 자취'로 정의하고, 다음과 같이 기술했다.

분단과 6·25 전쟁 이후 우리는 오랫동안 북한의 역사를 김일성이 권력을 장악하고, 이를 유지하기 위한 '숙청의 역사', 김정일에게 권력을 물려주기 위한 '세습의 역사'로만 여겨 왔다. 우리에게 떠오르는 북한 사람들의 생활은 철저한 사회 통제 속에서 숨을 죽이고 살아가는 모습이었다. 그러나 북한 사회 또한 우리 민족이 살아온 삶의 터전이다. 북한에서 살아가는 사람들도 사회 발전을 위한 노력을 계속하였다. 다만 남한과 달리 사회주의의 길을 걸어갔을 뿐이다.

(김한종 외 2007, 28)

금성교과서는 북한 사회를 '우리 민족이 살아온 삶의 터전'이라고 기술했다. 그래서 금성교과서는 북한의 역사를 한국 현대사를 다루는 4부의 3장(북한의 변화와 평화통일의 과제)에서 다루었다. 이는 금성교과서가 무조건 북한을 한민족의 역사에서 배제했던 기존의 반공주의 서술과 달리 북한의 역사를 한민족의 역사로 간주했음을 보여준다. 그러나 금성교과서가 북한을 무조건 긍정적으로 서술한 것은 아니었다. 예를 들어, '잇따른 숙청을 통한 김일성의 권력 강화', '60년대 후반의 무력 도발', '김일성 개인 숭배', '김정일 후계 체제 강화', '주체사상만 인정되는 사회', '한계에 부딪친 경제발전' 등 부정적 내용을 '있는 그대로' 기술했다. 결국 금성교과서는 사회주의의 이질성을 인정하고 북한을 한민족의 일원으로 받아들였지만, 그들이 지닌 부정적 측면에 대해서는 명확히 지적했다.

이에 비해 교과서 포럼은 금성교과서가 북한 현대사를 '한국 근·현대사'의 일부로 취급했다고 비판하면서, 북한을 한국 역사에서 배제했다. 대신 대안교과서는 북한의 역사를 한국 현대사의 '보론'에 배치했다. 대안교과서는 북한을 한국의 일부로 인정하지 않는 이유를 다음과 같이 설명했다.

> 북한은 일제가 부식했다는 이유로 인간의 인격권과 재산권을 보장한 민법을 폐지하였다. 사유재산제도가 폐지되면서 이후 성립한 공산주의 체제에서 사람들은 자유로운 인격의 주체로서 자립할 수 없었다. 그 결과 정치적 억압과 경제적 빈곤이 점점 심화되는 비극의 역사가 펼쳐졌다. 북한현대사는 전통 문명과 외래 문명의 융합이라는 한국 근·현대사 주류로부터의 이탈이었다. (교과서포럼 2008a, 149)

대안교과서는 북한이 한국 근현대사의 주류로부터 이탈했다는 점을 강조했다. 그래서 북한의 모든 역사를 부정적으로 평가했다. 특히 북한을 다룬 내용의 모든 소절의 마지막 문장에서 북한을 부정적으로 서술했다. 예를 들어, 보론 1장('북한의 건국') 1소절(1 소련군의 진주와 북한의 상황)에서는 "소련군정은 북한의 민족주의자, 기독교인, 기업인 등을 탄압했으며, 1945년 말부터 수많은 북한 주민이 남한으로 탈출하기 시작했다"(교과서포럼 2008a, 280)고 기술했고, 2소절(2 토지개혁과 분단의 심화)에서는 "북한은 남한에서 미군정과 자유주의 정치세력이 단독정부를 세우려는 움직임을 보이기 훨씬 전에 이미 단독정부를 세운 것이나 다름없었다"(교과서포럼 2008a, 282)고 기술했다.

또한 대안교과서는 본문과 별개로 해설을 통해 북한의 부정적 측면을 더욱 부각했다. '스탈린의 나라가 된 한반도 북부', '북한의 정치범수용소', '북한의 신정체제 — 구호목과 광명성 전설', '대규모 아사와 핵개발' 등이 대표적 사례이다. 또한 마지막 5장(탈냉전 시대의 도래와 북한의 위기)을 부정적 인식의 제목('이어지는 탈북행렬', '국가 주도의 범죄활동',

'무너지는 수령체제')으로 채웠다. 결국 대안교과서의 북한 서술은 '한민족'의 동질성보다 이질성을 강조하는 경향을 띠고 있다.

다음으로, 한국전쟁 이후 남북관계에 대한 서술에서도 두 교과서는 상당히 다르다. 첫째, 금성교과서는 1960년대 후반 북한의 무력도발에 대해 "군부 강경파가 남한에 대해 강경책을 취하여 1960년대 후반에는 여러 차례 무력 도발을 하였다"(김한종 외 2007, 300)라고 간략히 기술한 데 비해, 대안교과서는 1968년 '1·21청와대기습사건', '북한 무장 게릴라의 울진·삼척 지역 침투', '이승복군 사건' 등 북한의 침략성이 드러나는 사건을 자세히 기술했다. 특히 '나는 공산당이 싫어요'라는 제목으로 이승복군 사건을 기술했을 뿐 아니라, 2004년 사건 진위 논란도 기술했다. 반면 미군 정보함의 북한 영해 '침입' 논란이 빚어졌던 1968년 1월 24일의 '푸에블로호 사건'에 대해서, 금성교과서는 '역사의 현장'에서 자세히 다룬데 비해, 대안교과서는 사건이 일어났다는 사실만을 기술했다.

둘째, 두 교과서 모두 1972년 7·4 남북공동성명에 대해서는 자세히 기술했지만, 금성교과서가 두 정부 모두 체제 강화에 이용했다고 기술한 데 비해, 대안교과서는 비판적 평가를 논하지 않았다. 반면 대안교과서는 1976년 판문점 공동경비구역 내 북한군의 미군 살해 사건, 1983년 버마 아웅산 국립묘지에서 일어난 북한 군인의 한국 대통령 테러 사건, 1987년 북한 공작원 김현희의 KAL기 폭파 사건(과 이 사건이 한국정부에 의해 조작되었다는 의혹이 근거 없다는 내용) 등을 기술했다. 그러나 금성교과서는 이런 내용을 다루지 않았다. 결국 금성교과서는 남북 간의 적대감을 일으키는 사건에 대해서는 자세히 기술하지 않은데 비해, 대안교과서는 북한의 침략성을 자세히 기술했을 뿐 아니라 개별 사건에 대한 의혹까지도 반박했다. 곧 금성교과서가 남북 충돌의 역사를 소극적으로 기술한 데 비해, 대안교과서는 적극적으로 기술했다.

마지막으로 통일과 김대중 정부의 대북포용정책에 대한 인식 역시 두 교과서는 아주 다르다. 금성교과서는 통일에 대해 꽤 많은 분량(12쪽)을 할애해 그 필요성을 강조했다. 특히 '한 걸음 더 다가가기' 항목에서 1972년 '7·4 남북공동성명', 1991년 '남북기본합의서', 2000년 '남북공동선언' 등 남북 간의 공식 합의를 자세히 다루었고, '문학으로 함께 하는 통일운동, 통일문학제', '4자회담에서 6자회담으로', '통일에 대한 열망과 통일 비용', 남한에서 1950년대~1970년대까지 제시한 '통일론', '활발해지고 있는 남북교류', '이산가족 이야기' 등 통일에 대한 여러 쟁점을 다루었다. 이는 한민족에게 통일이 얼마나 중요한 과업인지, 그리고 얼마나 많은 노력이 진행되었는지를 강조하는 것으로, 통일에 대한 강한 열망을 보여준다.

특히 금성교과서는 김대중 정부의 대북포용정책과 남북정상회담을 긍정적으로 기술했다. 더욱이 대북포용정책의 결과인 남북 간의 왕래와 협력이 민족 동질감을 높인다는 점을 강조했다. ·

> 근래 통일에 대한 기대감은 어느 때보다 높아지고 있다. 이러한 기대감은 남북 교류의 확대와 북한 체제의 변화 가능성에 토대를 두고 있다. …… 남북 간의 왕래와 협력은 서로 간에 적대감을 줄이고 하나의 민족이라는 인식을 높이는 데 도움을 주고 있다. (김한종 외 2007, 316)

그러나 금성교과서는 북한의 흡수통일에 대한 경계심, 주변국들의 이해관계, 남한 내부의 견해차 등을 근거로 평화통일이 쉽지 않다는 점도 지적했다. 그러면서 이런 문제를 해결하기 위해서는 "갈등을 민주적 대화와 타협을 통하여 해소시키고, 남북 통합을 평화적으로 이루어낼 수 있는 우리 사회의 자율적 역량을 키워내는 것이 중요하다"(김한종 외 2007, 316)라고 기술했다. 이는 금성교과서가 평화통일을 낙관적으로 바라보지 않지만,

통일을 위한 해법을 찾아야 한다는 점을 강하게 요청한 것으로 보인다.

이에 비해 대안교과서는 남북통일이 '민족의 지상과제'임을 인정하지만, 대한민국 헌법에 제시된 데로 "자유민주적 기본질서에 입각한 평화적 통일"만을 추구해야 한다고 주장했다. 그러나 북한이 공산주의 체제를 전제한 통일을 추구하기 때문에 "민족의 염원에도 불구하고 통일에 대한 전망이 밝지 않"(교과서포럼 2008a, 17)다고 기술한다. 그리고 이러한 시각의 연장선상에서 김대중 정권의 대북포용정책을 '부정적'으로 평가했다. 예를 들어, 2000년 6·15 남북정상회담에서 남측의 연합제 안과 북측의 낮은 단계의 연방제 안의 공통성을 인정하고 이 방향에서 통일을 지향하겠고 합의한 데 대해, "남한의 적지 않은 국민"이 의문을 제기했고, "통일국가의 이념적 토대를 명확히 하지 않았기 때문에 남한 내에서 심각한 체제 논쟁을 유발"했다고 기술했다. 또한 햇볕정책이 선의의 협력을 제공할 경우 개혁·개방의 길로 들어설 것으로 기대했지만, 북한은 공산주의 경제체제도 포기하지 않았고 선군정치를 펼치면서 핵실험을 강행했다고 기술했다(교과서포럼 2008a, 250). 이는 김대중 정권이 자유민주적인 통일 정책에서 벗어난 통일 정책을 전개했고, 그로 인해 북한정권을 도와주었다는 그들의 인식을 잘 보여준다.

결국 북한과 통일에 대한 금성교과서와 대안교과서의 상반된 시각은 양자의 상이한 민족 개념을 반영한다. 금성교과서는 종족적 민족 개념에 기초하여 한민족의 통일에 강조하는데 비해, 대안교과서는 정치적 민족 개념에 기초하여 북한을 부정하고 대한민국만을 강조한다.

4) 민족주의에 대한 인식: 종족적 민족 개념 vs. 정치적 민족 개념

민족주의는 종족적 민족 개념과 정치적 민족 개념을 각각 반영하는 두 교과서의 차이를 잘 보여준다. 금성교과서는 한민족을 역사의 주체로 전제하는 '민족주의 사관'의 입장에 서있기 때문에 특별히 민족주의에 대한 입장을 기술하지 않았다. 이에 비해 대안교과서는 표면적으로는 민족주의를 인정('소중한 공동체 의식')하는 듯하지만, 실제로는 비판하고 있다.

> 우리는 이 책에서 민족 중심의 역사관을 누그러뜨리려고 애썼다. 한국인에게 민족주의는 여전히 소중한 공동체 의식임에 틀림없다. 그렇지만, 민족주의라는 단일 시각만으로 역사를 보는 것에 대해서는 이미 국내외로부터 많은 비판이 제기됐다. 우리는 이 책에서 '우리 민족' 대신에 '한국인'을 역사적 행위 주체로 설정하였다. 이는 기존 역사 서술에 비해 꽤 큰 변혁이다. (교과서포럼 2008a, 5)

대안교과서는 민족주의로 역사를 바라보는 것에 대해 '단일 시각'이라고 비판하면서, 민족 대신 '한국인'을 역사의 주체로 설정했다. 또한 대안교과서의 책임편집자인 이영훈은 자신의 저서 《대한민국 이야기》에서 "민족주의를 해체하고 분별력 있는 이기심을 본성으로 하는 인간 개체를 역사 서술의 단위로 삼아야 했다"고 서술했다. 그리고 다음과 같이 민족에 대한 자신의 견해를 피력했다.

> 민족이란 것이 우리가 생각해왔던 것만큼 확실한 실체가 아니기 때문입니다. …… 민족이란 20세기 들어 구래의 조선인이 일제의 식민지 억압을 받으면서 발견한 상상의 정치적 공동체입니다. 민족은 20세기의 한국사를 조명하는 중요한 시각이긴 합니다만, 그것만이 유일하게 중요한 것은 아닙니다. 오히려 그것보다 더 본질적이고 실체적인 역사의 단위가 있습니다. 저는 그것을 개별 인간이라고 생각합니다. 인간의 본성은 자유이고 도덕적 이기심이고 협동능력입니다. 그러한 본성의 인간들이 상호 경쟁하면서 또 상호 협동하면서 건설해 가

는 생산과 시장과 신뢰와 법치와 국가의 역사가 진정한 역사라고 저는 생각하고 있습니다. 저는 그것을 문명사라고 자주 이야기하고 있습니다. 그러한 문명사의 시각에서 지난 20세기를 보면 민족사만 초점을 맞출 때와는 상이한 역사가 보입니다. (이영훈 2007, 20)

이영훈은 민족이 확실한 실체가 아닌 상상의 정치적 공동체이기 때문에 더 본질적이고 실체적인 역사 단위인 개별 인간들을 중심으로 한국사로 보아야 한다고 주장했다. 특히 민족사를 넘어 문명사의 시각에서 역사를 바라보아야 한다고 지적했다. 또한 이영훈은 '민족주의의 함정에서 벗어나자'라는 장에서 민족주의가 "민주주의나 자유주의도, 상대가 되지 않을 만큼 위력이 너무 거세"고 그것이 "정치적으로 악용된다면 그 후환은 정말 감당하기 어렵"기 때문에 민족주의를 비판해야 한다고 주장했다. 곧 "우리 자손의 물질생활과 정신생활을 풍요하게 만들어나감에 민족주의라는 집단적인 열정의 한계는 너무 명백"하며, 이러한 민족주의의 폐해는 "천황제와 나치즘보다 훨씬 지독한 북한의 북한 수령체제를 통해 추체험하고 있다"고 주장했다(이영훈 2007, 45).

이러한 민족주의에 대한 부정적 시각은 대안교과서도 곳곳에서 드러난다. 5부 5장 3절(3 민족주의의 팽배와 왜곡)의 '민족주의의 정치적 동원'에서는 민족주의가 부정적으로 이용된 사례를 기술하고, '민족주의 역사학의 발전'에서는 민족주의 역사학의 대표적인 학설인 내재적 발전론과 민족·민중 사학을 부정적으로 기술했다(교과서포럼 2008a, 237~238).

6부 4장 2절(2 문화의 시대)의 '민족주의의 절정과 쇠퇴'에서는 민족주의 역사학이 "개항 이후 한국 근·현대사의 주류를 동학농민봉기, 식민지 시기의 항일무장투쟁, 4·19 민주혁명, 5·18 광주 민주화운동, 6·10 민주항쟁으로 이어지는 흐름으로 이해하고, 그러한 역사관을 역사교과서를 통해 보급"했으며, "대한민국을 건국하고 근대화를 추진해 온 개화파 이래의 근대화 세력을 반민족으로 매도하는 경우가 많았다"고 비판했다(교과서포럼 2008a, 271). 그리고 "5·18 광주민주화운동 이후 한국의 민족주의가 반일을 넘어 반미 성향을 띠게 되었"는데, "1990년대 이후 국제 공산주의 체제가 해체"되고, "동시에 북한 공산주의의 열악한 인권 상황과 비참한 생활 실태가 폭로"됨으로써 "2000년대에 들어 북한의 반일·반미 민족주의와 자주 노선을 높이 평가하면서 대한민국의 역사에 비판적이었던 학문·예술과 정치 세력의 영향력이 급속히 약화되고 있다"고 기술했다(교과서포럼 2008a, 271).

대안교과서의 이러한 서술은 민족주의, 한국 역사학계의 민족·민중 사학, 그리고 북한을 연결시켜 민족주의의 부정적 성격을 드러내는 논리이다. 곧 대안교과서는 금성교과서가 조선 후기 사회에는 '자본주의 맹아론' 또는 '내재적 발전론'을, 개항 이후부터 식민지 시기까지는 '민족자주 해방투쟁론'을, 해방 후부터 이승만·박정희 시기까지는 '분단극복 민주화 운동론'을 위주로 한 민족주의 사관이며, 북한도 "민족의 자주·자립·해방을 앞세운 철저한 '민족주의 사관'"이기 때문에 양자는 동일하게 민족주의의 부정적 성격을 보여준다고 지적했다(교과서포럼 2005, 128).

그런데 특히 주목할 점은 대안교과서가 비판하는 민족주의가 종족적 민족 개념에 기초했다는 사실이다. 금성교과서는 한민족이라는 종족적 정체성에 기초한 민족 개념을 갖고 일관되게 한민족의 통일과 자주성을 기준으로 역사를 기술했다. 이 때문에 금성교과서는 통일정부가 아니라 분단정부를 수립하고, 그들의 기준에서 적극적인 통일 정책을 추진하지 않았던 세력을 비판한 것이다.

반면 대안교과서는 "한국인에게 민족주의는 여전히 소중한 공동체 의식"이라고 서술했지만, 한민족보다는 대한민국을 더 강조했다. 대한민국은 "개화기 이래 수많은 선각자가 기울였던 애타는 노력의 소중한 결실로

표 1. 금성출판사와 교과서 포럼의 《한국 근·현대사 교과서》 인식 비교

	금성출판사	교과서 포럼
식민지 시기	수난과 독립운동	식민지 근대화
분단	부정: 통일국가 수립의 장애	긍정: 한반도 전체 공산화
대한민국	'미완성인' 분단국가	'자랑스러운' 대한민국
북한	하나의 민족, 또 다른 민족	실패한 국가
통일	평화 통일	자유민주주의적 통일
민족	종족적 민족 개념	정치적 민족 개념

태어난 나라"이고 "수많은 한국인의 피와 땀으로 세워진 나라"(교과서포럼, 2008a, 7)이기 때문에 충성을 바쳐야 할 대상이다. 이는 한민족 전체에 대한 충성심과 구별되는 대한민국에 대한 충성심을 의미한다. 곧 북한을 같은 민족에서 배제하고 '(대)한(민)국인'만을 역사의 주체로 인정한다는 점에서, 대안교과서는 분단 이후 반공과 자유민주주의에 의해 새롭게 정의된 '정치적' 민족 개념을 대변한다고 볼 수 있다.

5. 나가는 말

일반적으로 한국에서 민족과 민족주의는 종족적 정체성에 기초한 것으로 간주된다. 이런 사고는 구한말 등장했고 국가를 상실했던 식민지 경험을 거치면서 한국 사회에 뿌리내렸다. 그러나 해방 이후 분단과 두 개의 국가 수립은 종족적 민족 개념의 균열을 가져왔다. 적대적 이데올로기에 기초하여 수립된 두 국가는 각각 자신만이 한민족의 정통성, 곧 종족적 정통성을 대표한다고 주장했다. 곧 종족적 정체성과 별개로 자본주의와 사회

주의에 기초한 '정치적' 민족 개념이 등장했다. 그 개념의 핵심은 '반공/반소'이거나, 또는 '반자본/반미'였다. 그런데 새롭게 등장한 정치적 민족 개념은 한국전쟁과 전후 적대적 국가건설의 과정에서 남북 주민의 '정치적 정체성'으로 자리 잡게 되었다. 곧 한국인은 반공/반소 이데올로기에 기초한 정치적 민족 개념을 내면화하게 되었다.

그렇다고 종족적 민족 개념이 완전히 소멸된 것은 아니었다. 종족적 민족 개념을 중시하던 세력은 해방 정국에서는 단독정부수립 반대운동을 주도했고 제2공화국 시기에도 통일운동을 주도했다. 물론 전쟁 이후 통일의 가능성이 희박해지자 정치적 민족 개념에 의해 압도되었다. 그러나 종족적 민족 개념은 권위주의 시기 민주화운동 내에서 통일운동의 형태로 명맥을 유지했고, 김대중 정부의 대북포용정책을 계기로 다시 등장했다. 특히 노무현 정부 시기까지 남북 간의 교류는 통일에 대한 한국인의 관심을 높였고, 북한을 한민족의 일부로 받아들이도록 만들었다. 그러나 이는 정치적 민족 개념에 기초하여 반공을 강조하는 세력의 반발을 가져왔다. 이러한 과정에서 2000년대 중반 고등학교 근현대사 교과서를 둘러싼 '역사 전쟁'이 전개되었다.

금성교과서는 민족을 역사의 주체로 설정하고 민족·민중의 입장에서 한국 근현대사를 기술했다. 그래서 식민지 시기를 민족의 수난과 독립운동을 중심으로 서술했고, 분단과 대한민국의 수립에 대해서는 국민국가의 미완성으로 평가했으며, 통일을 반드시 달성해야 할 과제로 서술했다. 또한 북한을 한민족의 역사에 포함시켰고, 남북 화해가 지닌 민족적 의의를 강조했다. 이는 금성교과서가 철저히 종족적 민족 개념(또는 종족적 정체성)에 기초해 있음을 보여준다.

이에 비해 대안교과서는 자유민주주의 정치제도와 시장경제질서를 가장 중요한 가치로 설정하고, 역사 서술의 주체를 민족이 아닌 한국인으로 설정했다. 그래서 식민지 시기를 새로운 근대 문명의 학습기이자 제도적 확립기로 정의하고, 분단을 공산화되지 않고 자유, 인권, 시장 등 인류 보편의 가치를 가져온 중요한 사건으로 서술했다. 또한 대한민국이 자유민주주의와 시장경제질서를 기반으로 지난 60년간 정치, 경제적 성취를 이루었다고 보면서 매우 긍정적으로 서술했다. 반면 북한은 보편적인 근대 문명에서 벗어나 '문명의 막다른 길'로 들어섰다고 주장하면서 한민족의 역사에서 제외했다. 또한 통일의 중요성을 인정하지만 자유민주주의 원칙에서 벗어난 통일은 허용될 수 없고, 북한이 이 원칙을 거부하기 때문에 통일은 힘들 것이라고 부정적인 전망을 제시했다. 이는 대안교과서가 한민족이라는 종족적 정체성보다 자유민주주의(또는 반공주의)와 시장경제질서를 근간으로 건설된 대한민국에 대한 충성심, 곧 정치적 정체성에 근거해 있음을 보여준다. 곧 대안교과서는 분단정부 수립이후 반공 이데올로기에 기초하여 새롭게 등장한 정치적 민족 개념을 대표하고 있다.

결국 한국 근·현대사 교과서를 둘러싼 역사인식의 갈등은 종족적 정체성을 대표하는 세력과 분단 정부 수립 이후 새롭게 등장한 정치적 정체성을 대표하는 세력 간의 충돌이었다. 이는 일민족 일국가라는 민족주의의 원칙이 달성되지 못한 한반도의 역사적 경험이 낳은 불행한 유산이다.

마지막으로 민족주의 연구에서 이 글이 지닌 의미를 정리하면, 한국의 사례는 민족주의 연구에서 민족을 국가 민족과 문화 민족, 또는 정치적 민족과 종족적 민족으로 구분하는 이분법이 기계적이고 피상적이라는 사실을 보여주었다. 한국의 사례는 종족적 민족 개념과 정치적 민족 개념이 공존 또는 충돌할 수 있으며 시기와 국면에 따라 그 위상이 달라진다는 점을 보여주었다. 그렇기에 특정 민족의 민족주의에 대한 연구는 '일반' 이론에 기초한 섣부른 판단보다는 그 민족의 역사를 세밀히 천착할 것이 요구된다.

참고 문헌

/

교과서포럼. 2005. 《한국 현대사의 허구와 진실》. 서울: 두레시대.

_____. 2008a. 《대안교과서 한국 근현대사》. 서울: 기파랑.

_____. 2008b. 《한국 현대사》. 서울: 기파랑.

김일영. 2006. 〈한국정치의 새로운 이념적 좌표를 찾아서〉. 《한국정치외교사논총》 제27집 제2호.

김한종 외. 2007. 《고등학교 한국근·현대사》. 서울: 금성출판사.

마이네케, 프리드리히(Meinecke, Friedrich), 이상신·최호근 역. 2007[1907]. 《세계시민주의와 민족국가》. 서울: 나남.

박찬승. 2008. 〈식민지 근대화론에 매몰된 식민지 시기 서술〉. 《역사비평》 83호.

배진영. 2004. 〈경고! 귀하의 자녀들은 위험한 교과서에 노출돼 있다〉. 《월간조선》 4월호.

슈미드, 앙드레(Schmid, Andre) 저, 정여울 역. 2007. 《제국 그 사이의 한국》. 서울: 휴머니스트.

신기욱. 2009. 《한국 민족주의의 계보와 정치》. 서울: 창비.

역사교육연대회의. 2009. 《뉴라이트 위험한 교과서, 바로 읽기》. 서울: 서해문집.

이영훈. 2007. 《대한민국 이야기》. 서울: 기파랑.

하정일. 2007. 〈《해방전후사의 재인식》의 민족과 민족주의〉. 《창작과 비평》 135호.

하종문. 2007. 〈반일민족주의와 뉴라이트〉. 《역사비평》 78호.

홍석률. 2008. 〈'대안 교과서'의 난감한 역설 ─ 현대사 서술 분석〉. 《역사비평》 83호.

Gellner, Ernest. 1983. *Nations and Nationalism*. Oxford: Basil Blackwell.

Gi-wook Shin, James Freda and Gihong Yi. 1999. "The politics of ethnic nationalism in divided Korea." *Nations and nationalism*. Vol. 5 Part 4: pp. 465~484.

5장
세계화 시대 한국 정체성의 변화
국민 정체성의 법적 규정과 관련 정책을 중심으로

1. 들어가며

이 장은 1990년대 이래 한국 사회에 큰 영향을 미치고 있는 '세계화 globalization'가 2000년대 초반까지 한국의 정체성에 어떤 변화를 가져왔는지를 국민정체성의 법정 규정과 관련 정책을 중심으로 살펴본다.[1] 한국에서 세계화의 흐름은 1990년대 초반부터 본격화되었고, UR, WTO, OECD 등의 가입은 물론, 농수산물, 금융, 서비스 시장의 자유화와 개방을 가져왔고, 1997년에는 외환위기를 초래했다.

---

1 일반적으로 세계화는 "여러 경제·기술 세력들에 의해 전세계가 급속히 하나의 공유된 사회 공간으로 만들어지고 있다는 폭넓은 인식, 그리고 세계의 어느 한 지역의 발전이 지구 반대편의 개인이나 공동체의 삶에 심대한 결과를 가져올 수 있다는 폭넓은 인식을 반영하고 있다." 곧 세계화는 "초대륙적·지역적 활동, 상호작용 및 권력행사의 흐름과 네트워크를 만들어내는 사회적 관계 및 사회적 거래 — 범위·강도·속도·영향력으로 평가한 — 의 공간적 조직 방식에 큰 변화가 발생했음을 구체적으로 보여주는 과정 또는 일련의 과정들"로 정의할 수 있다(헬드 외 2002, 13).

이러한 정치·경제적 변화 외에도 세계화는 일상 수준에도 많은 변화를 가져왔다. 1990년대 이후 한국사회에서는 해외여행이 일반화되었고, 해외 배낭여행도 대학생들의 필수가 되었다. 세계화 시대에 생존하기 위해서는 영어가 필수라는 인식이 보편화되면서 영어 관련 산업이 급성장한 동시에 해외 어학연수도 대학생뿐 아니라 초, 중, 고교생에까지 확산되었다. 또한 조기 유학 붐과 기러기 아빠의 등장은 가족 해체 현상을 낳았고, 더 나아가 미국 국적 취득을 위한 원정출산이 부유층 뿐 아니라 중산층에게로 확산되었다.

사회적으로도 한국이 기회의 땅으로 인식되면서 1990년대 여러 나라의 재외동포와 외국인이 국내로 이주했다. 주로 재미동포 2세가 영어의 장점을 살려 국내로 취업했고, 조선족은 다른 동남아시아 및 남아시아 출신 외국인과 함께 한국인이 기피하는 '3D 업종'에 종사했다. 물론 반대로 한국을 떠나는 해외이민, 특히 이전에 비해 상대적으로 고학력이고 젊은 세대의 이민도 확대되었다. 이러한 사례는 세계화가 한국의 정치, 경제, 사회, 일상 등 모든 부분에서 커다란 영향을 미치고 있음을 보여준다.

그러면 세계화로 인한 변화가 한국인의 범위를 규정하는 국민정체성 national identity에 어떤 영향을 미쳤는가?[2] 특히 1990년대 이후 국민정체성의 범주와 밀접히 관련된 '이주의 세계화'[3]가 한국사회에서 두드러졌던 사실을 고려할 때, 세계화는 한국의 국민정체성에 어떤 방식으로건 영향을 미

---

2 여기서는 국민 정체성과 민족 정체성을 구별하는데, 그 이유는 한민족이라도 대한민국의 '국민'과 북한 동포나 재외 동포를 포괄하는 '민족'이 구분되기 때문이다. 따라서 여기서 국민 정체성은 한민족 중에서 대한민국 국민, 곧 법적으로 대한민국 국적 보유자들의 집합적 정체성(collective identity)을, 그리고 민족 정체성은 혈통, 문화 등을 공유한 한민족 전체의 집합적 정체성을 의미한다(설동훈·정태석 2002). 전자는 정치적(political) 정체성으로, 후자는 종족적(ethnic) 정체성으로 지칭되기도 한다.

3 이주의 세계화란 노동 이민이든 이산(diaspora)이든 정복이든 상관없이, 지역과 대륙 간 인간의 이동을 의미한다(헬드 2002, 445~450).

쳤다. 예를 들어, 한국을 떠나 외국으로 이주하는 해외 이민과 그 반대 현상인 재외동포의 귀국은 민족과 국적간의 불일치를 가져옴으로써 국민정체성을 혼란스럽게 만들었다. 특히 일반적으로 한민족에 포함되지만, 언어와 문화가 다른 재외동포의 후손들이 급증하면서 혈연으로 한국인을 규정하는 기준이 절대적이 되지 못하게 되었다.

또한 1990년대 이후 제3세계 출신 외국인의 대량 노동이주 역시 한국의 국민정체성에 영향을 미쳤다. 외국인들은 장기간 체류하면서 한국인의 거주지와 분리된 지역에 민족/종족적 게토를 형성했는데, 이러한 경험, 곧 다른 민족 및 문화와의 공생은 그동안 단일문화권에서 생활해왔던 한국인에게 상당히 낯선 경험이었다. 이 과정에서 외국인 남성과 한국 여성의 결혼이 증가하면서 자녀가 탄생했지만 그들은 한국 국적을 취득하지 못했다. 그 이유는 1997년 개정 이전까지 국적법에는 한국인 남성이 외국인 여성과 결혼하여 낳은 자녀는 출생과 함께 한국 국적을 부여한 데 비해, 외국인 남성과 한국인 여성 사이에서 태어난 자녀는 한국 국적을 부여하지 않았기 때문이다. 따라서 국적법의 이러한 남녀 불평등적 조항은 국민정체성의 기준에 대한 근본적인 의문을 초래했다.

이러한 사례들은 세계화가 한국의 국민정체성에 일정정도 영향을 미치고 있음을 보여준다. 따라서 이 장은 1990년대 세계화가 한국의 국민정체성에 어떤 영향을 미쳤는지를 고찰하기 위해, 먼저 1990년대 변화된 국민정체성의 내용을 살펴보고, 다음으로 세계화를 중심으로 변화 요인이 무엇인지를 살펴본다.

이 장에서 국민정체성과 관련된 법률과 정책에 주목하는 이유는 그것이 국민정체성의 변화를 확인하는 가장 확실한 '지표'이기 때문이다. 정체성은 추상적인 범주이기 때문에 그것의 변화를 파악하기 위해서는 추상적 관념이 구체적으로 표현된 법률이나 정책이 제한적일지라도 그것을 보아야 한다. 일반적으로 정체성은 개인이나 가족과 같은 개인적 차원, 지역이나 출신 등과 같은 사회적 차원, 그리고 국민 또는 국적과 같은 국가적 차원으로 구분할 수 있다. 따라서 어느 차원에서 정체성에 접근하느냐에 따라 그것에 대한 연구 대상과 범위는 상이하다. 이 장은 국민정체성의 변화를 고찰하기 때문에 국민의 범위를 규정하는 국적법, 그와 연관된 재외동포법과 외국인에 대한 법률, 그리고 외국인에 대한 정책을 통해 국가적 차원에서 정체성에 접근한다.

실제로 정체성, 특히 민족/국민정체성은 매우 광범위하고 추상적인 주제이기 때문에 다른 주제들에 비해 상대적으로 연구가 많이 진행되지 않았다. 그래도 일부는 한국 정체성의 표지와 기준을 철학적으로 접근(탁석산 2000)하고, '민족정체성에 대한 태도'에도 관심(홍은화 1995)을 기울였다. 또한 민족/국민정체성, 이중국적 등을 다룬 연구들도 있는데, 세계화 시대의 변화를 시론적으로 분석(신광영 2003; 한도현 2003)하고, 북한, 통일, 경제적 전지구화, 외국인 등에 대한 한국인의 태도를 통계적으로 분석(김병조 2002; 설동훈·정태석 2002)했으며, 중국과의 비교를 통해 국민정체성과 시민권을 분석했다(최현 2003).

따라서 이 장은 이러한 연구의 문제의식을 이어받아 국민정체성에 대한 세계화의 영향에 초점을 맞추어 한국의 정체성을 분석한다. 특히 세계화에 따른 국민정체성의 변화를 관련 법률과 정책을 통해 분석한다는 점에서 기존 연구와 차별성을 갖고 있다.

이 장은 2절에서 한국의 국민정체성이 어떠한 특징을 갖고 있는지를 고찰하고, 3절에서는 1990년대 국민정체성이 어떻게 변화했는지를 살펴보기 위해 1990년대 후반 이전과 이후로 나누어 국민정체성을 규정한 법률과 외국인에 대한 정책의 변화를 살펴본다. 4절에서는 1990년대 후반 국민정체성 관련 법률과 정책을 변화시킨 요인들을, 그리고 5절에서는 세계화가 한국의 국민정체성에 미친 영향이 지닌 의미를 정리한다.

2. 한국 국민 정체성의 특징

일반적으로 민족 정체성은 산업사회 전환기에 가족, 종교, 이웃, 혈연 등 '전통적인 제도들'이 급속히 붕괴하면서 등장했다. 그것은 불확실하고 불안정한 개인에게 분명한 방향, 목표, 임무를 제시함으로써 안정감을 불어넣어 준다고 간주된다. 곧 근대가 되면 민족은 대부분의 사람에게 '고향'이고 자신의 자아와 정체성을 찾는 장소가 된다. 따라서 개인은 자신과 민족을 동일시하게 된다. '우리는 민족중흥의 역사적 사명을 띠고 이 땅에 태어났다'는 국민교육헌장의 구절은 한국에서 개인과 민족이 연결되는 것을 잘 보여준다.

그런데 이러한 개인과 민족의 동일시라는 근대적 현상의 이면에는 국민국가nation-state와 민족주의/국민주의nationalism가 놓여 있다. 일반적으로 근대 국가는 주민으로부터 충성심을 끌어내어 사회를 통합시키고, 나아가 그들을 국가발전의 동력으로 만들기 위해 민족주의를 주입하려 한다. 이는 다양한 방식을 통해 이루어지지만, 핵심적인 기제는 교육이다.

한반도에 사는 주민이 한민족 또는 한국인이라는 민족 또는 국민 정체성을 획득하는 것, 더 나아가 국가와 민족을 위해 자신의 생명을 바쳐야 한다는 '극단적' 사고를 하게 되는 것은 가족과 이웃을 통해서라기보다 학교 교육을 통해서 가능했다. 개인은 학교 교육을 통해 읽고 셈하는 것뿐 아니라 나라를 위해 목숨을 바친 애국지사들의 삶을 들여다보고 그런 삶이 본받을 만한 것임을 배운다. 곧 개인은 교육을 통해 국가와 민족을 배우고 그것을 종교와 유사한, 그리고 종교를 대신하는 실체로서 인식하게 되는 것이다.

이렇게 습득된 민족/국민으로서의 정체성, 곧 민족/국민 정체성은 국기國旗, 국가國歌, 국경일, 국민의례, 국가대항 스포츠 행사 등의 다양한 상징과 의례를 통해 재생산된다. 한반도에서도 근대 이후, 특히 분단국가 수립 이후 이러한 국민국가의 '국민 만들기nation-building' 프로젝트가 진행되었고 한반도 주민은 이를 통해 민족/국민정체성을 획득하게 되었다.

한편 개인의 정체성은 성, 나이, 직업, 계층, 국가, 종교, 이익집단 등 다양한 요소로 구성되는데, 개인의 국민정체성은 그 중 그/녀가 소속감을 느끼는 민족 또는 국가에 의해 정해진다.[4] 그런데 현대세계체제는 국민국가체제nation-state system로 구성되어 있고 대부분의 국가는 하나가 아니라 다수의 민족nation/종족ethnicity을 포괄하는 다민족/종족 국가multi-ethnic state이다. 따라서 대부분의 국가는 혈연·문화 공동체로 상상되는 민족/종족 정체성보다 정치적 목표를 공유하는 정치공동체 구성원으로서의 국민정체성을 중심으로 국민national을 규정한다. 그리고 국가는 시민권citizenship[5] 또는 국적nationality[6]이라는 법적 규정을 통해 국민의 범위를 정하고 있다.[7] 따라서 현대세계체제에서 개인의 정체성을 규정하는 규칙은 국적 또는 시민권으로

---

4 국민 정체성의 법적 표현은 국적인데, 국제법은 모든 사람이 국적을 갖되 반드시 하나의 국적을 가져야 한다는 국적단일주의의 원칙을 고수한다.

5 시민권은 근대 이후 등장한 매우 중요한 '사회적 울타리'인데, 누가 한 국가의 시민으로서 그 나라의 중요한 정책을 결정할 수 있는지, 국가에 의해 보호받을 자격이 있는지에 대한 국가의 결정이다. 이것은 국민들만이 누릴 수 있는 물질적 부, 사회적 기회와 보상 등을 국민이 아닌 사람이 누릴 수 없게 만들 뿐 아니라 그런 사람들이 국민이라면 마음 놓고 출입할 수 있는 한 나라의 영토에 들어가는 것을 막는다(Brubaker 1992, 21~23).

6 국적(nationality)은 일반적으로 '어떤 개인을 특정한 국가에 귀속시키는 법적인 유대'라고 설명된다. 곧 국적이란 자연인이 특정 국가에 대해 특별한 유대를 갖고 있는 경우 국제법의 원칙에 따라 그 국가의 국내법에서 부여한 법적 인연(因緣)이라고 하는 것이다. 이렇게 해서 국적은 국민으로서의 신분 또는 국민이 되는 자격이라고 할 수 있고, 어떤 개인이 특정한 국가의 구성원이 되는 자격 또는 지위라고 정의할 수 있다. 국가의 입장에서 자국의 구성원이 되는 사람과 그렇지 않은 사람을 구별해서 취급하게 되는 구별의 기준이 국적이며, 따라서 어느 국가의 국적을 가진 사람은 그 국가의 국민(national)이 되고 그렇지 않은 사람은 외국인(alien)이 된다(석동현 1998, 9).

표현되는 국민정체성이다.

그러나 다민족/종족 국가이기 때문에 국민정체성과 민족정체성이 구별되는 현대 국가들의 일반적 경향과 달리 한국에서 양자는 동일시된다. 한국인은 정치적 공동체의 구성원을 의미하는 국민과 혈연·문화 공동체로 상상되는 민족을 구별하지 않으며, 따라서 한민족과 한국 국민을 동의어로 사용한다.[8] 이렇게 민족(정체성)과 국민(정체성)의 동일시하는 사고가 정체성과 관련된 한국인의 인식에서 가장 중요한 특징이다.

그런데 이러한 사고는 '단일민족관념'에서 유래한 것이다. 한국인은 자신이 동일한 조상에서 유래했다는 단일민족관념을 갖고 있다. 이는 전근대 시기 한반도 주민의 역사적 경험에 기초하여 구성된 사고이다. 한반도 주민은 최초로는 통일신라에서, 그리고 한반도의 경계를 기준으로 볼 때는 조선 초기에 하나의 정치공동체의 구성원이 되었다. 공통의 중앙 정부 아래 거주하는 주민은 언어나 문화 등 원민족적proto-national 요소가 동질화했을 것이라는 사고가 단일민족관념을 정당화했다.

또한 일본 식민지로의 전락은 국가의 상실로 인해 조선인들에게 국가정체성의 구축을 불가능하게 만든 반면, 혈연·문화 공동체로서의 민족정체성을 한국 민족주의의 핵심 요소로 만들었다. 식민지에서의 국민은 일본의 '신민'을 의미했기 때문에 조선인은 일본인과 구별되는 민족을 통해 자신의 정체성을 구축했다. 이를 위해 조선인 민족주의자가 혈연, 언어,

---

7 대륙법계 국가는 국적 제도를 운영하는 반면, 영미법계 국가는 시민권 제도를 운영하고 있다. 시민권 제도하에서 시민권자는 국가나 정부에 대한 영구적 충성 의무를 부담하는 동시에 시민으로서 모든 권리를 향유한다. 시민권자는 그 국가 공동체의 주 구성원으로서 공법(公法) 관계에서 권리와 의무의 주체가 되는 동시에 관할권의 객체가 된다. 따라서 시민권은 국적과 비교할 때 그 법적 성격이나 기능 면에서 거의 대등하다(석동현 1998, 13).

8 다만 혈연과 문화 등 종족적 의미와 정치 공동체 또는 국가에 관련되는 의미가 명백히 구분될 때는 전자는 민족 정체성으로, 후자는 국민 정체성으로 구별해 사용한다.

관습 등 종족적이고 문화적인 특성을 발굴하여 확산했고, 이는 단일민족 관념을 공고히 했다.

그리고 조선 시기 이래 다른 민족/종족이 대규모로 한반도에 유입된 적이 없었던 역사도 단일민족관념을 정당화하는 근거가 되었다. 비록 소수의 화교가 20세기 초 이래 한반도에 지속적으로 거주했을지라도, 그들은 한국인들의 비동화정책과 차별 대우로 인해 여전히 한국인과 구별되는 이방인으로 살아가고 있다. 중국인이 거주하는 세계의 주요 도시 중 이렇다 할 규모의 차이나타운이 없는 나라는 한국 밖에 없다. 이러한 사례는 한국인의 외국인에 대한 배타성을 잘 보여주는 것으로써, 단일민족관념에서 유래한 한국 정체성의 부정적 특성이다(설동훈·정태석 2002, 42~46).

이상의 인식을 바탕으로 한국인은 자연스럽게 자신을 '단일민족'이라고 상상하게 되었다. 그러나 '단일민족'임에도 불구하고 해방 이후 한반도는 '하나의 민족, 하나의 국가'라는 민족주의 '제 1원리'가 적용되지 않은 채 분단되었고, 이는 적대적 이데올로기에 기초한 두 개의 국민국가 건설로 귀결되었다. 초기 두 국가는 불완전했지만, 전쟁과 국민형성[nation-building]의 시기를 거치면서 별개의 독자적인 국민국가 체제를 갖추었다. 이에 따라 한반도 남북의 주민은 시간이 가면서 점차 개별국가로의 충성심을 의미하는 국민정체성과 한민족에로의 충성심을 의미하는 민족정체성이라는 두 개의 정체성을 갖게 되었다. 곧 남북의 주민은 자국에만 배타적으로 충성심을 바치기를 요구하는 국민정체성과 남북통일을 지향하는 민족정체성을 동시에 보유하게 되었다.

그러나 단일민족관념의 영향력이 너무 강했기 때문에 남북의 국가는 각자 자신이 한민족의 정통성을 배타적으로 대표하고 있다고 주장하면서 자신의 국민정체성만이 정당하다고 주장했다. 이는 남북 모두 국민정체성보다 민족정체성이 우위에 있던 현실을 인정한 것이다. 국민(정체성)보다 민족(정체성)이 더 우세한 이러한 현실이 한국 정체성의 또 다른 특징이다. 물론 이는 시간이 가면서 변화하게 되었고, 2000년대로 들어오면 역전되었다.

결국 한국 정체성 중 가장 핵심적인 특징은 단일민족관념이고, 이로부터 민족정체성과 국민정체성의 동일시, 국민(정체성)에 대한 민족(정체성)의 우위, 그리고 외국인에 대한 배타성이라는 특징이 등장했다. 그러면 이런 특징이 한국의 법률과 정책에 어떻게 투영되고 있는지 살펴보자.

3. 세계화 시대 국민 정체성의 변화 ― 법률과 정책

이 장에서는 국민정체성의 변화를 살펴보기 위해 1990년대 후반 국적법 개정을 기준으로 법률과 정책을 두 시기로 나누어 고찰한다. 첫 시기(1948년~1990년대 중반)는 국민정체성을 영토·언어·문화·혈연 중심으로 규정했기 때문에 '폐쇄적' 국민정체성의 시기로, 그리고 두 번째 시기(1990년대 후반~2000년대 초반)는 국민정체성을 이전보다 개방적으로 규정했기 때문에 '개방적' 국민정체성의 시기로 지칭한다.

1) 폐쇄적 국민 정체성의 시기(1948년~1990년대 중반)

(1) 국민 정체성 관련 법률
한국에서 국가 중심의 국민정체성이 혈연·문화 중심의 민족정체성과 동일시되고 있다는 점은 국민정체성을 법적으로 규정한 국적법에서 살펴볼 수 있다.

첫째, 1948년 12월 20일 제정된 국적법 제2조 제1항 제1호는 선천적으로 국민이 되는 자의 요건을 "출생한 당시에 부父가 대한민국의 국민인 자"로 규정했다. 물론 제3호에서 "부가 분명하지 아니한 때에는 모가 대한민국 국민인 자"도 국민이 되는 것으로 규정하여 예외적으로 모계혈통주의를 허용했고, 제4호에서는 "부모가 모두 분명하지 아니하거나 국적이 없는 때에는 대한민국에서 출생한 자"도 우리 국민이 된다고 규정함으로써 보충적으로 출생지주의적 요소를 가미했다(석동현 1998, 43). 그러나 이는 예외조항이었고, 원칙은 부계혈통주의父系血統主義였다.

둘째, 한국 국적법의 부계혈통주의 원칙은 외국인과의 혼인 및 그 자녀의 국적 취득에도 관철되었다. 우선 제3조 제1호는 "우리 국민의 처가 된 자는 우리 국적을 취득한다"고 규정한 반면, 제6조 제2호는 우리 국민과 혼인한 외국인 남자는 그 혼인에 기하여 자동으로 우리 국적을 취득하게 되지는 아니하고 별도로 법무부장관의 귀화허가를 받아야 하며, 그 허가를 받기 위해서는 만 20세 이상으로서 국내에 3년 이상 계속하여 거주한 자이어야 한다고 규정했다. 또한 한국인 남성이 외국인 여성과 결혼하여 낳은 자녀는 출생과 함께 자동적으로 한국 국적을 취득할 수 있는 반면, 외국인 남성과 한국인 여성 사이에서 태어난 자녀는 출생과 함께 한국 국적을 가질 수 없게 되어 있었다.[9]

셋째, 한국 국적법의 부계혈통주의는 출생지주의(또는 속지주의) 또는 거주지주의 원칙[10]을 최소한으로 채택하여 외국인 이민자 2세 또는 3세에

---

9 이 조항이 보여주는 국적법의 특징은 '가족 국적 동일주의' 원칙이다. 이 원칙은 부(夫)중심주의에 포함되는 개념이므로, 그 근거 조항은 대부분 부중심주의와 겹친다. 여기에 추가해 제8조에서 외국인이 우리 국적을 취득할 때 그 미성년 자녀도 본국법에 반대 규정이 없는 한 우리 국적을 취득하는 것으로 규정하고 있고, 제13조에는 우리 국적을 상실한 자의 처 또는 미성년 자녀가 그 국적을 취득한 때에는 우리 국적을 상실하는 것으로 규정하고 있다.

10 혈통주의(jus sanguinis, 속인주의)는 한 나라 국민의 자손은 어디서 태어나든지 그 나라의 국적을 가지게 되는 것이고, 출생지주의(jus soli, 속지주의)는 부모의 국적에 관계없이 태어난 나라의 국적을 갖게 되는 것이며, 거주지주의는 어떤 사람이 어떤 나라에서 정해진 기간 이상을 살면 거주하고 있는 국가의 국적을 갖는 것이다.

게 한국에서 출생 시에도 한국 국적을 부여하지 않았고, 외국인의 한국 국적 취득을 매우 어렵게 만들었다. 국적법 제5조는 외국인이 법무부장관의 귀화허가를 받기 위해서는 "1) 5년 이상 계속하여 대한민국에 주소가 있을 것, 2) 만 20세 이상으로서 그의 본국법에 의하여 능력이 있을 것, 3) 품행이 단정할 것, 4) 독립의 생계를 유지할 만한 자산 또는 기능이 있을 것 등"의 조건을 갖추어야 했다. 또한 법무부 국적업무처리지침에 따라 귀화 신청자들은 면접과 필기시험을 통해 국어능력과 풍습에 대한 이해 등 국민으로서의 기본소양을 심사받은 후에 적격자가 되어야만 귀화가 허가되었다(석동현 1998, 47).

이러한 국적법의 부계혈통주의는 남성 혈통을 중심으로 하는 유교의 가부장제를 계승한 것으로, 남성 혈통을 중심으로 단일민족국가를 보존하겠다는 사고를 반영한 것이다. 이는 한국 국민정체성의 법적 표현인 국적법이 혈연 중심의 민족정체성에 기초하고 있음을 잘 보여주고 있다.

그러나 국적법의 부계혈통주의 원칙에도 일정한 제한이 존재한다. 국적법 제12조 제4호는 한국 국민으로서 자진하여 외국 국적을 취득한 자는 한국 국적을 상실하는 것으로 규정하고, 제3조, 제5조 제5호, 제12조 제7호 등에서는 한국 국적을 취득한 외국인에게 국적취득일로부터 6월내에 원 국적을 상실하도록 요구하며, 이를 이행하지 아니한 경우에는 한국 국적을 상실하도록 규정했다. 이는 국적법에서 이중 국적을 인정하지 않는 단일국적주의 원칙이 혈통주의 원칙을 제한하고 있음을 보여준다.

또한 국적법의 부계혈통주의 원칙에는 예외가 존재한다. 국적법은 대한민국 정부 수립 이전 한반도 및 그 부속도서로부터 각종 이유로 인해 중국, 구소련 지역 등 주변국으로 이주하여 살고 있는 사람들과 정부수립 이전에 북한 지역에서 출생한 후 정부수립 이후에 중국·러시아로 탈출하여 장기 체류하는 사람들을 다룰 규정이 없다. 또한 북한적자 또는 북한

주민의 국적을 다루는 규정도 없다.[11]

그런데 이 규정의 미비는 1990년대부터 국내에 체류하기 시작한 조선족, 특히 그들 중 주중 북한대사관에서 북한의 해외공민으로 등록된 북한 국적의 동포가 한국 국적의 취득과 호적의 편제를 요구하고, 상당수의 탈북주민도 중국과 러시아 등에 체류하면서 한국으로의 입국 및 신분보장을 요구하면서부터 국적법의 문제점으로 부각되었다.

결국 이중국적 금지 조항이나 혈연·문화적으로 동질적인 한국인[ethnic Korean]들을 다룰 법률 조항이 불비不備하다는 사실은 한국인은 한국(남한)에 살아야 한다는 거주지주의가 한국 국민정체성을 규정하는 전제조건이었음을 보여준다. 곧 1997년 이전의 국적법에 따르면 한국 국민정체성의 원칙은 부계혈통주의, 곧 민족정체성이지만, 거주지주의에 의해 그 적용 범위가 제한되고 있음을 보여준다.

(2) 외국인 차별 정책

한국 정체성의 대표적인 특징인 단일민족관념은 국민통합에 유리하다는 긍정적 측면에도 불구하고 그 이면에는 이민족에 대한 배타성이라는 부정적 측면을 지니고 있다. 이러한 부정적 측면은 해방 이후 국내에 유일하게 거주하는 외국인인 화교(화인·한화)에 대한 차별 정책을 통해 표출되었다. 화교는 20세기 초 이래 조선에 들어온 중국인들(주로 산동성 출신)의 후손으로서, 1949년 중국본토의 공산화로 인해 고향에 돌아갈 수 없

---

11 이런 북한적자(북한 주민)의 문제는, 북한이 대한민국 영토의 일부이기 때문에 대한민국 국민으로 봐야 한다는 견해를 따른다면 국적법에서 대한민국 국민 일부에 불과한 북한 주민에 대해 별도 규정을 둘 필요가 없다고 주장할 수 있다. 그러나 북한 주민 대다수는 호적이나 주민등록에 편제돼 있지 않기 때문에 법률상의 국민일 뿐 실질적인 국민은 아니다. 따라서 국적 회복 조항이 필요하다.

게 되자 계속 한국에 거주했다. 그러나 한국 정부는 화교의 한국인으로의 귀화를 허용하지 않았고, 그들을 내국인과 차별했다.

우선 한국의 까다로운 귀화정책은 화교들이 법적으로 외국인 신분에서 벗어나기 어렵게 만들었다. 한국에서 태어난 화교도 귀화하기 위해서는 외국인과 마찬가지로 국적법 제5조의 귀화조항을 충족시켜야만 했다. 또한 한국인 여성과 결혼한 화교 남성도 한국 국적법의 성차별적 성격으로 인해 한국 국적을 취득하기가 매우 힘들었다. 왜냐하면 그들도 다른 외국인 남성과 마찬가지로 국적법 제6조 제2호의 요건을 갖추어야만 했기 때문이다. 그러나 이러한 조건을 갖출 수 있는 화교는 드물었기 때문에 화교들의 한국 국적 취득 역시 어려웠다.

둘째, 한국 정부는 외국인을 차별하는 경제적 제재를 통해 화교의 입지를 더욱 어렵게 만들었다. 예를 들어, 해방 직후만 해도 무역업에 종사하는 부유한 화교들이 많았으나 1950년대 초 한국 정부가 외래 상품의 불법 수입을 금지한다는 명목으로 창고 봉쇄 조치를 취함으로써 물건 보유량이 많던 화교는 큰 타격을 입었다.

또한 외국인에 대한 외환규제법은 화교에게 공식 환율보다 서너 배 비싼 암시장을 통해 외환 거래를 하도록 함으로써 결국 그들은 경제적 손해를 입게 되었다. 특히 1961년의 화폐개혁은 현금 보유량이 많은 화교에게 큰 타격을 가했고, 외국인의 토지 소유를 완전히 금지시키는 '외국인토지소유금지법'도 화교 경제의 몰락을 가속화시켰다. 1968년 개정된 '외국인 토지 취득 및 관리에 관한 법률'도 50평 이상의 상점이나 200평 이상의 토지를 구입할 경우에 건설부장관의 허가를 얻도록 함으로써 화교가 전통적으로 강세 업종이던 농업을 포기하고 농촌을 떠나도록 했다(박은경 1986, 195~198).

셋째, 한국 정부는 화교의 교육에 대해 자유방임적 정책을 취했는데, 이는 중국인의 정체성을 유지하는 데는 도움이 되었지만, 화교에게 학연이 중요한 인간관계의 하나인 한국사회에서 한국인 친구를 사귈 기회를 박탈했기 때문에 그들이 한국 사회에 동화되기 힘들게 만들었다(박은경 1986, 198~200).

결국 이러한 화교에 대한 차별 정책의 결과 한국 사회에서 화교는 완전히 유리된 고립적인 종족집단으로 남겨졌고, 1970년대 중반을 기점으로 많은 화교들이 한국 사회를 떠나게 되었다.

한편 한국 국민정체성이 지닌 외국인에 대한 배타성이 다시 등장하게 된 것은 다수의 외국인들이 입국하여 등록 또는 미등록 노동자로써 한국 사회에 장기 체류하기 시작한 1990년대였다. 주로 제3세계 출신 외국인은 1988년 올림픽을 계기로 한국 정부가 시행한 사증면제 협정체결, 무사증 입국 허용, 입국심사 간편화 등 출입국 규제 조치 완화를 계기로 그 수가 급속히 증가했는데, 산업기술연수생제도를 통해 합법적으로 취업하거나 또는 방문 및 관광 등의 명목으로 한국으로 입국한 후 불법적으로 노동자로 취업했다.[12]

1990년대 외국인 노동자의 대량 유입은 3D산업에서 노동력 부족에 시달리고 있던 한국 경제에는 도움이 되었지만 외국인에 대한 배타성이 드러나는 계기가 되었다. 우선, 1991년부터 실시된 산업기술연수생제도는 한국 정부와 기업의 필요에 따라 시행과 중단을 반복했고, 내용도 여러

---

[12] 한국의 전체 외국인 노동자 수는 1987년 이후 서서히 증가하다가, 1989~1992년에 급속히 증가했다. 증가세는 1993년 경기 저하 때문에 일시적으로 감소했지만, 1994년에는 1992년 수준을 회복했고 1995~1996년에 크게 증가했다. 이것은 반도체 수출 증가를 기폭제로 한 경기 호황에 밀접히 관련돼 있다. 1997년은 외국인 노동자 수가 최고를 기록했지만, 제조업 부문 산업기술 연수생 도입이 동결됐으며, 동남아에서 밀어닥친 경제 불안의 여파로 증가 추세가 현저히 저하됐다. 더욱이 그해 말에 휘몰아친 외환 위기와 극심한 경기 침체는 1998년 외국인 노동자 수를 급격히 감소시켰다(설동훈 1999, 110).

번 바뀌었을 뿐 아니라 국내 노동자와 동등한 권리를 보장하지 않았다. 외국인 산업연수생들은 근로를 제공하는 노동자이면서도, 근로기준법 상 '근로자'로서의 권리를 보장받지 못했다(이종두 2004, 37~39).

또한 미등록 노동자들도 불법 체류하고 있다는 약점으로 인해 산업연수생과 마찬가지로 국내법이 보장하고 있는 노동 및 생활환경 관련 행정적 조치에서 배제되었을 뿐 아니라 저임금, 불량한 작업장 환경, 산업재해의 방치, 구타 등 인격적 보호에서도 배제된 채, '인권의 사각지대'에 놓였다. 결국 화교 및 외국인 노동자에 대한 차별적 대우는 외국인에 대한 배타성이라는 한국 국민정체성의 부정적 측면이 현실에서 어떻게 드러나는지를 잘 보여주는 사례였다.

2) 개방적 국민 정체성의 시기(1990년대 후반~2000년대 초반)

이러한 폐쇄적이고 배타적인 법률과 정책은 1990년대 후반 다음과 같이 대폭 수정되었다. 첫째, 국적법이 전면 개편되었고, 둘째, 해외동포에 대한 법률이 처음으로 발효되었으며, 셋째, 외국인에 대한 차별 조치들이 완화되었다. 그러면 이러한 변화를 구체적으로 살펴보자.

(1) 국적법 전면 개정[13]

국적법은 1997년 전면 개정되었는데, 가장 핵심적인 내용은 부계혈통주의의 폐지와 양계혈통주의의 채택이었다. 첫째, 개정 국적법은 제2조에서

---

13 1948년 제정된 국적법은 1962년, 1963년, 1976년에 개정됐지만, 부분 개정이기 때문에 1997년에 비교해 큰 의미를 갖지 못한다.

출생 당시 아버지나 어머니 중 한 사람이라도 한국 국적을 보유한 경우, 그 자녀가 자동적으로 한국 국적을 취득할 수 있도록 개정되었다. 그 결과 국내 체류 중인 약 2,000여 쌍에 이르는 외국인 남성과 한국 여성 사이에서 출생한 자녀의 국적과 호적 문제 및 그동안 소외되었던 교육 및 의료보험 등 사회보장 문제가 해결되었다(석동현 1998. 6). 이는 부계혈통주의로 인해 제한되었던 국민정체성의 범주가 양계혈통주의로 확장되었다는 점에서 중요한 의미를 지녔다.

둘째, 개정 국적법은 결혼을 통한 국적 획득에서 성별 간 차이를 없앴다. 개정 이전의 국적법(이하 구 국적법)은 한국인과 결혼한 외국 여성에게만 한국 국적을 자동적으로 부여하고 한국인 여성과 결혼한 남성에게는 자동적으로 부여하지 않았다. 반면 개정 국적법은 결혼을 통한 외국인의 자동적인 한국 국적 취득을 허용하지 않는 대신, 제6조에서 남녀 공히 한국인과 결혼한 혼인 상태로 국내에서 2년 이상 계속 거주한 후에 법무부 장관의 귀화허가를 받아 국적을 취득하도록 규정했다. 곧 구 국적법보다 외국인 여성에 대해서는 국내거주요건을 강화한 반면, 외국인 남성에 대해서는 국내거주요건을 완화했다. 이는 개정 국적법이 구 국적법과 달리 혈통주의의 범위를 남성뿐 아니라 여성에게로 확장하고 국적 취득과 관련하여 거주지주의를 채택했다는 점에서, 미약하나마 외국인에 대한 배타성을 완화하는 결과를 가져왔다. 이에 따라 1997년 이후 한국 국적 획득을 취득한 외국인의 숫자가 늘어났다.

셋째, 개정 국적법은 실질적으로 한국인과 결혼한 외국인에 대한 불평등을 완화했다. 구 국적법은 한국 국적 취득 조건으로 3년 이상의 거주와 1만 달러 이상의 수입을 규정함으로써 국적 취득에서 합법적 거주와 경제력을 중시했다. 그런데 현실에서 이 조건을 충족시킬 수 있는 외국인은 대부분 선진국 출신일 가능성이 높았다. 산업연수생으로 입국하여 한국 여성을 만나 결혼한 제3세계 출신 외국인 남성이 현실적으로 이런 조건을 충족시키기는 어려웠다(고부응 2002, 142).

그런데 개정 국적법은 제6조에서 배우자와 혼인한 상태로 2년 이상 거주한 경우, "3천만 원 이상의 예금잔고증명이나 이에 해당하는 부동산등기부등본 및 이에 상당하다고 인정하는 서류로서 본인 또는 생계를 같이하는 가족이 생계유지능력을 갖추고 있음을 증명하는 서류"를 요구했다.[14] 이는 국적 취득 조건이 완화된 것으로, 외국인 사이의 차별을 형식적으로나마 완화시켰다는 데 의의가 있다.

넷째, 개정 국적법은 기존의 '국적회복허가제도'에 덧붙여 제20조에서 대한민국 국적의 취득 또는 보유여부가 분명하지 아니한 자에 대하여 이를 심사한 후 판정할 수 있다는 내용의 '국적판정제도'를 새롭게 포함했다. 그 결과 한민족 혈통이지만 국적관계가 불분명한 사람이 국적판정절차에 의해 한국 국적을 가진 자로 확인 받을 수 있는 길이 열리게 되었다. 이에 따라 대한민국 영역내로의 편입을 원하는 북한 국적자 또는 북한주민의 국적문제가 절차적으로 해결될 수 있게 되었다.

결국 개정된 국적법은 그동안 외국인에게 폐쇄적이었던 한국 국적의 진입 장벽을 낮춤으로써 혈통과 문화에 기초한 민족정체성과 국민정체성이 괴리될 가능성을 열었다. 그러나 다른 한편으로는 한국인의 자격을 보장받지 못했던 북한 국적자와 북한주민의 국적문제를 해결하게 됨으로써 그동안 불일치하던 민족정체성과 국민정체성을 수정하는 내용도 추가되었다. 따라서 개정 국적법에서도 여전히 국민정체성과 민족정체성의 일치가 중요한 기준으로 유지되었다.

---

14 '국적법 시행규칙' 제3조 4조, 1998.6.12. 법무부령 제461호.

(2) 재외동포법 제정

정부는 재외동포와 관련해 먼저, 1998년 '출입국관리법'과 '출입국관리시행령' 및 '출입국관리법시행규칙'을 개정하여 재외동포(F-4) 체류 자격을 신설했다. 이는 1990년대 초부터 입국한 조선족과 고려인을 고려한 조항으로써, 재외동포 사증을 발급받은 한국계 외국인에게 1년 한도로 체류를 허가하고 이전보다 입출국 및 국내체류활동을 쉽게 했다. 물론 그들의 취업은 여전히 금지되었고, 지위 역시 불완전했다(설동훈 1999, 148).

해외동포에 대한 차별 조항이 시정된 것은 1999년 9월 2일 공포된 '재외동포의출입국과법적지위에관한법률'(이하 재외동포법)이었다. 이는 한국 국적을 갖고 있다가 국적을 이탈하여 외국에 귀화한 한민족에 대해 일반 외국인과 다른 대우를 보장한 법률이다.

이 법은 제2조에서 재외동포를 '재외국민'과 '외국국적동포'로 구분하고, '재외국민'은 "대한민국의 국민으로서 외국의 영주권을 취득한 자 또는 영주할 목적으로 외국에 거주하고 있는 자"로, '외국국적동포'는 "대한민국의 국적을 보유했던 자 또는 그 직계비속으로서 외국국적을 취득한 자 중 대통령령이 정하는 자"로 정의하고 있다. 외국국적동포는 국제법상 외국인으로서 출입국관리법상의 '재외동포 체류자격'으로 입국·체류할 수 있다. 이는 외국국적동포에게 일반 외국인과 다른 출입국과 법적 지위에서 특혜를 부여한 것이다.

이 법률에 따르면 외국국적동포는 '재외동포체류자격'으로 2년간 체류할 수 있고, 자유롭게 취업 및 기타 경제 활동을 할 수 있으며, 국내 토지를 취득, 보유, 이용 및 처분할 수 있고, 국내금융기관을 이용함에 있어서 거주자인 국민과 동등한 권리를 가지며, 90일 이상 체류할 때는 의료보험의 혜택을 받을 수 있다. 이는 '재외동포체류자격'이 외국인에게 부여할 수 있는 체류자격 및 국내에서의 법적 지위 중 가장 광범위한 혜택을 부여한 것으로 국내에서 사실상 내국인과 거의 동등한 활동을 보장받은 것이다(제성호 2001, 146~148).

그런데 재외동포법은 외국인을 한국계(한민족의 혈통보유) 외국인과 비한국계 외국인으로 구별하고, 한국계 외국인을 뚜렷한 법적 근거도 없이 재미·재일 동포와 재중·재독립국가연합 동포로 구별했다. 곧 제2조는 외국국적동포에서 중국과 독립국가연합 내의 동포를 제외하고 있다. 왜냐하면 중국과 독립국가연합 내 재외동포는 대다수가 대한민국 정부 수립 이전에 국외로 나갔기 때문에 '대한민국 국적을 보유한 적이 없었다'라고 해석될 수 있기 때문이다. 따라서 재외동포법은 재외동포 구성원을 국적에 따라 차별하는 '재외동포 차별법'이라는 비난을 받게 되었다(제성호 2001, 149). 이러한 이유로 재외동포법은 2001년 11월 헌법재판소에서 헌법불합치 판정을 받았고, 이로 인해 2004년 2월 9일 국회에서 대한민국 정부 수립 이전에 국외로 이주한 동포까지 '재외동포'에 포함하도록 개정되었다. 결국 재외동포법은 국적법에서 포용하지 못하는 재외동포들에게 다른 외국인들과 구별되는 특권을 부여했고, 더 나아가 사실상 이중국적을 허용했다. 이는 한국에서 국민정체성을 규정하는데 여전히 민족정체성이 중요한 기준이라는 것을 보여준다.

(3) 외국인 차별 완화

1990년대 후반 한국에서는 외국인의 위상을 높이는 중요한 변화가 발생했다. 그것은 그동안 외국인에 대해 배타적이었던 정책에 대한 수정이었다.

첫째, 외국인은 1997년 개정된 국적법 제6조에 따라 한국 국적을 취득하기가 상대적으로 쉬워졌다. 그런데 이 조치는 특히 국내에서 가장 큰 집단을 형성하고 있으면서 한국인과 혼인한 사람의 수가 많은 화교에게 도움이 되었다. 곧 화교와 한국인의 결혼이 대부분 화교 남성과 한국 여성의 결합이었기 때문에 완화된 규정은 화교의 한국 국적 취득을 다소 용이하게 만들었다(장수현 2001, 22).

둘째, 1998년 출입국관리법이 개정되면서 장기 체류 외국인의 법적 지위가 향상되었다. 원래 F2 비자를 받는 장기 체류 외국인은 3년마다 체류기간 연장 허가를 받게 되어 있었지만, 개정 출입국관리법은 그 기간을 5년으로 늘렸다. 이 조항 역시 한국에 장기간 거주하고 있는 화교에게 큰 도움이 되었다. 또한 '재한화교에대한특례조치'를 두어 화교가 부득이한 사정으로 국적을 상실한 경우에도 한국에 직계가족이 남아있는 사람에 대해 예외로 거주권을 회복할 수 있게 해주었다(장수현 2001, 22).

셋째, 1998년 6월 시행된 '외국인토지법'은 외국인의 토지 소유와 관련된 제한을 철폐했다. 구 법('외국인토지취득및관리에관한법률')에는 외국인이 50평 이상의 상점이나 200평 이상의 토지를 구입할 경우에는 건설부장관의 허가를 얻도록 되어 있었다(장수현 2001, 23). 비록 토지 소유 제한을 철폐한 새로운 법률이 한국에 투자하려는 외국인을 위한 것이었지만, 한국에 장기간 거주하면서도 재산 보유와 증식에 제한을 받았던 화교에게 큰 도움이 되었다.

이외에도 2002년 화교 학교의 지위를 '임의단체'에서 '각종 학교'로 승격시킴으로써 화교에 대한 차별적 제도를 개선했다(양필승 2000, 155).

결국 1990년대 후반 외국인에 대한 차별 조치의 시정은 상대적으로 화교에게 많은 도움이 되었고, 외국인에 대한 배타성이라는 한국 국민정체성의 부정적 측면을 약화시키는 계기가 되었다.

한편 국내 노동자에 비해 법과 인권의 사각지대에서 놓여있던 외국인 노동자에 대한 조치 역시 1990년대 후반부터 미약하나마 개선되기 시작했다. 먼저, 한국 정부는 1998년부터 '외국인산업기술연수제도'를 부분적으로 수정하여 '외국인 연수취업제도'를 만들었다. 이는 2년간 산업연수를 거친 사람에게 소정의 시험을 치르게 한 후, 합격하면 1년간 취업하는 방식(2002년부터는 1년 연수 후 2년간 취업)으로, 연수생도 내국인과 마찬가지로 노동관계법의 전면적 적용을 받도록 했다(이종두 2004, 39).

다음으로, 1990년대 중반 이후 빈번해진 외국인 관련 법원의 판결은 외국인 노동자에 대한 부당한 대우가 시정되도록 만들었다. 예를 들어, 한국 법원은 불법체류외국인이라는 이유로 산재보상을 해주지 않는 것이 부당하고, 불법체류 외국인에게도 퇴직금을 지급해야 한다고 판결했다. 이는 그들도 내국인과 동일한 '근로자'라는 점을 법적으로 확증함으로써, 1998년 10월 15일을 기점으로 미등록 노동자에게 근로기준법의 전 조항이 적용되는 계기가 되었다(이종두 2004, 45).

물론 이런 조치들이 법적으로나 현실적으로 외국인 노동자에 대한 차별을 완전히 해소하지는 못했으나, 외국인에 대한 배타성이라는 한국 국민정체성이 지닌 문제점을 공론화시킴으로써 그 개선 가능성을 높였다.

4. 세계화 시대 국민 정체성 변화의 요인

1997년 국적법의 전면 개정, 1999년 재외동포법의 제정, 그리고 화교를 포함한 외국인들에 대한 규제 완화 등 1990년대 후반 한국 법률의 변화는 다양한 요인에 의해 추동되었다. 그러면 이 절에서는 이러한 변화를 추동한 요인들을 살펴보자.

1) 보편적 인권 보장에 대한 시대적 요구와 시민단체의 활동

1990년대 한국의 국민정체성 관련 법률 및 제도를 변화시킨 중요한 요인으로는 첫째, 남녀불평등을 시정하려는 시대적 요구였다. 구 국적법은 위헌의 소지가 있는 각종 남녀 차별적 규정이 존재했다. 예를 들어, 출생 당시 아버지의 국적을 기준으로 자녀의 국적을 결정하는 조항과 남편을 중심으로 결혼한 여성의 국적을 결정하는 부중심의 국적결정원칙이 그것이다. 따라서 여성계는 지속하여 이의 개정을 요구했다. 또한 한국은 1980년대 이래 〈여성에 대한 모든 형태의 차별철폐에 관한 협약Convention on the Elimination of All Forms of Discrimination against Women〉(일명 〈여성차별철폐협약〉), 〈시민적·정치적 권리에 관한 국제규약International Covenant on Civil and Political Rights〉(일명 〈국제인권 B규약〉), 〈아동의 권리에 관한 협약Convention on the Rights of the Child〉(일명 〈아동권리협약〉) 등 국제인권조약에 가입했다. 그러나 구 국적법상의 남녀차별조항과 이들 국제협약에 명시된 남녀평등조항이 상충했기 때문에, 국제법의 의무 이행이라는 측면에서 국적법 조항의 개정이 필요했다(제성호 2003, 118~119).

둘째, 1987년 한국의 민주화 이후 등장한 시민단체의 활동 역시 1990년대 후반의 변화를 추동했다. 1987년 민주화 이후 한국에서 성장한 시민단체는 사회의 각계각층에 남아있던 권위주의적 잔재와 반인권 제도를 수정하기 위해 노력했다. 대표적인 것이 외국인노동자와 관련된 인권단체이다. 외국인 노동자를 위한 인권운동은 그들 관련 사회문제가 발생한 1992년경부터 종교, 인권 단체를 중심으로 시작되었고, 1993년 '외국인 노동자 피난처'가 출범하면서 이후 전문인권단체를 중심으로 전개되었다. 여러 단체는 외국인 이주노동자 권리확보와 법제도 개선을 목표로 1995년 '외국인노동자대책협의회'를 결성하고 1996년에는 '외국인 노동자 보호법 제정'을 위한 서명운동 등의 활동을 전개했다. 이러한 시민단체의 지속적인 노력은 정부의 정책 수립에 일정한 영향을 주어 관계 법률과 정책의 수정을 가져왔다(이종두 2004, 44). 이외에도 여성 단체는 가부장적이고 성차별적인 법률의 개정을, 재외동포관련 단체도 차별 대우를 당하고 있는 해외동포에 대한 대책을 요구했다.

결국 시민단체들의 노력은 세계화의 흐름과 맞물리면서 한국에서 국민 정체성 관련 법률과 정책의 변화를 가져왔다.

2) 재외동포의 대량 이주

1990년대 후반 재외동포 관련 법률 제정을 가져온 주요 요인은 1980년대 말 이래 증가한 재외동포의 한국 이주였다. 한국은 1990년 소련과 1992년 중국, 카자흐스탄, 우즈베키스탄과 외교 관계를 맺었는데, 이는 중국의 조선족과 독립국가연합의 고려인이 남한과 끊어진 유대를 재건하여 1990년대 남한으로 이주하는 계기가 되었다. 특히 많은 조선족이 한국의 노동시장으로 유입되었던 데는 한국 정부와 기업이 중요한 역할을 했다. 정부는 외국인력 수입 논의가 나올 때마다 '한국계 외국인'을 우선하여 배려할 것을 천명했고, 기업들 역시 언어와 문화 차이에서 비롯되는 비효율을 피하려고 재외동포를 원했다. 이에 따라 1990년대 중국의 조선족 사회에는 '뜨거운 한국바람韓國熱風'이 불었고, 많은 조선족이 취업을 위해 한국으로 가기를 원했다. 그 결과 입국규제에도 불구하고 조선족 취업희망자는 산업기술연수생과 같은 합법적 방법뿐 아니라 위장 결혼이나 밀항 등 불법적 방법으로 한국 입국을 시도했다(설동훈 1999).

그런데 그들을 대하는 한국 정부의 인식은 '동포'에서 '외국인'으로, '친척방문자'에서 '불법체류자'로 바뀌었다. 정부는 1987~1992년에 그들이 '동포'라는 점을 고려하여 입국과 체류에 여러 가지 특혜를 제공했으나, 대부분이 미등록 노동자로 잔류하자 여느 외국인노동자와 마찬가지로 입국규제와 단속을 강화했다(설동훈 1999).

외국인 노동자와 같이 대우하는 한국 정부의 태도에 대해 조선족은 배신감을 넘어서 분노를 표출했다. 그들은 자신이 대한민국 정부 수립 이전 여러 가지 이유로 해외로 이주한 조선인의 후예이기 때문에, 한국인과 같은 대우는 아니더라도 외국인 노동자와는 다른 대우를 받아야 한다고 주장했다. 이들의 불만은 한국 내에서 설득력을 얻었고, 1990년대 중반이 되면 조선족을 비롯한 재외동포에 대한 법률이 제정되어야 한다는 여론이 형성되었다. 결국 정부는 이러한 여론을 받아들여 1998년 '출입국관리법'과 '출입국관리시행령' 및 '출입국관리법시행규칙'을 개정하면서 재외동포 체류 자격(F-4)을 신설했다.

한편 1990년대로 들어서면서 해외에 거주하는 외국 국적의 재외동포(특히 재미교포)의 '역이민'도 증가했다. 그런데 그들은 한국 정부가 외국 국적의 재외동포를 외국인과 동일시하고 자신들에게 특별한 대우를 해주지 않는 것에 대해 불만을 제기했고, 동시에 자신의 이중 국적 보유를 용인해 달라고 요구했다. 김영삼 정부는 그들의 요구를 받아들여 세계화추진위원회를 통해 '이중국적 허용' 논의를 공론화했다. 그러나 김영삼 정부는 이중국적 허용이 초래하는 부작용, 특히 관계국과의 속인적屬人的 관할권 충돌에 따른 마찰을 우려하여 이중국적을 허용하지는 않는 대신, 세계화 시대에 발맞추어 그들에게 출입국과 체류 및 모국에서의 활동 제약을 완화해 주기로 했다. 이에 따라 1998년 법무부는 '재외동포의법적지위에관한특례법안'을 마련했는데, 이는 재외동포와 내국인의 차별을 거의 없앰으로써 사실상 이중국적을 허용하는 안이었다.

그러나 이 법률은 재중동포의 대량 유입을 초래할 것이라는 여론의 비판과 함께, 조선족의 이중국적 가능성을 우려한 중국 정부의 반대에 직면했다. 따라서 1998년 12월 정부는 '재외동포의출입국과법적지위에관한법률'을 마련했고, 이는 1999년 9월 2일 국회를 통과했다. 그러나 이 법률은 재미·재일 동포와 재중·재독립국가연합 동포를 차별했기 때문에, 2001년 헌법재판소의 헌법불일치 판정을 받았고, 이로 인해 2004년 2월 9일 국회에서 대한민국 정부 수립 이전에 국외로 이주한 동포까지 '재외동포'에 포함하도록 개정되었다.

결국 1990년대 후반 국민정체성의 범주를 변경시킨 출입국 관리법의 개정과 재외동포법의 제정은 1990년대 구 사회주의권 재외동포의 대량 이주와 재외동포의 역ᵖ 이주라는 '이주의 세계화'의 영향이었다.

3) 외국인 노동자의 대량 유입

1990년대 한국의 국민정체성 관련 법률 및 정책을 변화시킨 또 다른 요인은 1980년대 후반 이후 외국인 노동자의 대량 유입이다. 당시 외국인 노동자들이 대량 유입될 수 있었던 데에는 한국 경제가 구조 전환 중이었다는 점이 결정적으로 작용했다.

한국은 1960년대 이래 국가의 지원과 보호 아래 고도성장을 지속했고 1990년대 초가 되면 경제 규모 세계 10위가 될 정도로 성장했다. 그 결과 1980년대 후반 한국 경제의 주력은 '굴뚝 없는' 첨단 산업으로 전환됐지만, 노동력이 필요한 산업도 여전히 존재했다. 건설업, 광업, 농수산업과 같이 소비시장과 떨어질 수 없는 산업, 청소나 운전 같은 서비스업, 인쇄업 등 즉각적인 대응이 필요한 산업, 그리고 철강, 금속, 기계제조업과 같이 다른 산업과의 하청을 통한 연관 효과가 필수적인 산업이었다. 그러나 한국인은 이러한 '3D 업종'에 취업하기를 꺼렸기 때문에, 이런 기업의 인력난이 심각해졌다. 따라서 외국인 노동자의 유입은 한국의 생산직과 중소기업의 인력난 해소에 결정적인 도움이 되었고, 이러한 이유로 한국 정부도 합법적인 산업기술연수생 제도를 통해 외국인 노동자를 유치했다.

그러나 전술했듯이 정부의 정책과 기업의 고용 조건은 외국인 노동자를 내국인 노동자와 차별했을 뿐 아니라 기본 인권도 보장하지 않는 것이었다. 따라서 외국인 노동자 차별 정책은 여론의 질책과 종교 및 시민사회단체의 시정 요구의 대상이 되었고, 그 결과 1990년대 후반이 되면 외국인 노동자에 대한 정부와 기업의 차별 정책과 태도가 시정되기 시작했다.

한편 미등록 외국인 노동자의 장기 거주가 늘어나면서 남성 노동자와 한국 여성 간의 결합이 증가했고, 그들 자녀의 국적 문제도 사회문제로 대두했다. 곧 한국 여성과 결혼한 외국인 노동자와 그 자녀의 한국 국적 취득이 힘든 현실은 한국 국적법의 성차별성과 배타성을 부각하는 계기가 되었다. 구 국적법에 따르면 한국 여성과 결혼한 외국인 노동자뿐 아니라 그들 사이에서 태어난 자녀도 사실상 한국 국적을 취득하기 불가능했다. 이는 그 자녀가 한국에 거주하면서 한국인 어머니 밑에서 자라고 한국말을 할 줄 앎에도 불구하고, 양육과 의무교육에서 한국인과 같은 지원을 받지 못한다는 것을 의미한다.

결국 1990년대에 시작된 이주의 세계화는 내외국인의 출입국과 섭외涉外혼인의 증가 및 이에 따른 국적취득 또는 변경에 대한 요구를 증가시켰고, 특히 국적 취득 및 변경과 관련된 절차의 합리적 조정을 요구했다. 그래서 1997년 한국 정부는 국적법을 전면 개정했다. 물론 1997년 국적법의 개정에는 성차별 해소를 지향하는 사회적 분위기, 여성 단체의 노력, 그리고 국제법에 대한 의무가 큰 영향을 미쳤지만, 기존의 한국 국민정체성의 범주 외부에 존재하던 외국인 노동자의 존재도 큰 영향을 미쳤다.

4) 경제위기에 따른 외자 유치의 필요

1990년대 한국 사회에서 외국인에 대한 차별 정책을 완화하게 된 데는

1997년 경제위기에 따른 외자 유치의 필요성이 큰 역할을 했다. 1997년 경제위기로 인해 IMF 관리체제를 맞이하자, 한국 정부는 외국 자본을 쉽게 유치하기 위해 국내의 외국인 정책을 검토하는 과정에서 화교 문제가 등장했다.

화교에 관한 관심은 실용적 측면과 정치적 측면에서 동시에 제기되었는데, 실제로는 경제적 요구라는 실용적 측면이 주가 되었다. 먼저, 세계화의 흐름 속에서 화교에 관한 관심과 우호적인 분위기가 일어난 것은 1992년 한중수교가 계기였고, 1997년 경제위기로 인해 외국 자본 유치의 필요성이 절박해지면 실용적인 관심으로 확대되었다. 곧 외국 자본 유치 필요성은 동남아 지역의 화교 자본을 연결해줄 수 있는 국내 화교에 관한 관심을 증대시켰다.

다음으로, 1990년대 중반 이후 시행된 한국의 지방자치제도는 지역경제의 발전을 위한 방법을 고민하게 했고, 인천, 제주, 부산 등의 지자체들은 지리적으로 인접한 중국의 거대 인구를 끌어들이기 위한 관광자원으로서 차이나타운 건설을 고려하면서 화교에 관심을 두게 되었다.

이렇게 1990년대 한국에서 고조된 화교에 관한 관심은 다른 한편으로 보편적 인권에 관한 관심 증대와 더불어 화교 차별 정책에 대한 반성을 촉발했다. 그동안 한국인은 재일동포에 대한 일본의 차별 정책을 비판했지만, 화교를 차별한 것에 대해서는 제대로 바라보지 않았다. 보편적 인권에 관한 관심 증대는 '제대로 된' 차이나타운이 한 곳도 없는 한국의 현실을 되돌아보게 했다. 따라서 세계화 시대에 맞게 이제는 뒤떨어진 외국인 정책을 수정하여야 한다는 여론이 등장했고, 이는 외국인을 차별하는 정책이 완화되는데 중요한 역할을 했다.

비록 1990년대 이후 화교에 대한 차별 완화가 화교 자본의 유치를 통해 외환위기를 극복하고, 개방사회를 상징적으로 과시함으로써 외자 유치 전반에 촉매제를 마련하자는 매우 실리적인 계산에 따른 것이었지만 (양필승 2000), 1990년대 등장한 한국 민족주의의 배타성에 대한 반성 역시 중요한 역할을 했다.

5. 나가며

이상에서 1990년대 이후부터 2000년대 초반까지 한국의 국민정체성과 관련된 법률 및 정책의 변화와 그 요인을 고찰했다. 1990년대 후반 국민정체성 관련 법률과 정책의 변화는 국적법 전면 개정, 재외동포법의 제정, 그리고 외국인에 대한 차별 완화 조치이다. 그 변화는 대부분 세계화, 곧 외국인 노동자의 대량 유입과 재외동포의 대량 이주, IMF 이후 화교 자본 유치의 필요성에 따른 결과였다. 여기에 보편적 인권 보장에 대한 시대적 요구와 시민단체의 활동, 그리고 재외동포법과 관련하여 중국 정부의 반대를 고려한 외교적 선택도 중요한 역할을 했다.

1990년대 후반 국민정체성의 변화와 관련하여 주목할 점은 한국에서 국민정체성을 결정하는 법적 범주에서 혈연·문화의 동질성을 의미하는 민족정체성이 여전히 중요한 원칙으로 작용하고 있지만, 점차 영향력이 약화되고 있다는 점이다. 곧 1990년대 세계화를 비롯한 여러 요인의 영향으로 국민정체성의 법적 범주 결정에서 민족정체성의 영향력이 약화되었다. 대표적으로 1997년 개정된 국적법은 한민족과 다른 혈통과 문화를 지닌 타민족에게 이전보다 한국 국적 취득을 쉽게 만들었다. 다만 예외적으로 혈통·문화를 공유하는 재외동포에게 내국인과 유사한 법적 지위를 부여한 재외동포법은 일견 민족정체성의 규정력이 강화된 것으로 보인다. 그러나 중국 정부의 반대로 조선족이 재외동포의 범주에서 제외되었다는 사실은 역으로 민족정체성의 규정력이 지닌 한계를 보여준다.

결국 한국인들의 일반 상식과 달리 한국의 국민정체성은 고정된 것이 아니라 다양한 요인들에 의해 변화하는 것이며, 민족정체성 이외의 다른 요인들에 의해서도 상당히 영향을 받는 것임을 보여준다.

참고 문헌

고부응. 2002. 《초민족 시대의 민족정체성》. 서울: 문학과지성사.

김경득. 2003. 〈재일조선인이 본 '재외동포법과 향후의 과제〉. 《한일민족문제연구》 제5권.

김병조. 2002. 〈세계화시대의 국민정체성 비교연구〉. 《정신문화연구》 제25권 제2호.

박노자. 2001. 《당신들의 대한민국》. 서울: 한겨레신문사.

박은경. 1986. 《한국 화교의 종족성》. 서울: 한국연구원.

_____. 1996. 〈화교가 발 붙이지 못한 땅〉. 또하나의문화통일소모임 저. 《통일된 땅에서 더불어 사는 연습》. 서울: 또하
나의문화.

박경태. 1999. 〈한국사회의 인종차별: 외국인 노동자, 화교, 혼혈인〉. 《역사비평》 48호.

석동현. 1998. 〈국적법의 헌법적 문제점에 관한 연구: 구 국적법(97.12.13 전문개정 전)을 중심으로〉. 서울대학교 대학원
법학과 박사 학위 논문.

설동훈. 1999. 《외국인노동자와 한국사회》. 서울: 서울대학교 출판부.

설동훈·정태석. 2002. 〈새로운 세대의 등장과 민족정체성의 변화〉. 《계간 사상》 가을호.

신광영. 2003. 〈세계화, 계급이해와 민족정체성〉. 한국정신문화연구원 저. 《한국의 문화변동과 문화적 정체성》. 성남: 한
국정신문화연구원.

양필승. 2000. 〈한국 화교의 어제, 오늘 및 내일〉. 《국제인권법》 제3호.

이종두. 2004. 〈외국인 노동자정책 변화와 시민단체 역할〉. 《민족연구》 제12호.

이종훈. 2003. 〈재외동포법의 개정 문제〉. 《한일민족문제연구》 제3호.

이진영. 2002. 〈한국의 재외동포정책: 재외동포법 개정의 쟁점과 대안〉. 《한국과 국제정치》 제18권 제4호.

장수현. 2001. 〈한국 화교의 사회적 위상과 문화적 정체성〉. 《국제인권법》 제4호.

전우용. 2003. 〈한국 근대의 화교 문제〉. 《한국사학보》 15호.

제성호. 2001. 〈한국 국적법의 문제점 및 개선방안〉. 《국제인권법》 제4호.

최계수. 2004. 〈재외동포법과 재중한인의 법적 지위〉. 《한국근현대사연구》 29집.

최현. 2003. 〈대한민국과 중화인민공화국의 국민 정체성과 시민권 제도〉. 《한국사회학》 제37집 4호.

탁석산. 2000. 《한국의 정체성》. 서울: 책세상.

한도현. 2003. 〈민족주의와 이중국적의 불안한 동거〉. 한국정신문화연구원 저. 《한국의 문화변동과 문화적 정체성》. 성
남: 한국정신문화연구원.

헬드, 데이비드 외 저. 조효제 역. 2002. 《전지구적 변환》. 서울: 창작과비평사.

홍윤기. 2001. 〈지구화 조건 안에서 본 문화정체성과 주체성〉. 사회와 철학연구회 저. 《세계화와 자아 정체성》. 서울: 이
학사.

홍은화. 1995. 〈한국인의 정체성 연구: 민족정체성에 대한 태도를 중심으로〉. 고려대학교 대학원 사회학과 박사 학위 논문.

Anderson, Benedict. 1992. *Imagined Communities: Reflections on the Origin and Spread of Nationalism*. (2nd ed).
London: Verso.

Brubaker, Roger. 1992. *Citizenship and Nationhood in France and Germany*. Cambridge: Harvard Univ. Press.

Hyun, Choi. 2003. "Natonal Identity and Citizenship in China and Korea." Doctors of Philosophy in Sociology.
Irvine: Univ. of California.

6장

남북한 민족주의 비교 연구
'역사의 이용'을 중심으로

1. 들어가는 말

20세기 초 근대 국민국가의 형성에 실패했던 한민족은 해방으로 인해 다시 기회를 잡았다. 그러나 미소의 분단 점령과 이어진 분단 정부의 수립은 통일된 국민국가의 건설이라는 한민족의 기대를 무산시켰다. 더욱이 한국전쟁과 그 후 진행된 분단의 고착화는 한반도에 적대적 이념에 기초한 두 개의 국민국가 체제를 가져왔다. 이로써 두 번 주어졌던 통일된 한민족의 국가건설은 실패하고 말았다.

그런데 적대적 이념에 기초한 분단국가의 수립 및 한국전쟁의 경험은 한민족의 민족주의에 독특한 성격을 부여했다. 물론 한민족의 민족주의는 식민 지배를 경험했던 다른 피식민지와 마찬가지로 제국주의에 반대하는 저항적 성격을 지니고 있다. 그러나 한반도가 미국과 소련에 의해 분단되면서 한민족의 민족주의는 각각 적대적인 좌우 이념과 결합했고, 이는 한쪽만이라도 먼저 국가를 건설하겠다는 '분리주의적' 성격 및 한쪽을 무력으로라도 흡수 통일하겠다는 '공격적/배타적' 성격을 갖도록 만들었다. 물론 당시에도 '반일', '반미', '반소', '반제'라는 '저항적' 성격과 이념보다는 통일을 선결과제로 생각하는 '통합적' 성격이 존재하기는 했지만, 이는 현실에서 부차적 영향력을 가질 뿐이었다.

특히 남북이 통일보다 개별 국가의 안정과 발전을 추구하면서, 그리고 냉전체제가 분단을 고착화하면서 한민족 민족주의의 배타적, 공격적, 분리주의적 성격은 더 강화되었다. 남북은 각자의 국민 또는 공민에게 자국에 대해서는 충성심을, 상대편에 대해서는 적개심을 갖도록 요구했다. 이로 인해 한반도의 민족주의는 한민족의 단일 국가를 지향하는 흐름과 좌우 이념에 기초하여 분단국가의 유지를 고수하는 흐름이 공존하게 됐다.

그런데 한민족의 비극은 이러한 두 흐름이 공존하기 힘들다는 데 있다. 분단국가는 모두 자신만이 한민족의 정통성을 배타적으로 대표하며, 자신이 주도하는 통일만이 '진정한' 통일이라고 주장했다. 이는 현실적으로 분리주의적 성격을 띠면서도 언술로는 통합적 성격을 지향하는 분단국가 민족주의의 '이중성'을 잘 보여준다. 이에 따라 한민족은 '한민족 전체를 향한 충성심'(종족적 민족주의)과 '분단국가를 향한 충성심'(정치적 민족주의)이라는 정체성identity의 '균열' 상태에 놓이게 되었다. 이는 하나의 민족이 두 개의 국가로 분단된 한반도의 민족주의가 지닌 '종족적ethnic' 측면과 '정치적political' 측면의 모순적 결합을 반영하는 현상이다(Shin et al 1999).

남북을 막론하고 한반도 주민 대부분은 자신이 거주하는 지역의 국가가 한민족의 정통성을 보유하고 있다고 생각한다. 곧 남북의 주민은 현실에서 정치적 정체성과 종족적 정체성이 일치하지 않음에도 불구하고, 양자가 동일하다고 생각한다. 남과의 주민이 이렇게 인식하게 된 이유는 분단국가가 민족주의 담론을 통해 지속하여 자신의 정치적 정체성이 종족적 정체성을 배타적으로 대표한다는 담론을 생산·유포했기 때문이다. 기존에 존재했던 종족적 정체성은 남북에서 좌우 이념과 결합하면서 상이한 정치적 정체성을 형성했다. 특히 좌우 이념에 기초한 분단국가의 민족주의는 한국전쟁을 거치면서 내부로부터 이견을 허용하지 않는 '신성한' 영역이 되었다.

남북의 분단국가는 분단체제의 성립 이후 자신의 정치적 정체성을 정당화시키기 위해, 자신의 이념이 그어놓은 한계 내에서 민족주의 담론을 생산·유포했다. 그중에서도 특히 역사에 대한 해석은 민족주의 담론의 매우 중요한 전파 기제였다. 역사는 단순히 과거의 사실만을 기록한 것이 아니라 현재의 가치에 따라 새롭게 재해석이 가능한 것이다. 따라서 남북의 국가들은 자신이 민족정통성의 적자嫡子임을 증명하기 위해 끊임없이 역사를 재해석·재평가했다.

그런데 역사의 이용과 관련하여 남북 간에는 일정한 유사성과 차별성이 동시에 존재한다. 북의 경우 국가가 공식적으로 역사의 해석을 독점하는 반면, 남은 주로 학계의 자율에 맡긴다는 점에서 양자는 약간의 차별성을 보여준다. 그러나 남의 경우에도 학생의 의식형성에 큰 영향을 미치는 국사교과서는 상당 기간 국정으로 발행되었고, 전통문화정책을 통해 자신의 의도를 국민에게 의식적으로 전파했다는 점에서 북과의 유사성도 존재했다.[1]

이 장은 역사의 이용과 관련하여 남북의 차별성보다는 유사성에 주목하여 그들이 자신을 민족정통성의 적자로 자리매김하기 위해, 곧 자신의 정치적 정체성이 한민족이라는 종족적 정체성을 대표한다는 것을 입증하

---

1 남한의 국사 교과서는 2012년까지 교육부가 연구 기관이나 대학에 위탁해 편찬한 1종 도서라 불리는 국정 교과서를 사용했다.

기 위해 역사를 어떻게 이용했는지를 고찰한다. 이를 위해 제2절은 민족주의와 역사의 관계를 다룬 이론적 논의를 살펴보고, 3절과 4절에서는 남과 북에서 국가가 어떻게 역사를 동원했는지를 역사학/역사교과서와 역사적 인물의 재발견을 중심으로 살펴보며, 5절에서는 민족주의 연구에서 이 연구가 지닌 의미를 고찰한다.

2. 이론적 논의

1980년대 이후 여러 분야의 연구자가 민족주의와 역사의 관계에 관해 관심을 두기 시작했다. 이 과정에서 몇몇 연구자는 역사나 과거가 현재의 정치·사회적 필요에 따라 '발명invention' 또는 날조되었다는 사실을 밝혔고, 이를 통해 민족주의가 근대에 등장했다는 점을 강조했다. 홉스봄으로, 우리가 오랜 역사를 지녔다고 믿는 전통tradition이 "사실상 그리 오래된 것이 아니라 최근에 새롭게 발명"되었음을 구체적인 사례를 통해 실증했다(Hobsbawm & Ranger 1984, 1).

반면 스미스Smith는 홉스봄의 주장을 반박하면서 종족적ethnic 과거에 대한 향수가 단순히 현재의 필요에 맞게 디자인된 발명은 아니라고 주장한다. 그는 민족주의자에 의해 이용되는 과거는 '재발견rediscovery'된 선택적 기억이고 추론적으로 '재건reconstruction'된 사례라고 주장한다. 이를 통해 그가 주장하는 것은 민족이 근대에 등장한 것이 아니라 전근대에 뿌리를 둔 것이라고 점이다.

한편 스미스는 전통과 구원종교가 쇠퇴한 근대에 종족적 과거에 대한 향수가 확산되고, 사람의 마음을 장악하는 이유를 탐구했다. 그에 따르면 민족주의는 개인을 '역사와 운명의 공동체인 민족'에 연결시킴으로써 개인과 그의 업적을 망각으로부터 구원한다. 곧 민족주의는 불멸성을 가져다"주고(Smith 1986, 175), "영광스런 과거와 그 역사주의historicism로의 복귀를 통해 우리 자신을 평범하고 애매한 현재의 찌꺼기로부터 정화시키며, …… 공동체의 순수한 운명으로 돌아갈 수 있도록 해준다"(Smith 1986, 182~183). 또한 "민족을 창조하는 것은 반복적인 행위이다. 그것은 주기적으로 재생renew되어야 하며, 끊임없이 재해석reinterpretation되고 재발견rediscovery되며 재구성reconstruction된다."(Smith 1986, 206). 따라서 "근대적인 족ethnie 또는 민족은 그들의 성인, 현인, 영웅과 함께 '황금시대golden age'를 통해, 그리고 과거 공동체의 유명한 영웅heroes의 덕을 칭송함으로써 과거를 '재발견' 또는 '재건'하려 했다"(Smith 1986, 191~197).

결국 스미스는 인간 존재의 유한성이 개인을 민족과 동일시하게 했고, 민족주의는 과거의 황금시대나 영웅을 통해 민족을 재구성한다고 주장한다. 이는 민족주의에서 역사의 역할이 황금시대와 영웅의 재발견을 통해 민족정체성을 강화하는 것이라는 사실을 보여준다.

그런데 민족주의와 역사에 대한 스미스의 설명은 유럽의 사례 뿐 아니라 다른 지역의 사례를 이해하는 데 유용하다. 그가 지적하듯이 '역사 드라마historical drama', '황금시대', '영웅의 신격화', 그리고 '구토회복주의irredentism' 등 민족주의적 논리는 19세기 말 유럽 뿐 아니라 최근 비유럽의 많은 국민국가에서 자주 등장한다.

그러나 스미스의 논의는 여러 국민국가들이 과거를 '재구성'하는 현상에 대한 일반적 사례를 제공할 뿐 그 이면에 놓인 구체적인 정치, 사회적 관계에 대해서는 설명하지 않았다. 곧 특정 국가가 역사를 '선택적selective'으로 이용하는 구체적인 이유를 탐구하지는 않았다. 이런 측면에서 남북에서 역사의 이용을 다루는 이 장은 스미스의 설명이 지닌 한계를 보완할 수 있을 것이다. 곧 이 장은 남북의 국가가 자신의 민족정통성을 입증하기 위해 역사를 이용하고 영웅을 동원했다는 사실을 보여줌으로써, 역사와 민족주의의 관계에 대한 연구의 지평을 확대할 수 있을 것이다.

3. 남한의 민족주의와 역사의 이용

남한에서 민족주의는 국가의 공식 이념은 아니었지만, 담론의 수준에서는 초기부터 국가에 의해 동원되었다. 이 과정에서 개별 정권은 자신의 민족정통성을 부각시키기 위해 역사를 이용했다. 여기서는 가장 긴 기간 통치했던 박정희 정권이 어떻게 역사를 이용했는지를 살펴본다.

1) 국사 교과서

남한에서 역사는 북한과 달리 국가에 의해 독점적으로 해석되거나 생산되지 않는다. 따라서 남한의 역사학은 정권의 공식official 이념을 직접적으로 반영하지 않았고, 때로는 정권에 반反하는 이념을 반영하기도 했다. 그러나 남한에서도 민주화 이전까지는 어린 학생의 역사의식 형성에 가장 큰 영향을 미치는 역사교과서는 국가에 의해 통제되었다. 어느 나라이건 역사교과서는 그를 통해 민족적 자긍심과 애국심을 불러일으키려는 목표를 지니고 있다. 이는 세계적으로 일반적인 현상이지만, 남한처럼 역사교과서를 국사國史, National History로 지칭하거나, (권위주의 시기에 한정되지만) 국정교과서를 채택하는 경우는 많지 않다. 따라서 국사교과서로 논의를 한정한다면 권위주의 시기에는 남한도 북한과 마찬가지로 국가가 역사를 독점적으로 해석했다.

그런데 1960년대 민족주의 사관의 등장 이전까지 국가는 국사교과서를 적극적으로 이용하지는 않았다. 이는 1950년대가 교육제도가 형성되던 과도기였을 뿐 아니라 역사학계의 연구도 식민사관을 극복할 정도로 충분히 진전되지 못했기 때문이었다.[2] 사실 박정희 정권 초기에도 국가의 이념이 역사에 본격적으로 반영되지 않았다. 다만 박 정권은 군사쿠데타의 가장 중요한 명분으로 반공을 제시했던 만큼, 제2차 교육과정에 반공·도덕 교육을 강조하고 교과서에 5·16의 정당성과 혁명과업을 선전하는 내용을 추가했다.

남한에서 국가의 이념이 본격적으로 국사교과서에 투영된 것은 1969년 교육과정의 부분적 개정 때부터였다. 박정희 정권은 1968년 1월 21일 북한 게릴라의 청와대 기습사건과 울진·삼척지역의 무장 게릴라 침투 사건으로 비롯된 남북 간의 갈등 고조, 닉슨 행정부의 미군철수 주장, 그리고 3선 개헌을 정당화하기 위한 경제개발 강조 등을 계기로 1968년 '국민교육헌장'을 제정하고 국사교과서를 개정했다. 당시 국사교과서에 변경 또는 첨가된 내용은 "신라는 자신의 안정을 꾀하고 민족통일을 실현시키고자 당을 실력으로 축출하게 되었다"(이병도 1968, 57)라는 신라 삼국통일의 자주성을 부각시키는 서술과 고려에 대한 원의 '지배'라는 표현 대신 원의 '간섭' 또는 '압력'으로 바꾼 서술, 그리고 삼별초의 대몽항쟁에 대한 서술 등이다. 이런 내용은 민족사의 자주성을 부각시키려는 의도를 지닌 것이었는데, 당시 박정희 정권이 '경제자립', '민족중흥', '조국근대화' 등 민족주의 담론을 내세웠던 것을 고려한다면, 자신의 정책과 민족사의 자주성을 연결시키려 한 것으로 보인다.

---

2 이승만 정권도 민족 자존심의 회복, 곧 자주적인 민족의식을 되찾고자 하는 시대적 분위기를 반영해 국사 교과서에 고대사의 비중을 증가시키고 외침(外侵)을 극복한 민족 역량을 강조했지만, 당시까지는 식민 사관을 벗어나지 못했다.

또한 박정희 정권은 현대사 서술에서 자신이 민족사의 정통성을 이어받았다는 인식을 학생에게 전달하려 했다. 박정희 정권은 국사교과서에서 '5·16군사혁명'을 '5·16혁명'[3]으로 바꾸고, 베트남 파병, 경제개발 5개년 계획 등 당대의 정책을 새로 삽입하여 자신의 정책이 민족사의 연속선상에 존재하고 있는 것으로 보이도록 했다.

한편 박정희 정권은 1972년 유신체제를 선포한 후 '국적있는 교육'이라는 구호를 내걸고, "올바른 민족사관과 우리의 민족사적 정통성을 확고히 정립 체득하고 그 위에 투철한 국가관과 자주성을 확립"하겠다는 목적을 내세웠다. 이어 1973년에는 "주체적 민족사관의 정립을 위한 국사교육의 강화, 민족의 전통과 문화적 유산의 올바른 계승, 우리의 민족사적 정통성 고취, 새 한국인상의 형성으로 확고한 국가관 정립, 한국 민주주의의 토착화" 등을 시정 목표로 제시하고, 교육과정을 개편했다(문교부 1988, 352~353).

이에 따라 박정희 정권은 국사교육을 강화하기 위해 1973년 초 '국사교육강화위원회'를 발족시키고 국사 교육과정의 구조를 개편했다. 그에 따르면, 국사는 대학입시 예비고사에서 30점을 배정받고, 초·중·고 교육과정에서는 사회과로부터 분리되며, 대학에서는 교양필수과목이 되었다. 또한 대학에서는 3~4 단위, 인문·실업고교에서는 6단위 필수, 중학교에서는 4단위(2학년 2학기와 3학년 1학기)를 배정받았다.

그런데 이에 따라 개편된 국사교과서는 역사의 이용과 관련하여 몇 가지 특이할만한 기술을 보여주었다. 첫째, 박정희 정권이 군사쿠데타를 통

---

3 "박정희 장군을 중심으로 하는 군사혁명이 일어나서, 혼란한 사회를 수습하고, 정치의 쇄신, 경제의 발전 등 모든 분야의 터전을 닦고자 노력했다. 이것이 이른바 5·16혁명이다"(이병도 1968, 250).

해 집권한 것을 정당화하기 위해 한국사에서 무武와 관련된 사건을 비중 있게 다루었다. 예를 들어, 고려시대의 '무신의 난'을 문관의 차별에 의한 무인들의 정당한 행동으로 미화하여 서술했으며, 1968년 교과서에 비해 훨씬 자세히 서술되었고 양도 늘어났다.

사회가 안정됨에 따라 무신의 위치가 차차 격하되었다. 전시과의 토지 분배에 있어서도 무신은 문신보다 낮았고, 무인들이 출세하는 하나의 길이었던 관학 7재 가운데 있는 무학재를 폐지하여 버렸다. 그리고 무신들은 영업전, 군인전 을 문신들에게 빼앗기고 있었다. …… 한편 문신들은 왕을 호위하는 무신들에 게 항상 멸시와 조롱을 퍼부어, 그들의 반감을 더하게 했다. (문교부 1987, 83)

또한 임진왜란의 서술에 대해서도 난亂의 다양한 원인이 제시되지 않고 마치 "사화와 당쟁으로 민생이 피폐되고 국방이 약화"되었기 때문에 일어 난 것으로 이해하게 서술되었다. 이는 자신을 국가를 구한 무신武臣으로, 자신이 전복시킨 민주당 정권과 자신을 반대하는 야당정치인을 나라를 혼란에 빠뜨린 문신文臣으로 비유한 서술이었다. 더욱이 이 교과서는 을지 문덕, 강감찬, 삼별초의 배중손, 이순신 등 한국사에서 외침外侵을 극복한 대표적인 무신을 부각시켰는데, 이는 당시 박정희 정권이 강조하던 '자주 국방', '총력안보' 등 군사주의 담론을 역사를 통해 정당화하려는 의도를 담은 것으로 보인다.

둘째, 박정희 정권은 현대사 서술에서 자신의 정권 장악과 집권을 '민족 중흥'과 '조국근대화'라는 민족주의 담론으로 정당화했다. 교과서는 1960 년 4월 혁명을 '4월 학생 의거'로 지칭하면서 단 2줄로 기술한 데 비해, '5 월 혁명'은 "대한민국을 공산주의자들의 침략 위협으로부터 구출하고 국 민을 부정부패와 불안에서 해방시켜 올바른 민주주의 국가를 건설하기 위해" 감행했다고 12줄로 기술했다. 그 이후는 '대한민국의 발전'이란 제목 아래 '경제성장', '새마을 운동', '10월 유신'의 소제목을 달아 2쪽에 걸쳐 기술했다. 게다가 그 내용은 모두 찬양일변도로 기술되었다.

제3공화국은 조국의 근대화와 경제 발전에 역점을 두어 제1, 2차 경제개발 5개년계획을 성공적으로 추진하고 …… 적극적 외교를 펴 자유당 정부 이래 현안이던 한일문제를 타결했으며 …… 1964년 공산주의 침략에 허덕이던 자유 베트남에 국군을 파견하여 …… 자유 수호를 위한 빛나는 전과를 올려 국위를 선양하고 돌아왔다. …… 정부는 1972년 10월 급변하는 국제정세에 대처하고 민족중흥의 역사적 사명을 달성하고자 헌법을 개정하고 10월 유신을 단행했다. …… 자주국방력과 자립경제력을 배양하고, 범람하는 외래문화를 가려 섭취하면서 민족문화의 계승 발전을 통하여 남북의 동질성을 회복하고 국민생활의 과학화를 추진하여 민족의 중흥을 기약하여야 하겠다. (이병도 1968, 230~231)

셋째, 박정희 정권은 "제5장 현대사회" 1절의 제목을 "대한민국의 정통성"으로 기술했다. 이는 1960년대 중반 이후 정치·군사·외교·경제적으로 격렬하게 대립했던 남북 간의 상황을 반영한 것이다. 곧 당시는 남한이 북한을 확실하게 압도하지 못했기 때문에 제목에서라도 대한민국의 정통성을 강조하려 했던 것이다. 이는 남북 간의 격차가 현격하게 벌어졌던 1990년에 발간된 국사교과서에서는 삭제되었다.

결국 박정희 정권은 국사교육의 강화를 통해 어린 학생에게 자신이 한국사의 정통성을 계승하는, 곧 민족정통성을 지닌 정권이라는 사고를 전달함으로써 5.16 군사쿠데타와 유신체제를 정당화하려 했다.

2) 역사적 인물의 재발견

남한에서 국가가 역사를 이용한 또 다른 대표적인 사례는 박정희 정권에 의한 세종대왕과 이순신의 신격화였다. 박정희 정권은 1960년대 중반부터 민족문화의 우수성을 강조하기 위해 전통문화정책을 추진했다. 그런데 이 과정에서 박정희 정권은 다른 어떤 역사적 인물보다도 세종대왕과 이순신을 부각시켰다.[4]

박정희 정권의 전통문화정책은 1970년대부터 '호국문화유산의 복원과 정화' 및 민족사상民族思想의 선현을 강조하는 방향으로 전환되었다. 또한 단순히 과거의 유적을 보수하는 것을 넘어 새로운 건물을 짓고 기념비를 세우며 주변 환경을 정화하는 등 새로운 유적지를 조성했다. 이에 따라 이순신 관련 유적, 금산의 7백 의총 등 임진왜란 관련 유적, 고려궁지, 강화성, 광성보, 신미양요순국무명용사비 등 강화도의 유적, 유관순, 윤봉길 의사 등 항일독립운동 관련 의사의 사당 건립, 서울성곽을 포함한 전국의 주요 성곽 보수 등 전국의 주요한 호국국방유적은 거의 모두 이 시기에 보수·복원·정화되었다. 또한 세종대왕릉, 강릉 오죽헌, 추사 김정희의 고택 등 선현의 유적도 보수 또는 복원되었다.

이 과정에서 박정희 정권은 특별히 이순신과 세종대왕을 강조했는데, 이는 박정희 개인의 선호와 정치적 목적에 기인한 것으로 보인다. 사실 박정희는 개인적으로도 두 위인을 가장 존경했다(정재경 1979). 두 위인이 한반도의 역사상 문무文武 각 부문에서 가장 위대한 인물로 인식되었기 때문에, 두 위인에 대한 정책은 한국인에게 자연스럽게 받아들여졌다. 박정희 개

---

4 이 절은 전재호(2000: 2012)에서 상당 부분 전제했음을 밝힌다.

인의 이순신에 대한 관심은 그가 집권 18년 중 충무공 탄신일 행사에 14번 참석했고, 현충사 성역화 공사 관계관 회의에 참석하고 공사현장을 여러 차례 방문한 사실에서 잘 드러난다(《동아일보》 1992년 4월 27일). 또한 충무공에 대한 존경을 나타내기 위해 충무공 관련 유적 현판에 글씨로 쓰고, 이은상의 《충무공 발자국 따라 태양이 비치는 길로》에 친서를 써 주었다.[5]

당시 이순신을 신격화하기 위해 박정희 정권이 추진한 정책을 살펴보면, 첫째, 이순신 관련 유적의 보수와 확장이었다. 현충사는 1706년 처음 건립되었고 이후 황폐화 되었다가, 1932년 범국민적 모금을 통해 재건되었다(《동아일보》 1992년 4월 27일). 그리고 1962년 박정희의 지시에 따라 충청남도가 현충사 경내를 1,345평에서 5,359평으로 확장했으며, 유물전시관을 비롯하여 사무실과 담장을 신축했다. 1966년 박정희는 다시 "충무공 이순신 장군의 사당을 종합적으로 정화하여 성역화할 것"을 지시했다(문공부 1979, 285).

이에 따라 현충사는 문화재관리국 지휘 아래 1966년부터 1975년까지 4차례에 걸쳐 사당이 중건되고, 기념관이 신축되었으며, 생가가 보수되고 묘역과 주변 환경도 정화되었으며, 각종 편의 시설까지 갖추게 되었다. 이로써 현충사 경역은 1967년에는 10만6천여 평으로, 1973년에는 21만6천여 평으로, 1974년에는 42만5천여 평으로 확장되었다. 또한 현충사는 1967년 문화재보호법에 따라 사적 제155호로 지정되었다. 그런데 주목할 점은 1967년 현충사 관리소장에 예비역 준장 급이 임명되었고, 직급도 1

---

5 이은상의 책에는 '민족의 태양'이라는 박정희의 휘호와 함께 '거북선: 남들은 무심할 제 님은 나라 걱정했고/ 남들은 못미친 생각 님은 능히 생각했소/ 거북선 만드신 뜻을 이어 받드옵니다'는 시가 친서로 수록돼 있다(이은상 1973; 전재호 2000, 95~96에서 재인용).

급 상당이었다는 점이다.[6] 이는 그만큼 박 정권이 현충사에 관심을 기울였다는 사실을 보여준다. 호국문화유산을 보수·정화했던 1970년대에도 박정권은 1975년부터 1977년까지 충무공이 삼도의 수군을 통제하던 충무에 제승당制勝堂을 신축하고, 유허비 등을 보수했으며, 경역을 정화하고 한산대첩 기념비를 새로 건립했다. 또한 충무의 세병관洗兵館, 여수의 진남관鎭南館과 충민사忠愍祠 등을 보수·정화했다.

둘째, 이순신을 민족의 영웅으로 만들기 위해 그의 동상을 건립했다. 대표적인 것이 서울의 세종로 한복판에 세운 동상이다. 이는 1966년 애국선열조상건립위원회에 의해 선정되어 박정희의 비용부담으로 김세중 교수가 제작했고, 이순신 탄신 제423돌을 하루 앞둔 1968년 4월 27일 제막되었다(정호기 2007, 349). 비록 당시부터 외형을 둘러싸고 논란이 벌어지기는 했지만, 수도 서울의 중심부에 위치함으로써 이순신은 명실상부하게 '민족의 수호신'이 되었다. 그 외에도 탄생지인 아산군과 해군기지가 있었던 여수에 동상이 건립되었다. 1970년대에는 선현의 동상 건립을 애국으로 간주했던 사회적 분위기에 따라 학부모의 지원을 받아 전국의 많은 학교에 이순신 동상이 소규모로 건립되었다. 1973년 문화공보부의 '선현 동상영정' 조사에 따르면 선현의 동상은 32종 352구였는데, 대부분이 이순신 장군(255구)의 동상이었다(신은제 2006, 105~107).

셋째, 이순신을 지속적으로 기억하도록 하기 위해 그를 기리는 제례와 의식ceremony을 정기적으로 개최했다. 충무공탄신기념제는 1962년 4월 27일부터 시작되었는데, 이때 3만여 명이 운집하여 '해방 후 최대의 축제'로 알려졌다(은정태 2005, 258). 또한 박정희 정권은 충무공탄신기념일 행사를

---

6 전두환 정권에 들어와서는 직급이 부이사관으로, 그리고 다시 서기관으로 격하됐다(동아일보 1992/4/27).

국가행사에 맞는 의식으로 창출하기 위해 1966년 5월 24일 의식제정위원회를 구성하여 유교식 제례와 국민의례를 결합했다. 이에 따라 현충사 사당 안에서 유교식 제례를 올리는 동안 경내에 모인 대중은 국민의례에 따른 기념식을 진행했다. 1967년 박정희는 충무공 422주년 탄신 기념 현충사 성역화 기공식에서 충무공 탄신기념일을 국가행사로 지정할 것을 지시했다. 그러나 자문기관 등의 반대에 부딪혀 1967년 문교부령 제179호로 충무공탄생기념일을 제정하여 거국적 행사로 거행하기로 결정되었다 (이상록 2005, 329). 또한 목포에서는 충무공 순국추도식이, 충무에서는 한산대첩 기념제가 지방 당국의 주관으로 개최되었다.

넷째, 다양한 홍보작업을 통해 성웅 이순신을 국민에게 확산시켰다. 박정희 정권은 TV, 신문, 문화영화, 교과서 등을 통해 현충사에 가서 참배하도록 독려했고, 각종 매체는 현충사 참배 후 대중이 갖게 될 느낌이나 마음가짐도 미리 제시했다. 초등학교 3·4학년용 국민교육헌장 독본에는 현충사를 참배한 어린이가 "장군님, 나라를 지켜주셔서 감사합니다. 저도 훌륭한 사람이 되겠습니다"라고 다짐하는 내용이 나오며, 문화영화 〈현충사〉에서도 주인공 소녀가 이순신의 조국 수호와 나라 사랑에 감격하고 감동받는 내용의 내레이션이 반복해서 나온다(이상록 2005, 329).

뿐만 아니라 박 정권은 이순신 위인전, 《난중일기》, 《충무공 전기》 등의 출판을 적극 장려했다. 심지어 문화공보부에서는 1969년 3월 '충무공의 노래'를 만들어 학교에서 부르도록 했다. 또한 이러한 분위기에 따라 많은 학교에서 현충사로 수학여행을 갔다. 더욱이 언론은 이순신과 관련된 기사를 다룸으로써 국민의 관심을 유지했다. 예를 들어, 기념제와 같은 연례 행사 뿐 아니라 학술연구, 충무공 영정을 둘러싼 논쟁(1970), 거북선 평면도 발견(1972), 충무공 동상 철거를 둘러싼 논쟁(1977) 등을 지속하여 다루었다.

박정희 정권이 이렇게 이순신의 신격화 작업을 전개한 것은 몇 가지 정치적 의도를 지닌 것으로 보인다. 첫째, 박 정권은 청렴강직, 선견지명, 호국애족, 멸사봉공, 충의절개 등 이순신이 지닌 덕목을 국민이 본받기를 원했다. 박 정권은 자신이 원하는 목적에 따라 강조하는 덕목을 달리 제시했다. 이를 테면 경제개발계획에 동참하자고 호소할 때는 미래를 내다본 선견지명과 실천을 강조했다.

잘 사는 나라, 부강한 나라를 만들려는 경제개발계획에 박차를 가하여야 할 오늘의 우리에게 절실히 요청되는 것은 충무공과 같은 앞을 내다보는 경세가이며, 진정한 애국자, 과묵한 실천가, 충실한 행동인인 것입니다. (대통령비서실 1967, 166~167)

이에 비해, 북한 공산주의자의 침략에 대한 대비를 강조할 때는 애국애족, 멸사봉공, 충의절개 등 "조국과 겨레를 위해서 모든 것을 희생한 충무공의 전신"을 강조했다(대통령비서실 1969, 155).

둘째, 박정희 정권은 이순신의 반일 이미지를 통해 자신의 친일 이미지를 희석하려 했다. 1966년 2월 박정희는 현충사 정비계획을 지시했는데, 이는 1965년 말까지 한일국교정상화반대투쟁이 전개되었던 것을 고려할 때, 이순신을 통해 자신의 친일 이미지를 희석하려 한 듯하다. 물론 공식적으로는 일본의 한국 침략이라는 교훈을 절대 잊지 않는 국민정신의 함양이 필요하여 이 사업을 추진했다고 한다(은정태 2005, 256). 곧 국교 정상화로 인해 일본의 진출이 본격화되자 일본의 침략성을 대비하려는 의도에서 이순신을 내세웠다는 것이다. 그러나 일본의 침략성에 대한 인식은 이미 한일국교정상화반대투쟁에서 제기되었기 때문에 이런 목적이라면 굳이 이순신을 내세울 필요는 없었다. 다만 국교 정상화 이후 양국 간 교류가 확대되면서 경제 부문의 유착과 기생관광 등 반일 감정을 자극하는 일이 발생한 탓에 반일적인 이순신의 이미지는 박 정권에게 도움이 되었다.

셋째, 박정희 정권은 이순신의 구국 이미지를 통해 자신의 부족한 정통성을 보완하고, 이순신 지휘 아래 일본군을 섬멸했듯이 박정희의 지도력 아래 온 국민이 뭉칠 것을 요구했다. 먼저 박 정권은 멸사봉공하는 애국 군인의 표상인 이순신에 박정희를 대입함으로써 5·16 군사 쿠데타가 '구국을 위해 불가피한 결단'이었음을 정당화하려 했다(이상록 2005, 340; 이덕일 2004, 170). 또한 이순신이 나라를 구했듯이, 한국도 대통령 박정희를 믿고 그의 지도에 따라야만 '조국의 위기를 극복하고 찬란한 미래를 보장받을 수 있을 것'이라는 메시지를 전달하려 했다(이상록 2005, 340).

넷째, 박정희 정권은 이순신과 자신을, 그리고 이순신에 대해 모함과 무고를 일삼던 간악한 조신朝臣과 박 정권 반대세력을 동일시하는 논리를 통해 자신을 정당화했다. 당시 간악한 조신이 이순신을 모함하여 나라를 위기에 빠뜨렸듯이, 반대 세력이 자신의 새 역사 창조를 방해하고 있다고 비난했다. 곧 자신은 "미래를 내다 본 장군의 밝은 총명과 선견지명"으로 "부강한 나라를 만들려는 경제개발계획에 박차를 가"하는 데 견줘, 야당은 "한 치의 앞도 내다보지 못하는 단견과, 아무런 계획이나 한 가지 실천도 없이 덮어놓고 헐뜯고 불평하는 비생산적인 정신적 자세"를 지녔다고 비난했다(대통령비서실 1969, 166). 결국 박 정권은 이순신과 자신을 동일시함으로써 자신을 향한 비판을 봉쇄하려 했다(전재호 2000, 98~99).

박정희 정권이 이순신과 함께 재발견한 역사적 인물은 세종대왕이었다. 이순신에 대한 정책이 개인의 신격화 또는 영웅화였다면, 세종대왕에 대한 정책은 개인보다는 주로 그의 시대가 이룬 업적, 특히 한글창제에 비중을 두었다. 박정희 정권은 세종대왕을 찬양하기 위해 여러 사업을 전개했는데, 첫째, 세종대왕과 관련된 유적을 정비했다. 박 정권은 1976~1977년 세종의 유택인 여주 영릉을 정비했는데, 정자각제실丁字閣齋室, 수복방 등 건물을 보수하고, 기념관을 신축했으며, 경역을 확장하고 주변을 정리했다 (문공부 1979, 289).

둘째, 세종대왕의 업적을 찬양했는데, 독창적인 민족 문화인 한글을 기념하기 위해 1970년 한글날을 국경일로 정하고, 1975년 세종로에 민족문화의 전당을 세우면서 세종문화회관으로 명명했으며, 어린이회관 앞에 세종대왕의 동상을 세웠다.

셋째, 세종대왕을 상징하는 한글 전용화 정책을 강력히 추진했다. 이는 해방 직후부터 추진되기 시작했던 정책으로 단기간에 해결될 수 있는 문제가 아니었다. 1968년 초반만 해도 문교부는 각급 학교에서 한자 교육을 양성화하고 한자의 약자를 제정했는데, 갑자기 한글전용 10개년 계획을 세우고, 1970년부터 초·중·고교에서 원칙적으로 한문을 가르치지 않기로 결정했으며 동시에 각급 학교의 교과서와 공문서에 한자를 사용하지 못하도록 결정했다. 그리고 대학과 인문고에서만 한문 교육을 전문화하도록 했다.

한편, 1956년 발족한 세종대왕기념사업회(이하 사업회)도 그동안 세종대왕의 업적을 기념하는 사업을 전개했는데, 박정희 정권의 민족문화 지원 정책에 힘입어 사업을 확대할 수 있게 되었다. 첫째, 사업회가 꾸준히 추진해 오던 세종대왕기념관은 문공부의 종합민족문화센터 추진의 일환에 편입되어 1973년 완공되었다. 또한 세종대왕의 무덤이던 구영릉 터의 소재 확인 및 발굴 사업을 추진하여 석물, 신도비 등을 세종대왕기념관으로 옮겼다.

둘째, 사업회는 정부의 지원으로 세종대왕 재위 32년간의 업적을 수록한 정사《세종실록》국역을 추진하여 1976년 30책으로 완간했다. 이와 함께 사업회는 세종대왕 전기 간행, 고전 국역, 국학자료의 영인, 교양국사

총서 편찬 등의 사업을 벌였고, 한글날 및 세종날 기념 행사를 주관했다 (세종대왕기념사업회 1981, 63~83).

박정희 정권이 세종대왕의 치적을 강조한 것은 세종문화회관의 건립에서 볼 수 있듯이 정권에 의한 경제발전의 성공을 한민족이 새로운 '황금시대'로 들어서게 되었다는 이미지를 주려는 의도를 가졌던 것으로 보인다. 또한 한글 창제가 '국민주체화의 노력'이며, 우리 민족은 "훌륭한 내 나라의 글자를 가진 문화민족 …… 우수한 민족"(박정희 1969, 313)이라는 지적에서 볼 수 있듯이, 박 정권은 세종대왕 및 한글의 강조를 통해 자신의 민족주의 담론인 '민족주체성'을 강조하려 했다. 게다가 박 정권은 '민족문화의 정수'인 한글의 전용화를 결정함으로써, 자신이 진정한 민족 문화의 계승자라는 이미지로 자리매김하고 싶었던 것으로 보인다. 또한 군사 정권의 '강한' 이미지를 세종대왕의 문화적 이미지로 순치시키고 싶었던 것으로 보인다.

그런데 이후 등장한 전두환 정권은 박정희 정권의 작업을 한편으로는 계승하고 다른 한편으로는 중단시켰다. 전 정권은 이순신의 신격화 작업을 중단했지만, 1981년부터 세종대왕을 국민의 정신적 지주로 재조명하기 위해 세종대왕 위업 선양 종합계획을 세워, 새로운 신격화 작업을 펼쳤다. 그러나 이는 그리 큰 파장을 일으키지는 못했다.

결국 박정희 정권은 이순신의 신격화와 세종대왕의 찬양 작업을 통해 자신이 민족을 위기에서 구했고, 위대한 민족문화를 부활하여 발전시키고 있다는 이미지로 포장하기를 원했다. 궁극적으로 이 작업은 박 정권이 민족사의 진정한 정통성을 계승하고 있다는 논리와 연결되면서 그들의 민족정통성을 강화하는 수단으로 이용되었다.

4. 북한의 민족주의와 역사의 이용

북한은 공식적으로 민족주의를 부르주아 이념이라고 배척했지만, 현실에서는 사회주의 건설을 정당화하기 위해 민족주의를 우회적으로 동원했다. 김일성의 교시에서 드러나듯이, 이 과정에서 역사는 인민의 민족적 자부심을 고양시키는 도구로 이용되었다.

> 우리가 쏘련공산당의 력사를 연구하는 것이나, 중국혁명의 력사를 연구하는 것이나, 맑스-레닌주의의 일반적 원리를 연구하는 것이나 다 우리 혁명을 옳게 수행하기 위해서 하는 것입니다. …… 조선혁명을 하기 위해서는 조선력사를 알아야 합니다. 그래야 우리 인민을 그들의 구미에 맞도록 교양할 수 있으며 그들로 하여금 자기의 향토와 조국을 열렬히 사랑하도록 할 수 있습니다. …… 우리나라의 력사, 우리 인민의 투쟁력사를 연구하여 근로자들 속에서 그것을 널리 선전하는 것이 무엇보다도 중요합니다. …… 우리 인민의 투쟁력사와 그 전통으로 인민들을 교양하여야만 그들의 민족적 자부심을 북돋아줄 수 있으며 광범한 군중을 혁명투쟁에로 고무할 수 있습니다. (전상인 1994, 43~44)

북한은 사회주의의 완전 건설을 위해 역사를 이용하여 인민에게 민족적 자부심과 애국심을 동원하려 했다. 그러면 해방 이후 북한이 역사를 어떻게 이용했는지를 살펴보자.

1) 역사학

북한은 해방 직후 사회주의 건설을 목표로 설정했지만, 아직 자본주의가 완전히 발달한 상태가 아니었기 때문에, 조선이 사회주의를 건설할 수 있는 단계라는 점을 입증해야 했다. 이를 위해 북한은 역사를 동원했다.

먼저, 북한은 1947년 2월 북조선 임시인민위원회 안에 25명으로 구성된 임시역사편찬위원회를 조직하여 유물사관의 입장에서 조선사를 다시 기술했다. 그 결과 1956년 간행된 《조선통사(상)》 이후, 모든 북한의 역사서는 조선사를 마르크스주의의 역사 5단계설에 따라 '원시사회'(청동기 시대), '노예 소유자 사회'(고조선, 부여), '봉건사회'(삼국-조선), '자본주의'(19세기 개항 이후)로 구분하여 기술했다. 이런 논리에 따라 북조선의 사회주의 체제 건설은 역사적 합법칙성에 따른 정당한 진로로 자리매김 되었다.[7]

둘째, 북한은 마르크스주의의 계급투쟁 사관史觀을 정당화하기 위해 조선사에서 인민의 계급투쟁을 부각시켰다. 인민의 대표적인 계급투쟁이었던 농민반란은 신라 하대 총 22쪽 중 9쪽, 고려 전기 총 123쪽 중 12쪽, 조선 전기 총 62쪽 중 12쪽, 19세기 총 43쪽 중 18쪽으로, 전체 총 51쪽의 비중을 차지했다. 특히 북한은 고려 중기의 농민·천민 봉기에 특별한 의미를 부여했다.

또한 북한은 인민의 계급의식을 고취시키기 위해 역사 서술에서 인민적인 문화전통을 긍정한 반면, 전통사상체계, 특히 종교를 피지배계급의 계급의식을 마비시키고 지배계급과 착취제도를 옹호하는 데 이용되었다고 비판했다. 여기서 흥미로운 점은 북한이 불교나 유교를 비판한 또 다른 이유가 그것이 외래 종교라는 점 때문이었다. 이는 주체성을 강조하는 북한의 특징을 잘 보여준다.

셋째, 북한은 김일성을 중심으로 한 항일무장투쟁의 결과로 조선이 해

---

7 역사학 부분의 서술은 정두희(2001)에서 많은 도움을 받았다.

방되었다는 점(이는 민족정통성이 북한에 있다는 주장의 중요한 근거이다)을 강조하기 위해 조선사 전반에서 대외항쟁사를 강조했다.《조선통사(상)》(1977)에서 대외항쟁 부분은 근대 이전의 서술에서 상당부분 할당되었다. 예를 들어, 삼국시대 수당과의 항쟁은 전체 55쪽 중 12쪽(21.8%)이고, 고려시대 거란과의 항쟁은 15쪽(12.2%), 몽골과의 항쟁은 12쪽(9.8%), 고려 말의 대외 항쟁은 9쪽(7.3%)으로 전체 123쪽 중 36쪽(29.3%)이며, 조선시대 쓰시마 공격과 4군 6진의 건설은 8쪽(3.3%), 임진왜란은 24쪽(9.8%)으로 전체 244쪽 중 32쪽(13.1%)이다. 결과적으로 모든 시기 대외항쟁서술은 전체 529쪽 중 80쪽(15.1%)에 달했다.

또한 1979년부터 출간된《조선전사》에서는 삼국시대를 다룬 제3권에서 전체 9장 중 대외항쟁에 5장('중앙집권과 국방력의 강화', '요동 회복, 영토의 확장', '고구려 국가의 강성', '수나라 침략자들을 반대한 고구려 인민들의 투쟁', '당나라 침략자들을 반대한 고구려 인민들의 투쟁')을 할애하였다. 또한 고려시대를 다룬《조선전사》제6, 7권에서는 거란, 여진, 몽골족, 홍건적, 왜구 등의 침략에 대한 항쟁사가 거의 절반의 분량을 차지할 정도였다.

넷째, 북한은 역사서술에서 한반도 북쪽에 위치해있던 고조선, 고구려, 발해, 고려를 다른 나라에 비해 상대적으로 높이 평가했다. 이는 자신이 지리상 민족정통성을 계승하고 있음을 보여주려는 의도로 보인다. 또한 이 나라들이 외세와의 투쟁에서 승리하여 한반도 전체를 보호했다는 논리를 제시했다. 이는 이들의 역사에 빗대어 외세의 침략을 물리치고 조선의 해방을 가져온 북한에게 민족정통성이 있음을 주장하려는 의도를 지닌 것으로 보인다.

우선,《조선통사(상)》(1977)은 고조선을 노예 소유자의 국가로 부정적으로 해석함에도 "우리나라에서 처음으로 형성된 국가"라고 규정하여 강조했다. 특히 고조선의 원래 국호는 '조선'인데 후세의 조선과 구분하기 위해 고조선이라고 부른다는 사실을 기록함으로써 자신의 국호인 '조선'이 오래 전고조선 시대로부터 이어지는 역사를 지니고 있음을 강조했다.

다음으로, 고구려 건국과 발전에 있어서도 "기원전 108년 고조선이 망하자 얼마 안 가서 고구려족의 여러 세력 집단은 한나라 침략 세력을 물리쳐 소왕국을 형성"했고, "기원전 82년 진번, 임둔군을 몰아내고 기원전 75년경 압록강 유역에 있던 현도군을 몰아내는 반침략 투쟁을 벌임으로써 점차 옛 땅을 되찾으면서 통합되어 나갔다"(사회과학원 력사연구소 1977, 84)고 서술하는 등 고구려를 고조선의 정통을 계승하고 이민족 침략으로부터 민족을 지켜낸 투쟁 주체로 설정했다. 또한 삼국시대의 서술에서도 고구려의 대외투쟁에 많은 분량을 할애했다. 삼국시대에 대한 서술 55쪽 중 고구려의 대수·당과의 전쟁 부분이 12쪽(22%)을 차지했다.

게다가 고구려의 건국설화를 고주몽이 "귀족이 아닌 평민 출신의 무장력에 의거하여 정복 사업을 진행한 사실을 반영"한다고 해석함으로써 계급사관의 입장을 드러내고 있다. 곧 고구려의 건국 과정이 주변 세력에 대한 정복과정이자 외래침략세력을 몰아내는 반침략 투쟁의 과정인 동시에 외래 침략세력과 결탁한 낡은 노예 소유자 귀족 계급을 반대한 투쟁이라고 주장했다.

고구려의 민족사적 의의에 대해서도 "고구려가 서북쪽의 외적들을 일단 물리치고 평양에 수도를 옮긴 것은 세 나라 통합을 위한 적극적인 대책의 하나였으며 그와 함께 서북쪽의 침략 세력에 대비하여 국가의 안전을 보장하려는 데 있었다"(사회과학원 력사연구소 1977, 101)고 기술했다.[8] "당시

---

8 1979년부터 출간된 《조선전사》 제3권에는 평양으로 수도를 삼은 사실을 독립적으로 서술했다.

세 나라의 통합을 지향한 고구려의 강성은 우리나라 역사 발전에서 거대한 의의를 가지였다." 수당과의 전쟁은 고구려의 보전만을 위해서가 아니라 "민족의 존엄을 굳건히 지키기" 위한 노력이었다고 평가했다(사회과학원 력사연구소 1977, 124).

북한은 대동강 이북 고구려 옛 영토에 남아 있던 고구려 유민들이 당나라를 상대로 벌인 항쟁에 대해 상세히 기술하면서 발해를 민족정통성의 담지자로 간주했다. 고려도 예전 고구려의 영토를 상당 부문 회복했고 동족이라 할 수 있는 발해 유민을 받아들임으로써 왕조의 역사적 정통성을 회복했으며, 외세의 힘을 빌지 않고 자력 통일했다는 점에서 높게 평가했다. 그리고 고려가 봉건적 중앙집권제를 강화하고, 국력을 크게 신장시켜 서북 방면의 영토를 개척했다는 점도 높이 평가했다.

다섯째, 북한은 통일신라와 조선을 부정적으로 평가했는데, 그것은 신라가 외세인 당과 연합하여 한반도 남부를 통일시켰다는 점, 그리고 조선은 사대외교를 전개했다는 점 때문이었다. 이는 두 나라에 빗대어 미국 제국주의의 '식민지'인 남한을 부정적으로 평가하도록 이끌고, 결국 민족정통성은 '외세 의존적인' 남한보다 '자주적인' 북한에 있다는 논리로 이어지게 다.

북한은 신라가 당나라와 연합한 것을 "남에게 의존하여 남의 힘을 빌어 자기 나라의 내부 문제를 해결하려 하며 그 덕에 잘 살아보겠다고 하는 것은 사대주의 사상에 물젖은 어리석은 생각"(사회과학원 력사연구소 1977, 136) 때문이라고 주장한다. 또한 자신들이 높게 평가한 고려를 이성계가 찬탈했다는 점과 명에 대한 사대외교 때문에 조선을 부정적으로 평가했다. 조선에 대한 서술에서 흥미로운 점은 조선의 한양 천도가 정당성이 없다는 주장인데, 이는 한민족의 지리적 정통성이 한반도의 북쪽에 있다는 것을 전제로 한 평가이다.

한편 1970년대 주체사상이 본격화되면서 북한의 민족주의는 사회주의 이념에 내면화內面化되는데, 이 시기부터 북한의 역사 이용은 근대에 집중된 다. 북한은 김일성을 우상화(절대화)하기 위해 항일투쟁과 해방, 그리고 북한의 건설에 대한 내용을 모두 김일성 중심으로 바꾸었다. 이는 역사를 이용하여 김일성을 살아있는 '민족영웅national hero'으로 만드는 작업이었다.

북한의 김일성 우상화작업은 1958년 출간된 《조선전사》와 1987년 출 간된 《조선통사(하)》의 식민지 시기 이후의 서술을 비교해보면 분명해진 다. 먼저, 《조선전사》는 1910년대 이후를 다룬 제17장 '1910년대 일제의 식민지 통치하의 조선, 초기의 반일 독립운동(1910~1919년)'에서는 식민 지배 이후 독립운동사를 서술하고, 제18장 '식민지 산업의 발전과 노동 운동의 장성(1920~1930년)'에서는 1920년대 소위 마르크스-레닌주의가 보급되면서 노동 운동과 농민운동 확대 과정에 주목하고 조선공산당의 창건과 그 해산의 전말을 서술했으며, 제19장 '반일 민족 해방 운동의 새 로운 단계로의 발전, 항일 무장 투쟁의 개시, 조선인민혁명군의 창건'에서 는 1934~1935년 조선인민혁명군이 창건되자 항일 투쟁이 획기적 전기를 맞이했음을 강조했다. 제20장 '항일 무장 투쟁의 확대, 조국광복회의 결 성, 혁명 운동의 대중적 지반의 강화'와 제21장 '중일전쟁 이후 시기의 항 일 무장 투쟁'에서는 계속되는 조선인민혁명군의 활약으로 항일운동이 더욱 확대되었으며, 드디어 소련군에 의한 일본 제국주의의 패망과 함께 조선인민혁명군이 조국으로 개선하게 되었다고 서술했다. 곧 《조선전사》 에서는 김일성 중심의 항일무장투쟁을 강조했지만 다른 항일 세력과 함 께 다루었고, 일본 제국주의의 패망이 소련군에 의해 이루어졌다는 점을 서술했다.

반면 《조선통사(하)》 제4장 '강점 초기 반일 독립 운동. 대중 운동과 초 기 공산주의 운동'에서는 3·1봉기를 부르주아 민족운동이자 궁극적으로 실패한 운동으로 규정하면서, 지도부의 노선이 확실치 못했기에 실패했다고 서술했다. 제2편 '민족주의 운동으로부터 공산주의 운동에로의 방향 전환을 위한 투쟁'에서는 본격적으로 공산주의 운동이 민족 운동의 주류가 될 수밖에 없음을 서술했는데, 주목할 점은 김일성의 아버지인 김형직의 영도력이 중요한 '지원 사상'이었음을 서술한 점이다. 제3편 '항일 혁명 투쟁'에서는 이 운동의 핵심을 1928년 김일성이 설립했다는 '타도제국주의 동맹'으로 설정하고 '새 력사의 개척'으로 평가했다. 그리고 제1장 3절 '주체사상의 창시, 주체적인 혁명 로선의 제시'에서는 김일성에 의해 주체적인 혁명 노선이 제시됐고, 그의 영도 아래 조선인민혁명군의 활동이 강화되었으며, 마침내 항일 혁명 투쟁을 승리로 이끌게 됐다고 주장했다.

결국 《조선통사(하)》는 김일성과 주체사상이 항일무장투쟁사에서 중심이었고, 당시 연합군의 승리와 같은 세계사적 흐름을 다루지 않은 채, 김일성의 영도에 의해 민족해방이 주체적으로 달성되었다고 주장했다. 이러한 식민지 시기에 대한 북한의 역사 해석(왜곡)은 김일성의 북한정권에 민족정통성을 부여하기 위한 작업이었다.

다음으로 이러한 북한의 역사 이용(왜곡)은 해방 이후 현대사 서술에도 잘 드러나 있다. 첫째, 1958년 판 《조선전사》 제5편 현대사회(제22장~제27장)의 제목은 제22장 '위대한 쏘련 군대에 의한 조선 해방, 북조선 민주기지 창설(1945년 8월 15일~1947년 2월)', 제23장 '민주 기지의 강화 발전과 조선민주주의공화국 창건(1947년 2월~1948년 9월)', 제24장 '공화국 창건 후 남북조선의 정치 정세와 평화적 조국 통일 추진을 위한 조선 인민의 투쟁(1948년 9월~1959년 6월)', 제25장 '자유와 독립을 위한 조선 인민의 조국 해방 전쟁(1950년 6월~1953년 7월)', 제26장 '전후 조국의 평화적 통일을 위한 투쟁과 북반부에서 인민 경제 복구 발전 3개년 계획의 승리적 완수(1953년 8월~1956년 12월)' 등이다.

《조선전사》에서 북한은 국가건설에서 소련군의 역할을 인정하고, 남한이 미 제국주의의 식민지 상태에 있기 때문에 진정한 통일 정부를 세우기가 불가능했기 때문에 어쩔 수 없이 '조선민주주의인민공화국'을 창건할 수밖에 없었다고 주장했다. 김일성에 대한 서술도 "1948년 8월 2일 남북조선 노동당연합중앙위원회를 창설하고 김일성 원수를 위원장으로 선출했다"라고 중립적으로 기술했다. 한국전쟁에 대해서는 자신은 평화적으로 조국 통일을 실현하려고 여러 가지 노력을 했지만, '남조선에서의 미제와 이승만 도당의 전쟁 준비'가 강화되어 결국 남조선을 해방시키기 위한 소위 '조국 해방 전쟁'이 불가피했음을 강조했다. 또한 "미제의 지시에 따라 그 주구들은 1950년 6월 25일 이른 새벽에 괴뢰 '국방군'을 동원하여 북반부를 침공했"기 때문에 전쟁이 일어났다고 주장했다.

이렇게 《조선전사》에서 북한은 한국전쟁 발발 부분을 제외하고는 대체로 객관적으로 기술했다고 볼 수 있다. 그러나 1987년 판 《조선통사(하)》는 이것과는 전혀 서술을 보여준다.

《조선통사(하)》는 해방 이후 현대사 부분을 제4편에서 제8편까지 모두 다섯 편으로 나누었다. 해방 직후부터 한국전쟁까지의 시기를 다룬 제4편 '새 조선 건설'에서는 소련의 영향에 대한 언급이 전혀 없고, 북한식 사회주의의 건설 과정이 모두 김일성의 영도로 이루어졌다고 기술되어 있다. 제5편 '조국 해방 전쟁'에서도 전쟁의 전 과정이 김일성의 빼어난 영도력으로 진행되어 승리를 쟁취했다고 주장했다. 이는 역사를 왜곡하여 김일성을 영웅으로 만드는 서술이다.

한국전쟁 이후를 다룬 제6편 '전후 복구 건설과 사회주의 기초 건설'과 제7편 '사회주의의 전면적 건설을 위한 투쟁'에서는 북한에서 주체사상이 필요하게 되었음을 강조했다. 1980년을 다룬 제8편 '사회주의 완전 승리를 앞당기기 위한 투쟁'에서는 "'두 개 조선' 조작 책동을 짓부시고 조국의 자주적 평화 통일을 위한 투쟁"을 전개해야 할 필요성을 강조하고 있으며, 그러기 위해서는 "주체사상과 주체의 당 및 국가 건설 리론"을 심화 발전시켜야 한다고 주장했다.

결국 북한의 해방 이후 현대사 서술은 김일성이 민족영웅임을 제시하고 있으며, 이는 개인 통치를 정당화하려는 의도를 지니고 있음을 보여준다.

2) 역사적 인물의 재발견

북한에서 역사를 이용한 또 다른 사례는 1993년 단군릉의 발견과 복원이라는 '역사적 인물의 재발견'이다. 북한은 1993년 10월 단군릉 발굴 이전까지 단군을 '신화의 주인공'으로, 그리고 단군신화는 "의심할 바 없이 고조선의 건국사실을 반영한 건국신화"라고 주장했다(사회과학원 력사연구소 1991, 31). 《조선전사》는 고조선이 기원전 2천년 무렵 세워졌을 가능성을 조심스럽게 제시했고, 고조선의 위치를 평양지역이 아닌 중국의 요령지방으로 기술했다.

그런데 1993년 1월 북한은 김일성의 교시에 따라 단군묘로 불리던 평양시 강동군의 한 무덤을 발굴했고, 조사결과 단군 무덤임이 확인되었다고 주장했다. 곧 북한은 평양시 강동군 강동읍 북서쪽에 있는 대박산 동남쪽 사면에 위치한 고구려 양식의 반지하식 돌칸흙무덤, 즉 성실분이 틀림없는 단군의 무덤이며, 거기에서 발견된 남녀 각 1개체분의 뼈를 단군과 그의 부인의 유해라고 주장했다. 더욱이 북한은 뼈의 연대를 측정한 결과, 단군의 유해가 5011년 전의 것이라고 주장했다(이기동 1997, 113~115).

사실 북한이 발굴한 '단군릉'은 전부터 단군릉으로 알려졌던 곳으로, 1932년 강동의 유지들이 조직한 '단군릉 수축기성회'에 의해 1936년 수축공사가 마감되었던 장소였다. 이전까지 북한은 이를 무시했는데, 1993년 김일성이 교시를 내리자 대대적으로 단군릉 발굴과 복원 공사를 진행했다. 김일성은 1994년 7월 사망 전까지 40여 차례나 복구현장에 들러 공사를 독려했다고 한다. 복원된 단군릉은 높이 22m, 가로·세로 각각 50m의 엄청난 규모에 화강석 1994개를 다듬어 쌓아올린 것으로 10월 11일 김정일이 주재하는 가운데 재건 준공식을 대대적으로 거행했다.

1994년 이후 북한은 매년 개천절을 맞아 단군 및 고조선 관련 학술발표회를 개최하여 거국적으로 단군숭앙운동을 전개했다. 이 과정에서 북한은 단군이 "본토 태생의 조선사람"으로서 "강력한 국가건설로 민족의 단일성을 유지 강화하는 데 커다란 역할"을 했다고 주장했다. 곧 중세 이후 조선의 역대 국가들과 그 주민들은 우리 민족이 단군조선 시기에 이루어진 민족적 기질과 성품을 그대로 이어받았기에 단군은 민족적 숭배대상이 되어왔다고 주장했다(박광용 2000, 189).

북한은 단군릉의 발굴과 복원을 대대적으로 선전하면서 평양을 고조선의 중심지, 나아가 한민족의 중심으로 부각시켰다. 곧 자신의 수도인 평양 및 대동강 유역이 한민족의 발상지이자 최초의 국가로 간주되는 고조선의 중심지였다는 주장을 통해 민족 정통성이 고조선, 고구려, 발해, 고려, 북한으로 계승되고 있음을 부각하려 했다. 이는 "단군릉 발굴보고"에서 잘 드러난다.

종전에 신화적 전설적 인물로 간주되어온 단군이 실재한 인물이었다는 것이 과학적으로 밝혀졌으며, …… 단군이 고조선을 창건하고 도읍한 평양이 산수 수려한 곳으로서 검은모루 유적의 주인공과 '력포사람'(고인), '만달사람'(신인), 조선 옛 류형 사람으로 이어지는 인류발상지의 하나이며 조선민족의 발상지이고 첫 국가의 발생지였다는 사실이 힘있게 증명되었으며 조선민족은 단군을 원시조로 하는 단일민족임을 떳떳이 자랑할 수 있게 되었다. (사회과학원 1994)

그런데 단군을 이용해 민족의 지리적 정통성을 평양에 부여하는 작업은 1993년부터 평양일대의 유적 발굴 작업이 본격화하면서 '대동강문화'로 이어진다. 북한 사학계는 고인돌, 고대 성곽, 취락, 도기류, 좁은 놋단검문화, 비파형단검문화 등 관련 주제들을 재검토하면서 대동강 유역을 인류의 발상지이자 조선 사람의 발원지로, 그리고 신석기, 청동기문화, 고대 천문학의 중심지라고 주장했다. 이를 통해 북한은 대동강유역에서 세계 4대 문명에 못지않은 우수한 문명을 꽃피워졌기에 세계 4대 문명은 5대 문명으로 개칭되어야 한다고 주장했다.

그러면 북한은 왜 1993년에 갑자기 단군릉을 발굴·복원하고 대동강문화론을 주장했는가? 그 것은 1990년대로 들어서면서 북한이 처한 대내외적 상황 때문이었다. 1980년대 말 이래 붕괴하던 사회주의권은 1990년 소련의 해체로 몰락했고, 이는 북한에게 결정적인 타격을 가했다. 정치·군사·외교적 고립은 물론 사회주의권과의 우호적인 교역을 통해 유지되던 경제가 붕괴되었고, 핵을 둘러싼 미국과의 마찰은 북한을 고립무원의 상황으로 몰고 나갔다. 이런 위기에서 북한이 선택할 수 있는 대안은 많지 않았다. 단군의 재발견은 직접적으로는 민족적 자긍심 고양을 위한, 그리고 간접적으로는 북한 사회주의 체제의 우월성을 과시하기 위해 주민통합의 기제로 선택된 것이었다.

북한 사회주의 체제의 우월성을 강조하기 위해 북한은 이미 1986년부터 '조선민족제일주의'를 주창했는데, 이는 "민족자주의식의 높은 표현"으로서 "조선민족의 위대성에 대한 긍지와 자부심, 조선민족의 위대성을 더욱 빛내어 나가려는 높은 자각과 의지로 발현되는 숭고한 사상 감정" 및 "위대한 수령을 모시고 위대한 당의 영도를 받으며 위대한 주체사상을 지도사상으로 삼고 가장 우월한 사회주의제도에서 사는 긍지와 자부심"으로 규정되었다(이종석 2000, 197).

단군의 재발견과 대동강문명론은 조선민족제일주의의 연장선상에서, 위기에 처한 북한 지도부가 주민에게 조선민족의 위대성을 부각시켜 민족적 자긍심을 높임으로써, 위기에서 흔들릴 수 있는 주민의 마음을 다잡으려는 의도를 지닌 것이었다. 곧 조선민족은 과거에는 단군을 민족의 원시조로 하여 평양지역에서 세계 5대문명으로 부를 수 있을 정도의 위대한 문명을 건설했고, 현대에는 위대한 수령과 주체사상에 기반을 둔 가장 우월한 사회주의체제를 건설했기 때문에, 현재의 대내외적 위기도 능히 극복할 수 있다는 것을 전달하려 한 것이었다. 특히 단군이나 대동강문명은 이미 붕괴한 다른 사회주의 국가와 북한이 본래부터 달랐음을 보여주는 증거였다. 게다가 북한이 단군을 조선 민족의 원시조로 부각시킨 것은 현대 조선, 곧 사회주의 북한의 원시조가 김일성이라는 점과 겹치는 지점이었다.

결국 북한은 지리적 동질성을 근거로 재발견한 단군릉과 대동강문화론을 통해 자신이 민족정통성을 지녔음을 과시하고, 더 나아가 이를 통해 주민을 통합시킴으로써 당시 북한이 처한 대내외적 위기를 헤쳐나가려 했다.

5. 나가는 말

이상에서 살펴보았듯이, 남북 모두 자신들의 민족정통성을 부각시키기 위해 한반도의 역사를 이용했다. 역사의 이용과 관련하여 남북의 표면적인 차이는 북한에서는 국가가 역사의 해석을 독점한 데 비해, 남한에서는 역사의 해석이 학계의 자율에 맡겨 있다는 점이었다. 그러나 박정희 정권은 역사교과서를 국정으로 만듦으로써 역사의 해석을 독점했기 때문에 남북의 차이는 없어졌다. 특히 남북이 모두 역사 해석을 독점했다는 점

뿐 아니라 역사를 이용하여 자신의 정권을 정당화했다는 점에서도 양자는 동일한 모습을 보였다.

하지만 남북의 이념적 차이만큼 역사에 대한 해석도 상이했다. 먼저, 북한은 유물사관의 입장에서 계급투쟁과 민족자주적/반외세적인 내용을 강조했고, 김일성 개인을 중심으로 서술하는 영웅주의적 사관이었다. 반면 남한은 기본적으로 현재의 민족국가를 기준으로 역사를 해석하고 서술했다는 점에서 민족주의 사관이지만, 동시에 실증주의 사관, 신민족주의 사관, 사회경제사관 등 다양한 시각이 공존하고 있다는 점에서 북한과는 크게 차이가 난다.

구체적인 사건에 해석에서도 남북의 차이는 매우 크다. 남한은 신라의 통일을 한민족이 형성되는 최초의 통일국가라는 측면에서 긍정적으로 평가한 데 비해, 북한은 신라가 외세의 힘을 빌었고, 한반도의 강역을 축소시켰다는 점에서 부정적으로 평가했다. 대신 북한은 발해를 고구려 유민의 대당투쟁의 결과 등장한 왕조로 평가하고, 고려를 고구려의 영토를 상당 부분 회복하고 발해 유민을 받아들였다는 점에서 한민족 최초의 통일국가로 평가했다. 반면 조선에 대해서는 자신들이 높게 평가한 고려를 무력으로 찬탈했고 명明에 대해 사대외교를 펼쳤다는 점에서 부정적으로 평가했다.

남북의 차이는 근현대사의 해석에서 더욱 확대되는데, 남한의 근대사 해석이 내재적 발전을 강조하는 경향성을 띤데 비해, 북한은 외세와의 투쟁 및 계급투쟁적 입장을 강조했다. 식민지 시기에 대해서는 남한이 주로 우파의 독립운동을 다룬데 비해, 북한은 김일성의 투쟁만을 다루었다. 이는 현대사로 오게 되면 남북의 역사 해석이 합의가 불가능한 수준으로 벌여졌음을 보여준다.

다음으로, 남북의 역사 해석 차이는 역사적 인물의 이용에서도 잘 드러났다. 북한이 한민족의 시조인 단군이나 고구려의 시조인 동명성왕을 강조한데 비해, 남한은 조선왕조를 위기에서 구해낸 이순신과 조선의 문화를 고양시킨 세종대왕을 강조했다.

북한이 단군을 부활시킨 이유는 자신의 수도인 평양을 민족의 발상지로 설정하려 했기 때문이다. 그래서 북한은 고조선, 고구려, 발해, 고려 등 한반도 북방 및 만주지역에 위치했던 나라를 강조했다. 북한은 이 나라와의 지리적 연속성을 통해 민족정통성이 자신에게 있다는 점을 보이려 했다. 이에 비해 남한은 신라의 통일을 강조했는데, 이는 한반도 남부에 존재했던 신라가 통일을 주도했다는 역사적 사실을 통해 남한에 민족적 정통성이 있다는 인상을 심어주려 한 것으로 보인다. 물론 박정희 정권을 비롯하여 역사학계가 이를 의도했는지는 불확실하다. 다만 박 정권은 세종대왕과 이순신을 부각시킴으로써 국민들이 정권의 업적을 그들과 동급으로 인식하려는 의도를 가졌음은 분명해 보인다.

결국 남북이 역사를 이용한 것은 자신이 내적 정통성 뿐 아니라 민족정통성을 배타적으로 대표한다는 인식을 자연스럽게 주민에게 주입시키려는 의도를 지닌 것이었다.

마지막으로 이 연구의 이론적 의의를 첨가한다면, 한편으로 남북에 의한 역사의 이용은 지배 이념으로 기능하는 민족주의의 모습을 잘 보여준다. 종족적 정체성과 식민 지배에서 기인한 '아래로부터의 민족주의'는 분단국가 수립이후 남북 국가가 추진한 국가건설과정에 동원되면서 정치적 정체성을 구축하려는 '위로부터의 민족주의'에 흡수되었다. 이 과정에서 한반도의 민족주의는 저항적/해방적/통합적 성격을 지닌 '저항' 이념에서 배타적/분리주의적/공격적 성격을 지닌 '지배' 이념으로 전화되었다. 물론 남한에서는 지배 이념에 저항하는 대항 이념이 지속적으로 존재했지만, 남북 모두에서 '위로부터의 민족주의'는 자신의 권력을 정당화하고 이를 통해 내부를 통합하는 지배 이념으로 작동했다.

　다른 한편, 이 연구는 민족주의가 '황금시대'와 '역사적 인물의 재발견'을 통해 민족정체성을 부여한다는 스미스의 주장에 남북한이라는 구체적 사례를 추가함으로써 민족주의와 역사의 관계에 대한 학문적 논의를 발전시켰다는 점에서 학술적 의의를 갖고 있다.

참고 문헌

김정훈. 1999. 〈남북한 지배담론의 민주주의 비교 연구〉. 연세대학교 대학원 사회학과 박사 학위 논문.

대통령비서실. 1966. 《박정희대통령연설문집 2》. 서울: 대통령비서실.

_____. 1967. 《박정희대통령연설문집 3》. 서울: 대통령비서실.

_____. 1969. 《박정희대통령연설문집 5》. 서울: 대통령비서실.

문공부. 1979. 《문화공보 30년》. 서울: 문공부.

문교부. 1987. 《인문계 고등학교 국사》. 서울: 문교부.

_____. 1988. 《고등학교 사회과 교육과정 해설》. 서울: 문교부.

문화공보부. 1973. 《유신이념과 충무공 정신》. 서울: 문화공보부.

박광용. 2000. 〈북한 학계의 단군 인식과 '단군릉' 발굴〉. 《역사비평》 52호.

박호성. 1997. 《남북한 민족주의 비교연구》. 서울: 당대.

사회과학원. 1994. 《단군과 고조선에 관한 연구론문집》. 평양: 사회과학원.

사회과학원 력사연구소. 1958. 《조선통사》. 평양: 사회과학원 력사연구소.

_____. 1977. 《조선통사(상)》. 평양: 과학, 백과사전출판사.

_____. 1987. 《조선통사(하)》. 평양: 사회과학출판사

_____. 1991. 《조선전사》 제2권. 평양: 사회과학출판사.

세종대왕기념사업회. 1981. 《세종대왕기념사업회25년사》. 서울: 세종대왕기념사업회.

신은제. 2006. 〈박정희의 기억 만들기와 이순신〉. 김학이·김기봉 외. 《현대의 기억 속에서 민족을 상상하다》. 서울: 세종
　　　출판사.

은정태. 2005. 〈박정희시대 성역화 사업의 추이와 성격〉. 《역사문제연구》 15호.

이기동. 1997. 〈북한 역사학의 전개과정〉. 《한국사 시민강좌》 21호.

이병도. 1968. 《인문계 고등학교 국사》. 서울: 일조각.

이상록. 2005. 〈이순신: '민족의 수호신' 만들기와 박정희 체제의 대중 규율화〉. 권형진·이종훈 역. 《대중독재의 영웅 만
　　　들기》. 서울: 휴머니스트

이은상. 1973. 《충무공 발자국 따라 태양이 비치는 길로》. 서울: 삼중당.

이종석. 2000. 《새로 쓴 현대 북한의 이해》. 서울: 역사비평사.

전상인. 1994. 《북한민족주의 연구》. 서울: 민족통일연구원.

전재호. 2000. 《반동적 근대주의자 박정희》. 서울: 책세상.

_____. 2012. 〈박정희 정권의 '호국 영웅 만들기'와 전통문화유산정책〉. 《역사비평》 99호.

정두희. 2001. 《하나의 역사, 두 개의 역사학》. 서울: 소나무.

정호기. 2007. 〈박정희시대의 '동상건립운동'과 애국주의〉. 《정신문화연구》 30권 1호.

정재경. 1979. 《한민족의 중흥사상》. 서울: 신라출판사.

Hobsbawm, Eric & Ranger. Terence. 1984. *Invention of Tradition*. Cambridge: Cambridge Univ. Press.

Smith, Anthony. *The Ethnic Origins of Nations*. London: Basil Blackwell.

Shin, Gi-Wook, Freda James and Yi Gihong. 1999. "The Politics of ethnic nationalism in Korea." *Nations and
　　　Nationalism*. Vol. 5 Part 4.

《동아일보》.

7장

세계화 시대 한국과 일본의 민족주의
1990년대를 중심으로

1. 들어가는 말

세계화는 현대세계체제를 형성하는 국민국가^{nation-state}를 초월하는 다차원
적인 연계 및 상호연관성을 지시하고 있다. 세계화는 세계의 어느 한 부
분에서 일어난 사건, 의사 결정, 활동 등이 지구 저편의 멀리 떨어진 개인
과 공동체에 의미 있는 결과를 가져올 수 있는 그런 과정을 규정한다. 특
히 무역, 금융, 생산의 세계화는 지구 전역의 가구^{households}, 공동체, 민족
의 전망과 운명을 매우 복잡한 방식으로 한데 묶고 있다. 그러므로 사회
활동과 사회관계가 이제 구석에 머물러 있지 않는 한 영토적 경계란 점점
더 무의미하다고 할 수 있다(McGrew 1992, 89~90).[1] 세계화의 이러한 초국가

---

[1] 이런 점에서 전세계가 자본주의 경제 체제로 묶이게 된 1980년대 말 이래 구사회주의권의 자본주의 편입은 세계
화 시대가 본격 시작된 사실을 말해준다.

적 성격으로 인해 국민국가의 역할이 과거에 비해 약화 또는 변형될 것으로 예측되었다.[2] 유럽연합EU과 북미자유무역지대NAFTA의 출범, 아시아·태평양경제협력체APEC, 세계무역기구WTO 등 초국가적 기구의 등장은 전 지구적 통치구조global Governance의 힘을 강화하는 동시에 국민 경제에 대한 탈규제를 가져옴으로써 국민국가의 힘과 역할을 약화시켰다.

그러면 세계화 시대에 민족주의는 어떠한 경향을 보일 것인가? 국민국가의 약화와 함께 민족주의도 약화될 것인가? 아니면 강화될 것인가? 1990년대 이후 세계의 변화는 세계화 시대에도 민족주의가 약화되지 않고 있음을 보여주었다.[3] 왜냐하면 1990년대 이후 세계적으로 민족주의와 관련된 현상이 이전보다 더 활발히 전개되었기 때문이다.

먼저, 동유럽의 구사회주의 국가에서는 1980년대 말 체제전환 과정에서 연방이 붕괴되면서 새로운 국민국가가 탄생했다. 물론 홉스봄은 소련과 유고연방의 분열 및 체코와 슬로바키아의 분리가 "1918~1921년에 미완되었던 것의 부활"이며 "이것은 본질적으로 민족 갈등 탓이라 할 수 없다"(Hobsbawm 1994, 214)고 주장했다. 비록 이 지역에서 새로운 국가의 탄생이 사회주의 체제의 붕괴에 따른 것일지라도, 유고연방의 경우, 개별 공화국 마다 다수 민족이 독립을 주도했고, 독립 이후에도 연방을 주도하던

---

2 물론 세계화와 국민국가의 관계에 대해 상반된 시각들이 경쟁하고 있다. 세계화를 일차적으로 경제적 현상으로 인식하면서 세계화가 국민국가를 약화시킨다는 초세계화론자들(hyperglobalizers), 세계화는 신화이며 국민국가가 국제 경제 활동의 규제자이자 초국가적 조직의 정당화론자로서 핵심 역할을 한다고 주장하는 회의론자들(sceptics), 국민국가의 전통적 성격에 영향을 미치는 근본적 변화를 인정하지만 국민국가의 적실성이 지속된다고 주장하는 변형론자들(transformationalists)이다(Guibernau 2001, 244~248).

3 이 글에서는 민족주의(nationalism)를 하나의 민족/종족이 자신들의 독자적인 국가를 형성하려는 이념/운동뿐 아니라 기성의 국민국가에서 자신들의 민족 정체성/국민 정체성(national identity)을 유지, 재생, 강화하려는 이념/운동까지 포괄하는 개념으로 사용한다. 곧 민족주의는 다민족/종족 국가에서 일어나는 소수 민족(minority)의 분리 독립운동부터 단일 민족국가에서 자국의 정체성을 강화하는 운동까지 모두 포함하는 상당히 포괄적인 개념이다. 더 자세한 개념 설명은 2절을 참조하라.

세르비아와 전쟁을 벌였다는 점에서, 1990년대 이후 민족주의가 활성화되어 있음을 보여주는 대표적인 사례다. 소련 역시 사회주의 체제 이후 15개의 공화국으로 분리되었고, 소련 해체 이후에도 다종족multi-ethnic 국가인 러시아에서는 상당 기간 체첸과 같이 소수민족minority의 분리독립운동이 지속되었으며, 이는 역으로 러시아인의 민족주의를 활성화시켰다. 이 역시 세계화 시대에도 민족주의가 활발히 작동하고 있음을 잘 보여주는 사례이다.

둘째, 1990년대 비서구 여러 지역에서 소수민족의 분리 독립운동separatism이나 기존 국가 내부의 종족 갈등이 활발히 전개되었다. 이런 갈등의 근원은 식민지로부터 독립할 때 여러 종족이 하나의 국가로 결합했다는 점에 있다. 다만 냉전 시기에는 주로 지배적 위치에 있는 종족이 냉전체제 아래서 미소 중 어느 한쪽에 빌붙어 지원을 받았고, 이를 기반으로 다른 종족을 억압하면서 갈등을 봉합했다. 그러나 냉전의 해체는 강대국의 지원을 중단시켰고, 이는 그동안 잠재되었던 종족 갈등을 다시 점화시켰다. 따라서 이는 '종족적ethnic' 민족주의로 지칭된다.

셋째, 1990년대 이후 서유럽에서는 인종주의racism가 부활했고 극우 정당의 지지율이 지속하여 상승하고 있다.[4] 이는 아시아·아프리카로부터의 이주민 증가 및 경제 침체라는 사회·경제적 측면에 기인한 것이지만, 그 이면에는 자신보다 타민족/종족을 열등하게 생각하여 차별하는 자민족 중심의 '배타적'/'폐쇄적' 민족주의가 존재한다.

결국 세계화 시대로 불리는 1990년대 이후 세계의 여러 지역에서, 그것

---

4 2002년 프랑스 대통령 선거(1차 투표)에서 극우 정당인 국민전선(le Front National)의 후보인 장마리 르펜의 부상이 대표적 사례다.

이 특정 민족에 기초한 국민국가의 건설을 지향하는 것이건, 기존 국민국가의 유지·강화를 지향하는 것이건, 또는 타민족/종족을 배제하는 것이건, 외양과 성격이 다를지라도 민족주의와 관련된 현상들이 활성화되고 있다. 곧 세계화 시대 국민국가의 약화에도 불구하고 민족주의는 약화하지 않고 있다는 점을 보여준다.

그러면 세계화 시대 민족주의의 활성화는 세계적으로 보편적인 현상인가? 아니면 특정 지역에만 국한된 현상인가? 이에 대한 답을 찾기 위해 전술한 유럽이나 비서구의 다른 지역에서 민족주의가 어떤 모습을 띠고 있는지 살펴보자. 이에 가장 적절한 지역은 바로 동아시아, 특히 한국과 일본이다. 왜냐하면 양국은 "종족이라는 면에서 거의 또는 완전히 동질적인 인구로 구성된 역사적 국가"(Hobsbawm 1994, 94)이기 때문이다. 곧 한국과 일본은 '정치적 단위'와 '문화적 단위'가 일치한 역사가 오래되었기 때문에 양국민은 자신이 거의 단일한 문화 및 전통을 가졌다고 믿고 있다. 이러한 믿음은 국민이 자신의 역사와 전통에 대한 민족적 자긍심을 갖게 해줌으로써 상당히 공고한 국민적 통합을 이루고 있다. 이는 국경 내에 상이한 문화적 단위/종족들이 공존하는 동유럽이나 소련 또는 제3세계 지역과 다른 점이다.

이와 같이 한국과 일본의 종족적·문화적 단일성은 다른 지역에서 일어나는 종족적 민족주의나 인종주의의 발생 가능성을 낮춘다는 점에서 세계화 시대에 민족주의가 활성화된 다른 지역과 구별되는 점이다.[5] 따라서 만일 이러한 차별성에도 불구하고 한국과 일본에서도 세계화 시대에 민

---

5 물론 세계화 시대에 접어들면서 한국과 일본에도 많은 외국인이 거주하게 됐다. 이것은 앞으로 이 지역에서도 인종주의가 발생할 가능성이 있다는 점을 말해준다.

족주의가 활성화되었다면, 이는 세계화 시대 민족주의의 활성화가 세계적으로 보편적인 현상이라고 볼 수 있을 것이다. 따라서 이 장은 세계화 시대에 민족주의의 현황을 살펴보기 위해 1990년대를 중심으로 한국과 일본의 민족주의 변화를 추적한다. 먼저 2절에서는 민족과 민족주의 개념을 살펴보고, 3절과 4절에서는 한국과 일본의 민족주의 담론을 살펴본후, 이를 통해 제5절에서는 세계화와 민족주의에 대한 간략한 견해를 제시한다.

2. 민족과 민족주의 개념

이 절에서는 민족nation을 "역사적 영토, 공통의 신화와 역사적 기억, 대중적·공적인 문화, 영토 내에서 공통의 경제, 모든 구성원이 공통으로 법적 권리와 의무를 공유하는 이름이 있는 인간의 모임"(Smith 1991, 43)으로 정의한다.[6] 또한 민족과 유사한 인간 집단으로 종족ethnicity 또는 종족 집단ethnic group이라는 개념을 사용하는데, 이는 자신의 국가를 갖고 있지 않거나, 또는 아시아계 미국인Asian-American과 같이 다종족으로 구성된 국가에서 소수 민족을 지칭할 때 사용한다. 또한 '족ethnie'은 근대적 의미의 민족이 성립하기 이전에 존재한 정치체, 곧 민족의 원형proto-type을 의미하는 것으로 사용

---

[6] 영어의 'nation'은 민족과 국민을 모두 포괄하지만, 한국에서는 대한민국의 '국민'과 북한 동포와 재외 동포를 포괄하는 '민족'을 구분해 사용해야 할 필요가 있다(설동훈·정태석 2002, 30~33). 한민족은 객관적 차원에서 신화, 기억, 문화, 언어 등을 공유하고 있지만, 이념적 대립과 전쟁을 통해 두 개의 국민국가로 나뉘었기 때문에 민족과 국민을 구별해 사용해야 한다. 또한 한국에서 'nationalism'은 민족주의와 국민주의로 번역된다. 그러나 한국에서 민족주의는 일반적으로 기존 국가(남한 또는 북한)의 유지와 발전을 지향하는 국민주의와 함께 하나의 국민국가를 지향하는 이념/운동, 곧 통일을 지향하는 이념/운동을 모두 포괄하는 개념으로 사용된다.

한다. 스미스는 족을 "고유 명칭의 존재, 독자적인 문화적 특징 공유, 공통 조상에 관한 신화, 역사적 기억의 공유, 고유한 고향Homeland과의 관계 또는 심리적 결합, 민족 집단을 구성하는 인구 주요 부분에 대한 연대감의 존재"(Smith 1991, 21)를 지닌 인간 집단으로 정의했다.

민족주의는 전 세계에 존재하는 민족의 수만큼이나 다양하게 정의된다고 할 정도로 복잡한 개념이다. 이렇게 다양한 민족주의의 정의에서 스미스는 다음과 같은 공통된 명제를 도출했다. "첫째, 세계는 자신의 특징과 운명을 지닌 민족으로 분할되어 있다. 둘째, 민족은 모든 정치권력의 원천이고, 민족에 대한 충성은 다른 모든 충성을 압도한다. 셋째, 자유롭기 위해서 인간은 특정 민족과 동일시해야 한다. 넷째, 진정한 민족이 되기 위해서는 각 민족이 자치적이어야 한다. 다섯째, 세계의 평화와 정의가 유지되기 위해서 민족은 자유롭고 안정되어야만 한다"(Smith 1995, 149). 스미스는 이 명제에서 도출되는 민족주의의 기본적 이상과 민족주의자의 목표가 "민족정체성, 민족통합, 민족의 자치"라고 주장했다.

이에 따라 이 장은 민족주의를 "일부 구성원들이 '민족'을 구성한다고 간주되는 주민을 위해 자치autonomy, 통합unity, 정체성identity을 획득하고 유지하려는 이데올로기적 운동"(Smith 1995, 149~150)으로 정의한다. 이는 민족주의가 "민족적 의지 또는 민족적 경계를 확인할 수 있는 방법에 대한 이론을 가진 것이 아니라, 자유주의에서 공산주의와 인종주의까지 다른 운동 및 이데올로기가 요구된다"는 것이다. 따라서 "민족주의의 핵심 교의는 세계의 사회정치 질서에 대한 기본 틀 이상을 제공해주지 않으며 그것은 다른 이념체제 및 개별 공동체의 상황의 특별한 조건에 의해 채워"(Smith 1995, 150)지는 것이다. 곧 민족주의는 상당히 높은 수준의 신축적인 추상 개념으로 대중의 근본적인 필요와 열망을 충족시키는 독특한 능력이 있지만, 역사와 사회에 대한 일관된 설명을 제공하지는 못한다.

3. 한국의 민족주의

1) 세계화 시대 이전의 민족주의

한반도는 19세기 후반 외세에 의해 강제적으로 문호를 열었고, 근대국가로의 전환 과정에서 여러 외세의 간섭에 시달렸으며, 그 결과 일본의 식민지로 전락했고, 해방과 함께 외세에 의해 강제적으로 분단되었고, 냉전의 여파로 동족 간에 전쟁까지 치르는 불행한 역사를 경험했다. 이로 인해 한반도에서 민족주의는 매우 강한 지배력을 갖고 있고, 특히 불행한 역사적 경험으로 말미암아 한반도의 민족주의에 절대적이고 '유토피아적' 성격을 갖게 되었다. 곧 국권 상실의 경험은 자주 독립국가의 건설에 절대성을 부여했고, 일본 제국주의의 지배는 저항적 성격을 갖게 만들었다. 물론 민족주의의 절대성과 저항성이 한반도만의 고유한 현상이 아니라 식민 지배를 경험했던 많은 비서구 국가에서 일반적으로 발견되는 현상이다.[7]

그러나 해방 이후 한반도의 민족주의는 한반도만이 겪은 독특한 경험을 반영하면서 다른 비서구 국가와 다른 차별성을 보인다. 해방 직후 한반도 민족주의의 목표는 미국과 소련에 의해 분단된 국토의 통일, 통일된 국민국가 아래서의 근대화, 그리고 식민유산의 청산이었다. 그러나 냉전체제가 심화하면서 한반도에는 미소의 지원을 받는 두 개의 적대적인 국가가 등장했고, 이들의 적대는 결국 동족 간의 전쟁을 가져왔다. 이로써 한반도의 민족주의에서는 일민족 일국가를 지향하는 통일보다는, 남한

---

7 이 글은 분단 이전의 민족주의를 한반도 민족주의로, 분단 이후 남한의 민족주의를 한국 민족주의로 지칭한다.

(한국)에서는 반공과 반소련, 그리고 북한에서는 반미와 반제국주의가 가장 핵심적인 민족주의 담론이 되었다. 또한 종전 후 진행된 남북의 이질적인 국가건설과 국민형성 과정, 그리고 상호 적대 정책은 한국 민족주의에 동족인 북한을 적대하는 배타적 성격을 갖도록 만들었다. 따라서 분단 이후의 한국 민족주의는 하나의 국민국가 건설, 곧 통일을 지향하는 통합성과 함께 북한을 적대하는 배타성을 갖게 되었다.

그러나 현실에서 한국 민족주의는 상당 기간 통일보다는 반공에 압도되어 통합성보다 배타성이 강한 이데올로기로 기능했다. 1950년대 이래 한국의 권위주의 정권은 '반공통일'이라는 지배 담론 이외의 어떤 다른 통일 담론도 허용하지 않았고, 이는 민주화로의 이행 이전까지 지속했다. 다만 1960년 민주당 정권 시기만 예외적으로 다양한 통일 담론이 분출했다. 따라서 한국인의 강한 통일 열망은 권위주의 정권의 반공 담론에 의해 억압되면서 당위의 수준에서만 논의되었다.

한편 한국 민족주의에서 통일 담론의 자리를 매운 것은 '경제발전/근대화' 담론이었다. 이는 당시 후진적인 경제상황과 박정희 정권의 '선건설후통일' 논리에 의해 민족적 정당성을 부여받았다. 그러나 국가주도형 경제발전의 성공과 장기간의 권위주의적 통치는 경제발전 담론의 민족주의적 성격을 약화시켰고, 대신 1970년대 중반부터 민주주의 담론이 부상하기 시작했다. 민주주의 담론은 1980년대 신군부의 권위주의적 통치에도 불구하고 지속되면서 1987년 민주화로의 이행에 동력이 되었다.

1987년 민주화로의 이행은 한국 민족주의에 변화를 추동했다. 그것은 아래로부터의 통일 담론의 부상이었다. 민주화 이후 일부 재야세력과 학생운동세력에 의해 통일 담론이 제기되었는데, 그것은 이전의 통일 담론과 큰 차이를 보인다. 그들은 '북한바로알기운동'을 통해 북한에 대한 정보를 전파하는 동시에 분단체제에 대한 미국의 책임을 거론하면서 '반미'

를 내세웠다. 그러나 이러한 통일 담론은 국민의 심성에 뿌리내린 반공 이데올로기, 노태우 정권의 반공 공세와 탄압, 그리고 사회주의권의 몰락이라는 대내외적 조건으로 인해 1990년대 약화되었다. 그러면 세계화 시대가 열린 1990년대 한국 민족주의는 어떤 내용과 모습을 띠었는지를 구체적으로 살펴보자.

2) 세계화 시대의 민족주의

(1) 김영삼 정부 시기의 경제 민족주의

1990년대 초반 한국에서는 시장 개방과 자본의 자유화를 지향하는 세계화의 흐름이 시작되면서 새로운 민족주의 담론이 등장했다. 그것은 김영삼 정부가 '국제화'와 '세계화'로 부른 경제 민족주의 담론이었다. 경제 민족주의는 1960·70년대 한국 민족주의의 핵심 담론으로써 빈곤으로부터의 탈피라는 내적 요구에 의해 등장했는데, 1990년대에는 세계화라는 외부의 요구에 의해 추동되었다.

1993년 김영삼 정부가 출범할 즈음 세계경제는 우루과이라운드UR가 타결되고 국제무역기구WTO가 출범했는데, 이는 한국에게 금융·자본 시장의 개방과 자유화의 압력으로 다가왔다. 김영삼 정부가 이를 수용하자 그 동안 국가의 보호 아래 성장했던 국내 자본이 위축되면서, 1990년대 초반 수출증가율은 둔화되고 외환수지 역시 적자로 돌아서게 되었다.

김영삼 정부는 당시의 상황을 '민족 생존의 문제'가 걸려있는 시기, 곧 선진국으로 도약의 문턱에서 내우외환의 위기에 처해 있는 시기로 정의하고, 이를 극복하기 위해 국가가 생산성과 효율성을 최우선의 국정 원리로 삼아 재도약의 기틀을 마련하고, 사회 각 부문의 경쟁력 강화를 선도해야 한다고 주장했다. 이에 따라 김영삼 정부는 정치영역에서 '부정부패 척결'과 '정경유착의 단절'을 위한 '사정개혁', 군대·안기부 등 억압적 국가기구에 대한 제도적 통제, 선거 및 정당과 관련된 제도개혁, 경제영역에서는 재벌의 소유구조 분산, 대기업의 문어발식 확장 제한, 중소기업 육성, 금융실명제 실시, 사회 영역에서는 노동 억압적 제도 개선, 농산물개방 허용 불용, 교육제도 개혁 등 '개혁' 정책을 추진했다. 그러나 이러한 정책은 경제 불황과 기업에 대한 정부의 통제력 약화 및 보수 세력의 반격으로 인해 충분한 성과를 거두지 못했다. 이에 김영삼 정부는 1993년 11월 새로운 국가전략으로 '국제화'를, 국정목표로 '국가경쟁력 강화'를 선포했다. 여기서 국제화란 "무한경쟁체제에서 국가경쟁력을 높이기 위한 것"이고, 이를 위해 '정부는 기업가형'이, '공직자는 세일즈맨'이 되어야 하며, '세계인'을 양성해야 한다는 것이었다(김윤철 1999, 28).

김영삼 정부는 1994년 11월 국제화 대신 세계화를 다시 새로운 국가전략으로 내세웠다. 세계화는 '생산적 복지' — 경제성장에 부담을 주지 않는 범위에서의 복지 — 라는 내용과 '세계중심경영국가', '초일류국가' 등 '미래국가'의 상(像)을 제시했다는 점에서 국제화와 차별성을 보이지만, '세계화의 원동력은 국가경쟁력 강화'라는 발언에서 볼 수 있듯이 그 본질은 국제화 담론과 같았다. 곧 김영삼 정부의 세계화 담론은 세계를 국민국가가 위계적으로 배열된 상태로 간주하고 여기서 한국이 우월한 위치에 서야 한다는 사고에 근거하여, 이를 위해 정부가 기구 및 기능을 축소해야 할 뿐 아니라 독점재벌체제 중심의 수출주도 산업화 전략을 지속하고 외국투자 유입을 추진해야 한다는 행동 강령을 가지고 있었다.

이렇듯 국가의 경제적 발전에 최상의 가치를 부여했다는 점에서 세계화 담론은 국가주의적이고 경제적인 민족주의의 성격을 갖고 있다. 동시에 "세계적인 차원에서 격화된 자본 간의 경쟁을 민족국가간의 경쟁으로 대치함으로써 국민들의 민족주의적인 감성에 호소하여 민족국가 내 계급관계를 은폐하고 계급 대립을 통합하려는 자본의 논리를 대변"하는 이데올로기로서의 역할을 하고 있었다(정일준 1994, 29). 곧 세계화는 경쟁력 강화와 비용 절감을 위해 국가는 최대한 자본을 지원하여야 한다고 주장하는 담론으로, 철저히 친㞦자본, 반㞦노동의 이데올로기였다.

결국 김영삼 정부의 국제화·세계화 담론은 비록 세계화라는 외부의 압력에 의해 등장했지만, 1960·70년대 한국사회에 팽배했던 박정희식㞦 '신중상주의적' 경제민족주의의 성격을 갖고 있었다.[8] 김영삼 정권이 1993년 시작한 신경제 5개년계획은 박정희의 경제개발 5개년계획과 마찬가지로 성장 지상주의의 정부 주도 계획이며, 그 본질은 자본의 효율적 재편성과 노동 착취의 강화를 통해 경제위기를 극복하는 것이었다. 김영삼 정부는 자본에게는 '국가경쟁력 강화'를 명분으로 전폭적 지원을 제공했고, 노동에게는 국가발전을 위한다는 명분 아래 고통 전담을 요구했다. 특히 노동자의 임금을 억제하여 국가경쟁력을 강화시키겠다는 전략은 '수출입국'을 외치면서 '저임금 장시간 노동'에 근거하여 경제개발을 추진한 박정희 정권의 전략과 유사했다. 다만 외부의 요구로 자본·금융 시장의 개방을 수용한 점에서는 박정희 정부와 차별성을 보여주었다.

국제화·세계화 담론은 상당 부분 국내 자본의 입장을 대변했기 때문에, 국내 대자본과 보수 언론의 적극적인 지지를 받았다. 국내 대자본은 '세계 일류'(삼성), '세계경영(대우)' 등 이 담론에 호응하는 구호를 내걸었고, 노동 측의 양보를 이끌어내는 지렛대로 활용했다. 보수 언론도 이 담론을 정당화했으며, 안보와 안정 담론을 추가하여 이에 비판적이던 대항세력을

---

8 여기서 신중상주의란 후진국이 선진국을 따라잡기(catch-up) 위해 국가의 보호 아래 경제 정책을 추진하는 것을 의미한다.

견제했다. 곧 노동자의 정당한 파업을 '산업파괴'로 규정하고, 통일운동을 '친북세력의 준동'으로 규정하여 국민의 '레드 콤플렉스'를 자극했다.

국제화·세계화 담론은 정부가 주도했고, 중산층의 지지도 획득했다. 한국의 중산층은 1960년대 이후 고도성장의 과정에서 물적 보상을 받았기 때문에 경제발전을 최우선의 가치로 간주하는 발전주의적 사고를 긍정적으로 수용했다. 그래서 1990년대 초 한국 경제의 위기를 매우 심각하게 생각하면서 김영삼 정부의 국제화·세계화 담론을 지지했다.[9] 비록 국제화·세계화 담론이 저항세력의 민주주의와 통일 담론과 충돌했지만, 1990년대 초반의 국내외 환경은 국제화·세계화 담론의 설득력을 높였다. 곧 사회주의권의 몰락으로 인한 대항세력의 대안 이념 부재, 정부의 공안정국 조성을 통한 대항세력 억압, 여전히 우세했던 반공 이데올로기, 그리고 일부 운동세력의 친북적 성격은 평화통일 담론을 침체시켰고, 김영삼 정부가 추진하던 민주주의의 심화 요구를 약화시켰다. 따라서 김영삼 정부에서 국제화·세계화 담론은 민주주의와 평화통일 담론을 압도하는 지배담론이 되었다.

그런데 흥미로운 점은 김영삼 정부의 국제화·세계화 담론에 따라 국가 경쟁력 강화를 외치는 과정에서 전통문화의 상품화를 시작되었고, 이것이 문화 민족주의의 확산에 기여했다는 점이다. 1990년대 초반부터 한국 사회에서 전통문화와 역사에 대한 관심이 고조되었는데,[10] 당시 국제시장

---

9 세계화 담론을 다룬 직접적인 여론조사 자료가 없기 때문에 지지도를 확실히 파악하지는 못하지만, 당시 중산층과 노동자에게 모두 '경제 회복'이 가장 시급한 문제로 간주됐고 '고통분담론 동의 여부'에 대해 '크게 공감'이 50.7퍼센트, '대체로 공감'이 39.6퍼센트인 여론조사의 결과를 보면 세계화 담론이 상당히 지지받았다고 간주할 수 있다(김윤철 1999, 34). 게다가 국민들은 언론의 세계화 시대 시리즈, 해외여행의 폭발적 증가, 외제 상품의 범람, 외국인 노동자의 급속한 증가 등을 통해 세계화를 체험할 수 있었기 때문에, 김영삼 정부의 개혁 정책에 대한 지지 철회와 별도로 이 담론을 부정하지 못했다.

10 1990년대 한국 사회를 풍미한 '한국문화론'에 대한 자세한 논의는 권숙인(1998)을 참조하시오.

에서 경쟁력을 갖춘 '상품'을 찾던 정부와 기업들도 이러한 아이디어를 이용하여 전통에 눈을 돌려 상품화했다. 이에 따라 국악과 고전무용 등의 전통문화와 식혜, 수정과 등의 전통음식이 상품화되었고, '신토불이'와 '우리 것이 좋은 것이여'라는 민족주의적인 광고 카피가 큰 호응을 얻었다. 결국 한국의 문화민족주의는 세계화의 한 현상인 '전 세계의 맥도날드화'에 대한 민족주의적 대응인 동시에 전통을 이용하여 민족주의로 포장된 상품을 만들려는 자본의 논리가 낳은 '흥미로운' 현상이었다.[11]

(2) 김대중 정권 시기의 경제 및 통일 민족주의

1997년 한국사회를 혼란과 좌절로 이끈 외환위기는 세계화가 국민국가에 가할 수 있는 영향력을 극단적으로 보여준 사건이었다. 외환위기의 결과 들어선 IMF 관리체제는 한국의 경제 구조를 바꾸었고, 이는 다시 다른 사회부문에 상당한 큰 영향을 미쳤다. 특히 주목할 점은 IMF 관리체제가 한국의 경제적 주권을 압도함으로써 한국인의 자긍심에 큰 상처를 입혔다는 점이다. 외환위기를 맞게 되자 한국인은 이를 초래한 김영삼 정부와 재벌에 대해 분노했지만, '미일자본 음모설'이 제기되자 이를 믿는 분위기도 존재했다.

일반적으로 민족주의는 이러한 위기 국면, 특히 외부의 침입에 의해 민족적 자긍심이 손상된 순간 폭발적으로 확산된다. 경제위기 직후 한국은 바로 이런 상황이었고, 따라서 경제 위기로 한국에서 민족주의는 더욱 활

---

11   국가나 민족의 경계를 넘어 전 지구촌을 하나의 질서로 통합시키려 하는 자본의 힘과 국제정치적 영향력의 소용돌이 속에서 '한국 문화', '한국적 전통', '민족적 정체성' 등은 한편으로는 한국이라는 정체성을 유지할 수 있는 최후의 방어지로서 숭고한 역할이 부여되고, 다른 한편으로는 영화, 출판물을 통해 그 어느 때보다, 그리고 그 어떤 다른 주제들에 비교해도 경쟁력이 풍부한 개발 가능한 상품으로 등장했다(권숙인 1998, 182).

성화되었다. '단군 이래 최대의 위기'로 상처받은 국민은 곧 경제위기 극복에 관심을 집중했고, 자연스럽게 경제 민족주의가 확산되었다. 당시 언론은 '제2의 국채보상운동', '외화 동전 모으기 운동', '달러 저금하기', '금 모으기 운동' 등을 선전하며 민족주의를 조장했고, 기업도 민족주의적 광고를 통해 '국산품 애용운동'을 전개하여 많은 호응을 받았다.[12] 이 과정에서 외국제품 불매운동[13] 및 해외여행자와 외제차 사용을 비난하는 등 민족주의의 배타성이 드러나기도 했다.

이런 상황에서 김대중 정부는 다른 모든 문제에 우선하여 '경제 살리기'에 치중해야만 했다. 김대중 정부는 당시의 상황을 "6·25이후 최대의 국난國難"(대통령비서실 1999, 60)으로 규정하고, 자신의 최대 과제를 '경제의 재도약'으로 설정했다. 그리고 이를 위해 '민주주의와 경제발전의 병행'과 '총체적인 개혁'을 추진할 것이니, 국민은 '고통분담'을 해야 한다고 주장했다. 곧 김대중 정부는 세계화의 충격에 대응하기 위해 '경제살리기'라는 위로부터의 경제 민족주의 담론을 제시했다.

그런데 김대중 정부의 경제 민족주의는 외환위기 직후 등장한 아래로부터의 경제 민족주의 담론과는 사뭇 다른 성격을 띠고 있었다. 아래로부터의 경제 민족주의가 방어적이고 보호(무역)주의적인 내용을 담고 있었다면, 김대중 정부의 그것은 탈규제화·자유화·민영화로 요약되는 신자유주의적인 내용을 담고 있었다. 김대중 정부는 처음부터 방어적이고 보호주의적인 민족주의와 일정한 거리를 유지하면서 신자유주의를 채택했다.

---

12 한국 콜라 회사의 '콜라독립 8·15'와 한글과컴퓨터사의 '한글 8·15판', 프로스펙스의 광고("당신은 달러를 신고 있습니까?"), 로케트 전기의 광고("내 삐삐에서 $가 나간다"), 가방 제조 업체 아이찜의 광고("가방수출 세계 1등, 넌 누구니? 내 어깨엔 우리나라의 미래가 달려있지. 우리의 미래가 가진 우리의 가방 — 아이찜") 등이 대표적 사례다.

13 별 호응은 없었지만 미국 영화 《타이타닉(Titanic)》 안 보기 운동도 일어났다.

이는 김대중 정부의 선택이라기보다는 IMF와 다국적기업의 강제, 곧 세계화가 부과한 '명령'이었다.

당시 신자유주의적 세계화를 대변하는 세력은 언론을 통해 중상주의적 민족주의의 폐쇄성을 비난하는 한편, 자신의 이해관계를 '글로벌 스탠더드', '글로벌 룰' 등으로 포장했다.[14] 사실 그들의 주장은 "'애국심' 자체를 공격할 수 없게 만드는 한국인의 뿌리 깊은 민족주의적 정서를 활용하여 외국상품에 대한 인식을 바꾸는 새로운 전략"(권혁범 1998, 16)이었다는 점에서 경제민족주의의 신자유주의적 변형이었다. 김대중 정부와 언론이 이 담론을 확산시키자 IMF 관리체제 초기 아래로부터 등장했던 방어적이고 보호무역주의적 경제 민족주의는 약화되었다.

1990년대 후반의 경제 민족주의를 정리하면, 김대중 정부 초기의 경제 살리기 담론은 세계화가 가져다 준 직접적인 충격으로 등장했는데, 위와 아래로부터 동시에 등장했다는 특징을 갖고 있다. 그러나 아래로부터의 경제 민족주의가 지향하는 방향과 달리, 한국 경제는 IMF의 지도 아래서 세계경제와 보다 밀접히 결합되었다. 그 결과 아래로부터의 민족주의는 신자유주의를 채택한 위로부터의 민족주의에 의해 약화되었고, 위로부터의 민족주의도 신자유주의적 성격으로 인해 빈익빈 부익부를 초래함으로써 국민의 지지를 잃게 되었다.

경제 살리기 담론과 관련하여 흥미로운 점은 경제 민족주의의 범주가 스포츠의 영역으로 확장되었다는 점이다. 19세기 말 이래 스포츠는 일반

---

14 보수 언론과 다국적 기업들이 적극적으로 자신들의 애국적 성격을 주장한 대표적 사례는 다음 같다. 조선일보는 '외자 유치는 애국'이라는 '신애국자론'을 주장했고, FILA 코리아는 '무엇이 진정한 국산입니까'라는 광고를 통해 이렇게 주장했다. "WTO 체제하에서 국산 제품의 정의는 무엇입니까? …… 외국 합자 회사로서 240여 개 국내 업체와 더불어 국내 산업 발전에 이바지했으며 국내 판매용 제품의 97퍼센트를 국내에서 생산하고 있습니다. 또한, 지난 6년간 1조 6천 억 원에 달하는 신발도 수출했습니다. 이런 기업은 어떻게 평가받아야 합니까?"

적으로 국가에 의해 국민통합 이데올로기의 수단으로 이용되었다. 한국에서도 정부는 꾸준히 스포츠를 민족주의와 결합시켜 이용했고, 특히 경제위기 직후에는 스포츠의 스타를 애국지사愛國志士와 같은 이미지로 덧씌웠다. 국가와 언론이 대표적으로 이용한 스포츠 스타는 미국 프로야구와 골프에서 성공한 박찬호와 박세리였다. 그들의 성공은 경제위기로 인해 좌절한 한국인에게 카타르시스를 제공하는 역할을 했는데, 정부와 언론은 이를 이용하여 국민을 통합시키려 했다. IMF 극복을 위한 정부의 공익광고 프로그램에서 박세리가 물에 빠진 공을 걷어 올리는 장면은 한국인이 위기의 순간을 극복하고, 결국 다시 경제발전을 이루는 상황으로 생각하게끔 유도하는 것이었다.

한편 김대중 정부는 한국 민족주의의 가장 핵심적 담론이었던 평화통일의 담론을 복원했다. 이전의 김영삼 정부는 경제력의 압도적 우위를 바탕으로, 그리고 북한 핵 위기를 계기로 북한의 흡수 통일하겠다는 생각을 했지만, 김대중 정부는 집권 하자마자 '햇볕정책'이라는 대북포용정책을 전개하면서 한반도의 긴장을 완화했다. 김대중 대통령은 출범 직후 "남북 간의 교류와 협력을 위한 특사 교환을 재개하고, 필요하다면 김정일 총비서와 정상회담을 하자"고 제의했고, 2000년 3월에는 한반도 냉전구조의 해체와 항구적인 평화정착 및 이산가족 문제의 해결 그리고 남북간의 화해 협력을 위한 정부 당국 간의 대화 등의 내용을 담고 있는 '베를린 선언'을 발표했다.

비록 대북포용정책이 1998년 8월 북한의 대포동 미사일 발사 사건과 1999년 6월 서해교전으로 위기를 맞았지만, 금강산 관광 시작, 남북한 교역의 급증, 남한의 대북 쌀 지원 및 2000년 6월 15일 남북정상회담을 통해 급진전되면서, 한국 민족주의에 큰 영향을 미쳤다. 곧 반공·반북反北 이념에 기초한 배타적이고 적대적인 성격이 남북공존을 지향하는 포용적이고 평화적 성격으로 변화했다. 이는 미국 부시정부의 대북적대정책, 북한의 핵·미사일 개발, 뉴라이트의 등장과 반공 보수 세력의 반대 등 국내외 환경의 변화로 인해 그 성격이 계속 변화했지만, 반공·반북에 기초한 배타적이고 적대적 성격은 권위주의 시기에 비해서는 상당히 약화되었다.

결국 1990년대 이후 한국에서는 탈냉전과 세계화의 영향에 따라 민족주의가 활성화되었고 그 내용과 성격 역시 큰 변화를 보였다. 경제적 측면에서의 세계화는 그 동안 잠재되었던 경제 민족주의를 부활시켰고 한국 민족주의의 범주를 정치·경제 부문 뿐 아니라 문화와 스포츠 부문으로 확장시켰으며, 탈냉전은 반공·반북에 기초한 배타적이고 적대적인 성격의 통일 민족주의를 포용적이고 평화적인 성격으로 전환시켰다.

4. 일본의 민족주의

1) 세계화 시대 이전의 민족주의

2차 대전 패배 이후 일본에서는 민주주의와 평화 담론이 침략 전쟁을 주도했던 국가주의적 민족주의를 대치했다.[15] 패전 직후 일본에서 민주주의와 평화는 전시의 과도한 민족주의 표출에 대한 반성을 담은 담론이었다. 이는 평화헌법과 민주주의 체제로 제도화됐는데, 자민당과 경제계 등 보수주류세력이 이를 받아들여 미국과의 협력을 통한 경제발전에 전념했다.

---

15 국가주의적 민족주의란 국가주의와 민족주의에 결합된 개념을 의미한다. 국가주의란 개인의 자유와 국가권력의 관계, 또는 자유로운 개인으로 구성된 시민사회와 국가의 관계에서 개인과 시민사회에 대해 국가의 우위와 주도가 전제되는 가운데, 국가가 최우선의 가치와 규범으로 강조되는 이념 또는 그 경향을 지칭한다.

또한 냉전이 심화되면서 일본은 공산진영과 대결하기 위한 미국의 세계체제전략에 편입됐고, 미국과 안전보장조약을 체결하는 등 미국과 밀접한 관계를 유지했다. 반면 사회당, 공산당, 무당파 등 '진보' 세력은 이에 저항하면서 일본 정계에서 호헌평화 원리를 고수하는 흐름을 형성했다.

사실 전후 일본에서는 전전의 국가주의적 민족주의가 초래한 부정적이고 반역사적 결과로 인해 민족주의를 조장하는 어떤 행위도 정당하지 않다는 분위기가 지배적이었다. 따라서 전통적 공동체에 기초한 민족주의는 사상계로부터 자동적으로 배제되었고, 국민정서를 형성할 수 없는 사장된 사상으로 전락했다. 패전 직후 일본사회는 일본사회의 후진성과 일본국민의 개인 지각 결핍이 강조되면서 문화적으로 자기상실에 빠졌다. 그 중 일부 지배층과 지식인은 민주주의, 자유주의, 개인주의 등 서구사상을 일본사회에 이식하기 위해 활발히 활동을 전개했다. 서구 사상의 도입은 전통적 가치와 구조로부터 탈피하려는 사고에서 출발했고, 국민과 국가를 '서구적' 모습으로 개혁하려는 시도였다(구견서 1998, 816).

그러나 패전 후 민족주의에 대한 거부감에도 불구하고, 일본에서 국가주의적 민족주의는 점차 부활하기 시작했다. 그 계기는 1950년 전후 미군 점령에 따른 식민지화의 두려움, '무국적인 평화주의'에 대한 반발, 그리고 제3세계 여러 국가에서 고양된 민족주의였다(한경구 2002, 282). 그러나 세계화 시대 이전까지 국가주의적 민족주의를 내세우는 세력은 영향력의 측면에서 미미했다. 다만 침략전쟁이나 식민지배를 정당화하는 망언을 되풀이하거나 또는 히노마루 게양, 기미가요 제창, 학교 교육 커리큘럼으로서의 민족주의 도입을 통해 국민으로서의 프라이드와 애국심을 부활시켜야 한다는 주장은 지속적으로 등장했다.

한편 전후 일본에서는 급속한 경제성장을 배경으로 전전의 국가주의적 민족주의와 달리 '정치색'이 덜한 민족주의, 곧 국제화론과 일본문화론 또는 일본인론이 등장했다. 1960년대 등장한 국제화론은 "세계 속에서 생존하기 위해 국제정세에 즉각 대응卽應하는 체제를 산업·무역·재정·금융의 각 방면에 걸쳐 정비하여 안정 성장을 위한 기초를 굳게 한다는 의미를 지니고 있었다"(한경구 2002, 283). 이는 일본경제가 맞이한 국제환경의 변화에 따라 내용이 변했지만, 핵심은 일본경제가 국제경제사회에서 마찰을 빚지 않고 어떻게 장기적이고 안정적으로 발전하는가의 문제였다. 곧 국제화론은 경제 민족주의를 내포한 담론이었다.

일본문화론 또는 일본인론은 일본문화와 사회의 전통성 및 연속성을 강조하고 국제화 문제를 그 안에서 해결하려는 것으로, 일본문화·사회의 특질을 유지해 가면서 다른 문화와 상호교류를 추진해야 한다고 주장했다. 이는 일본의 독자성을 강조하는 담론으로 국제화로 인한 심리적 긴장을 일본의 내재적 요인을 통해 메우려는 학문적 움직임이었고, 아시아를 지역단위의 무대로 하여 서구 국가들과 어깨를 겨누려는 국가전략을 대변하는 것이었다(최영호 1994, 94).

다른 한편 1980년대 중순 이후 미국과 경제마찰이 일어나고 '공정무역'을 앞세운 미국이 '일본 때리기'를 하자 일본에서는 이에 대한 반발로 반미反美* 분위기가 형성되었다. 1989년 출간된 이사하라 신타로와 모리타 아키오의 《NO라고 말할 수 있는 일본》이 이런 분위기를 대표하는 사례였다. 그들은 미일경제마찰은 경제적 이유보다 일본에게 지기 싫어하는 미국의 인종차별이 그 원인이라고 주장하면서, 일본이 미국에 일방적으로 의존하는 외교와 안보로부터 탈피하여 독자적인 길을 걸어야 한다고 주장했다. 이러한 일본에 대한 외부로부터의 압력은 시간이 지나면서 강도가 강화되었는데, 이에 대해 1990년대 일본 민족주의가 어떤 내용과 모습을 띠는지 살펴보자.

2) 세계화 시대의 민족주의

1990년대 일본에서는 '네오 내셔널리즘'이라고 불리는 국가주의적 민족주의가 서서히 확산되기 시작했는데, 그 등장 배경에는 세계화라는 국제적인 흐름이 있다.

1980년대 말 시작된 냉전 붕괴는 전 세계를 자본주의 체제로 단일화시켰고, 이로 인해 1990년대는 명실상부한 자유시장경제를 기반으로 한 세계화 시대를 열었다. 그런데 1990년대 초반 일본은 거품경제 붕괴로 인해 총체적 위기에 빠졌다. 일본경제는 1990년대 초반부터 10년 이상 심각한 침체와 고실업율, 잇따른 금융기관의 도산 및 기업의 채산성 악화 현상을 겪고 있다. 이로 인해 전후에는 급속히 경제를 부흥시키고 1970년대에는 경제대국을 만든 '일본식 경영'(종신고용, 연공서열제, 노사협조 등)이 세계화 시대에는 오히려 시장경쟁원리의 장애로 간주되었다. 또한 그 동안 관료가 장악했던 각종 인·허가권과 규제가 경제의 비능률을 초래하는 원흉이라는 인식도 급속히 확산되었다.

냉전 붕괴는 일본의 정치세력 구도에도 큰 영향을 미쳤다. 냉전체제 아래서 미국과 동맹협력관계를 통해 경제대국화에 주력해 온 보수주류세력과 그에 맞서던 호헌평화세력이 모두 냉전 붕괴 이후 약화되었다. 특히 사회당은 패전 50주년인 1995년 연립내각을 만들어 정권의 일각에 들어가면서 급속히 대항력을 상실했다. 그들은 그 동안 반대하던 일미안보체제를 용인하고 자위대의 합헌성을 인정하는 등 기존의 원칙을 연이어 포기했다. 이로 인해 기존의 호헌평화세력이 분열되었고, 남은 야당세력은 정계의 극소수파로 전락했으며, 정치세력의 '총여당화'가 진행되었다(마쓰이 2000, 30). 곧 세계화 시대가 되면서 일본의 정계는 '55년체제'라고 불리던 대립구도가 소멸했고, 보수주류세력이 주도권을 장악하면서 국가주의적 민족주의화가 진행되었다.

1990년대 부활한 일본의 국가주의적 민족주의의 내용과 성격은 다음과 같다. 첫째, 1990년을 전후하여 국가주의적 민족주의를 내세우는 극우적 출판물들이 등장하여 그 세력을 급격히 확산시켰다. 물론 그 이전부터 《분게이이순슈^{文藝春秋}》와 《쇼쿤^{諸君!}》, 산케이^{産輕} 신문사의 《세이론^{正論}》, PHP연구소의 《보이스^{Voice}》 등 보수적 출판물이 존재했다. 그들은 1980년대 초부터 노골적으로 전후 민주주의와 평화주의를 공격하고, 역사교과서를 자학사관이라고 비판했다. 이는 1990년대 '자유주의 사관'의 '역사교과서 비판' 논조의 기초를 제공했다(요시미 1999, 244~248). 1990년 전후로 등장한 우익 출판물은 쇼각칸^{小學館}의 《샤피오^{SAPIO}》(1989), 요미우리^{讀賣} 신문사의 《This is 요미우리》(1990), 슈에이사^{集英社}의 《바트》(1991), 코우단사^{講談社}의 《뷰우즈》(1991) 등이었다. 1990년대 중반에는 '자유주의 사관'(1995) 및 '새로운 교과서를 만드는 모임'(1996)이 창설되어 '일본의 근현대사 전체를 범죄의 역사로 단죄하는' 기존 교과서를 비판하고 "공교육은 아이들에게 일본국민으로서의 긍지를 가지게 만들어야 한다"고 주장했다(마쓰이 2000, 39).

이러한 국가주의적 민족주의 세력의 주장은 1990년대 경제위기, 걸프전쟁, 오움진리교 사건, 페루 일본대사관 공관 점거 사건 등에 따라 일본인의 불안심리가 고조되면서 점차 관심을 끌게 되었다. 이런 논조는 일본이 당시 급속히 진행되던 세계적인 구조조정에서 뒤쳐지고 있다는 초조감이 반영된 것이다. 예를 들어, 《분게이이순슈》 1997년 2월호는 페루 사건을 다루면서 "게릴라에 대항하여 한 걸음도 물러나지 않는 강경한 자세"의 후지모리를 "일본인의 이상형에 가깝다"고 칭찬한데 비해, 일본은 "여차하면 꽁무니를 빼고 마는 겁쟁이"로 밖에 보이지 않는다고 비판했다(요시미 1999, 250). 게다가 이들의 주장은 일본의 과거를 미화함으로써 현재의 위기를 보상하는 효과를 가지고 있었다. 자유주의사관을 지지하는 만화가 고

바야시 요시노리는 《전쟁론》에서 일본의 과거 침략전쟁을 서구의 식민지 배에서 아시아를 해방하기 위한 성전으로 묘사하고 군인의 훌륭함이나 특공대를 찬미해서 공(公)=나라를 위해 목숨을 바치라고 호소했으며, 종군위안부를 매춘부로 매도했다(마쓰이 2000, 39~40). 이러한 왜곡된 역사관에도 불구하고 이 책은 일본에서 수십만 부나 팔리는 베스트셀러가 되었다.

둘째, 1990년대에는 전전 국가주의적 민족주의 청산의 상징이었던 평화헌법이 실질적으로 그 효력을 잃었다. 평화헌법은 제9조에서 '국제분쟁을 해결하는 수단'으로서 전쟁을 포기할 것, 군대를 보유하지 않을 것, '국가의 교전권'을 인정하지 않을 것을 규정했다. 이는 전후 평화주의의 핵심으로 전전 국가주의적 민족주의의 청산 의지를 표현한 것이었다. 그러나 냉전이 심화되자 이를 감시하고 유지시켜야 할 미국이 앞장서서 자위대 설치를 허용하고 그 규모 확대를 요구함으로써 이 조항들을 무력화시켰다.

더욱이 냉전붕괴 이후 미국과 국제사회는 일본에게 군사적 역할을 요구했다. 일본은 1991년 걸프전에서 비군사적 활동에 자위대를 파병하고 130억 달러나 지원했다. 또한 미국의 군사적 역할분담 요구와 보수 강경세력의 군비강화 욕구를 반영하여, 일본 국회는 1992년 6월 PKO협력법을 통과시켰다. 9월에는 내전이 지속되는 캄보디아에 자위대를 파견함으로써 자위대의 해외 활동이 시작되었다. 이후에도 PKO 명목으로 골란고원, 모잠비크, 르완다, 동티모르 등 분쟁지역에 자위대 파병부대를 파견했다. 이는 평화헌법을 위반하는 군사력 강화가 기정사실화 되었다는 것을 말해준다(마쓰이 2000, 31).

1996년 미국과 일본은 일미안보조약의 재정의에 합의하고, 1997년 일미방위 '신 가이드라인'을 발표했다. 이는 평시, 일본이 공격을 당했을 때, 그리고 '일본주변지역에서의 사태' 발발 등 세 가지 경우에 일미협력체제의 작동을 규정한 것으로 미국의 세계적 군사작전에 일본이 협력한다는 내용을 담고 있다(마쓰이 2000, 32). 일본의 군사력 확대는 1990년대 중반 이후 일어난 주변 상황의 변화, 곧 북한의 핵개발 시도, 대포동 로켓의 개발과 실험 발사, 중국의 핵실험과 대만해협 위기 사태 등에 의해 정당화됐다.

이러한 상황에서 그 동안 일부 보수세력만 주장하던 평화헌법 개정 논의가 확산되었고 여론도 그 당위성을 주장하면서, 결국 1999년 7월 중의원에서 헌법조사회 설치를 위한 국회법 개정안이 통과되었다. 헌법조사회는 평화헌법 시행 52년 만에 처음으로 헌법문제를 논의할 정식 기관으로서 등장하여 군사력 보유와 전쟁의 포기를 명시한 헌법 제9조의 개정을 주요 의제로 다루었다. 이는 결국 일본이 패전 처리가 미완성된 상태에서 과거로 복귀하는 것으로 해석된다.

셋째, 1999년 7월 22일 참의원에서 국기·국가 법안이 통과되었다. 이는 과거 군국주의 침략의 상징이던 히노마루와 기미가요가 패전 55년 만에 다시 일본의 국기, 국가로서의 공식 지위를 회복한 것을 의미했다. 본래 히노마루·기미가요는 문부성이 교육현장에 도입하기 시작했고, 이를 옹호하던 문부성과 평화헌법을 존중한 일선 교사 사이에서 지속적으로 갈등을 빚어온 사안이었다.[16] 이 문제는 전전의 국가주의적 민족주의와 연결되어 헌법수호세력에게는 과거의 침략전쟁을 정당화하는 것으로 인식되었다. 그들은 "히노마루는 침략전쟁의 심볼이었다", "기미가요는 천황의 장수를 기원한다는 노랫말이 주권재민의 헌법에 맞지 않는다", "히노마루·기미가요의 강제는 내면의 자유를 침범한다", "전쟁책임을 다하지 않았는데 법제화하면 피해국에서 항의를 받을 것이다" 등의 논리를 내세

---

16 오시바 역시 1990년대 말 히노마루와 기미가요의 복원과 역사 교과서 수정이 세계화에 대한 두려움에 기인한 것이라고 주장한다(Oshiba 2002).

워 법제화를 반대했다. 그러나 정부 측은 "히노마루·기미가요는 이미 국민 사이에 정착되어 있다", "기미가요의 기미ㅎ는 국민통합의 상징인 천황을 뜻함으로 헌법위반이 아니다", "법제화는 강제를 의미하지 않는다" 등의 논리로 법제화를 정당화했고, 중의원은 자민당과 공명당 연합의 강경한 노선으로 불과 13시간의 심의만으로 통과되었다. 중의원 본회의 표결에서 압도적 다수(찬성 403, 반대 86, 결석 10)가 찬성한 사실은 일본에서 국가주의적 민족주의로 향하는 움직임이 매우 빨리 진행되고 있음을 보여주는 것이다(마쓰이 2000, 34~36).

넷째, 1999년 대표적인 우익 정치가인 이시하라 신타로가 동경도지사 선거에서 당선되었다. 그는 24년 전 자민당 후보로서 미노베 혁신지사에 도전했다가 실패했는데, 1999년에 당선된 결과는 20여 년에 걸친 일본 여론의 변화를 보여주는 것이다. 물론 그의 당선에는 다른 요인도 큰 역할을 했지만, 많은 유권자가 침략전쟁 정당화 주장을 문제 삼지 않을 정도로 보수 우경화되어 있다는 사실을 말해주는 것이다(이원덕 2002, 140).

결국 1990년대 일본에서 재등장한 국가주의적 민족주의는 냉전종식에 따른 세계질서의 급변과 그에 따른 동아시아 안보정세의 변화라는 국제 정치적 요인, 사회당의 몰락과 일본 정계의 '총여당화'라는 국내정치적 요인, 일본경제의 쇠락[17]이라는 국내경제적 요인, 대규모 자연재해와 충격적인 사건들[18]로 인한 심리적 요인에 의해 영향을 받았고, 그 이면에는 세계

---

17 일본은 1990년대 초반부터 10년 가까이 심각한 침체와 고실업율, 잇따른 금융 기관의 도산, 기업의 채산성 악화 현상을 겪고 있다. 이런 현상은 많은 일본인에게 1990년대의 위기 상황을 '2차 대전의 패전에 이은 제2의 패전'으로, 그리고 메이지 유신과 전후 개혁에 이은 제3의 국가 개혁이 절실하게 요구되는 것으로 인식하게 만들었다.

18 1995년 한신 대지진, 지하철 사린 사건, 오움진리교 사건, 페루 일본 대사관 인질 사건, 도카이무라 원자력발전소 방사능 누출 사건 등은 세계에서 가장 안전하고 질서 잡힌 사회라는 일본인들의 믿음을 무너트렸다(이원덕 2002, 141~143).

화에 대한 일본 국민의 두려움과 반발심이 놓여있다.

5. 나가는 말

1990년대 한국에서는 경제 민족주의와 통일 민족주의가 활성화되었다. 경제 민족주의의 활성화에는 1990년대 초부터 가속화된 자본·상품 시장의 개방 압력, OECD와 WTO 가입에 따른 경제규범의 국제화, 경제위기에 따른 IMF 관리체제라는 세계화가 큰 영향을 미쳤다. 통일 민족주의의 활성화에는 1987년 민주화 이후 개방된 정치 공간, 냉전의 붕괴와 그에 따른 북한의 생존 위기, 김대중 정부의 대북포용정책 등이 영향을 미쳤다.

1990년대 일본에서도 국가주의적 민족주의가 활성화되었는데, 그것은 일본 경제의 장기 침체, 서방 국가들의 일본의 정치·군사적 역할 확대 요구, 일본 정계의 총보수화 및 사회 불안정에 따른 심리적 위기감에 의해 촉발되었고, 총체적으로는 세계화에 대한 일본 국민의 반발을 표현으로 해석되었다.

결국 세계화 시대에 한국과 일본에서는 민족주의가 이전에 비해 더 활성화되었다. 이는 세계화 시대에 민족주의의 활성화가 세계적으로 보편화된 현상이라는 잠정적인 결론을 내릴 수 있게 해주었다.

그러나 이 잠정적 결론이 세계화 시대에 활성화된 세계 각 지역의 민족주의가 모두 동일한 성격을 갖고 있음을 말하는 것은 아니다. 한국과 일본의 사례에서 볼 수 있듯이, 세계화 시대의 민족주의는 국가와 지역마다 상이한 성격을 지녔다.

먼저, 동유럽·소련과 제3세계의 민족주의가 세계화에 의해 직접적으로 촉발되었다고 말하기 힘든데 비해, 한국과 일본의 민족주의는 일정 정도 세계화에 의해 촉발되었다. 동유럽·소련에서 민족주의의 등장은 소련의 붕괴라는 정치적 요인에 기인했고 제3세계의 종족적 민족주의 역시 탈냉전이라는 정치적 요인에 기인한 것이다. 이에 비해 한국과 일본의 민족주의는 세계화가 요구하는 세계적인 표준 규범global standard의 채택, 경제에서 국가의 역할 축소, 그리고 시장 개방이라는 경제적 세계화에 대한 반발과 서구, 특히 미국 문화의 무차별적 확산 및 자국 전통의 약화에 따른 반발이라는 경제적이고 문화적인 요인에 기인한 것이다.

둘째, 동유럽·소련과 제3세계의 민족주의가 대부분 하나의 민족/종족에 기초한 국가건설(일민족 일국가)을 지향했다. 이에 비해 한국의 통일 민족주의가 일민족 일국가를 지향했을지라도, 한국의 경제 민족주의와 일본의 국가주의적 민족주의는 기존 국민국가를 유지·강화하려는 경향을 강하게 갖고 있다. 서유럽의 인종주의도 자국 영토에서 타민족/종족을 배제함으로써 민족의 순수성과 이익을 지키려는 성격을 지니고 있다. 곧 세계화 시대에도 여전히 일민족/종족 일국가를 지향하는 분리 독립을 지향하는 민족주의, 기존 국민국가의 유지·발전을 지향하는 민족주의 그리고 타민족/종족을 배제하는 인종주의적 민족주의 등 다양한 민족주의가 존재하고 있다. 이는 1990년대 세계적으로 많은 지역에서 민족주의가 활성화되고 있지만, 각 국가/지역의 특수한 조건/상황에 따라 민족주의가 상이한 성격을 띠고 있다는 평범한 진리를 확인하게 해준다.

참고 문헌

강철구. 2002. 〈서론: 서양문명과 인종주의〉. 한국서양사학회 역. 《서양문명과 인종주의》. 서울: 지식산업사.

개번 매코맥. 1998. 《일본, 허울뿐인 풍요》. 서울: 창작과비평사.

구견서. 1998. 〈전후 일본의 민족주의의 형성과 전개〉. 《한국사회학》 제32집.

권숙인. 1998. 〈소비사회와 세계체제 확산 속에서의 한국문화론〉. 《비교문화연구》 제4호.

권혁범. 1994. 〈민족주의, 국가, 애국심과 보편적 이성〉. 《녹색평론》 제19호.

김윤철. 1999. 〈새로운 '성장 정치' 시대의 지배담론에 관한 일고찰: 김영삼 정권 시기 '세계화' 담론을 중심으로〉. 《동향과 전망》 43호.

김호섭 외. 2000. 《일본우익연구》. 서울: 중심.

니시카와 나가오. 윤대석 역. 2002. 《국민이라는 괴물》. 서울: 소명출판.

다카사키 소오지(高崎宗司). 최혜주 역. 1996. 《일본 망언의 계보》. 서울: 한울.

다카하시 데츠야. 이규수 역. 2000. 《일본의 전후책임을 묻는다: 기억의 정치, 망각의 윤리》. 서울: 역사비평사.

마쓰이 야요리. 2000. 〈포스트 전후국가의 기로에 선 일본: 글로벌화 속에 대두하는 국가주의〉. 《황해문화》 제28호.

박진우. 2000. 〈근대 천황제와 일본 군국주의〉. 《역사비평》 통권 50호.

사카모토 요시카즈. 1998. 《상대화의 시대》. 서울: 소화.

서경식. 1999. 〈'히노마루'·'기미가요'의 법제화, 죽어가는 일본 민주주의〉. 《당대비평》 제8호.

설동훈·정태석. 2002. 〈새로운 세대의 등장과 민족정체성의 변화〉. 《계간 사상》 제54호.

손호철. 1996. 〈'세계화'와 민족국가의 향방〉. 《세계화와 민족문화의 발전》. 서울: 한국정신문화연구원.

아오키 다모쓰. 1997. 《일본 문화론의 변용》. 서울: 소화.

요시노 고사쿠. 2001. 《현대 일본의 문화 내셔널리즘》. 서울: 일본어뱅크.

우에노 치즈코. 이선이 역. 1999. 《내셔널리즘과 젠더》. 서울: 박종철출판사.

윤건차. 1997. 《일본: 그 국가·민족·국민》. 서울: 일월서각.

_____. 2000. 〈일본의 동아시아 인식: 대동아공영권론에서 이시하라 발언까지〉. 《역사비평》 통권 제53호.

이안 부루마. 1994[2001]. 《아우슈비츠와 히로시마: 독일인과 일본인의 전쟁 기억》. 서울: 한겨레신문사.

이원덕. 2002. 〈세계화시대의 일본 외교안보정책〉. 장달중 외. 2002. 《세계화와 일본의 구조전환》. 서울: 서울대출판부.

장달중 외. 2002. 《세계화와 일본의 구조전환》. 서울: 서울대출판부.

장인성. 2000. 〈'인종'과 '민족'의 사이: 동아시아연대론의 지역적 정체성과 '인종'〉. 《국제정치논총》 제40집 4호.

정일준. 1994. 〈국제화 시대의 한국민족주의와 민주주의〉. 학술단체협의회 편. 《국제화와 한국사회》. 서울: 나남.

정재정. 1997. 〈일본의 '망언'과 그 성격〉. 《한국독립운동사연구》 제11집.

정진성. 1998. 〈일본의 신민족주의 운동: '자유주의사관' 운동을 중심으로〉. 《국제·지역연구》 7권 3호.

최영호. 1994. 〈현대 일본의 민족주의의 특징〉. 《정신문화연구》 통권 제55호.

코모리 요우이치·타카하시 테츠야 역. 1999. 《국가주의를 넘어서》. 서울: 삼인.

한경구. 1994. 〈일본인론·일본문화론〉. 《일본·일본학》. 서울: 오름.

_____. 2002. 〈세계화 시대와 일본문화론의 재평가〉. 장달중 외. 2002. 《세계화와 일본의 구조전환》. 서울: 서울대출판부.

한상일. 2000. 〈일본사회의 우경화〉. 김호섭 외. 《일본우익연구》. 서울: 중심.

Anderson, Benedict. 1982(1990). *Imagined Communities: Reflections on the Origin and Spread of Nationalism, 2nd ed.* London: Verso.

Anderson, Benedict. "The New World Disorder." *New Left Review*, vol. 193. May/June 1992.

Castells, Manuel. 1997. *The Information Age: Economy, Society and Culture. Volume II : The Power of Identity.* Oxford: Blackwell.

Dallmayr, Fred and Jose M. Rosales. 2001. *Beyond Nationalism*. Oxford: Lexington Books.

Greenfeld, Liah. 1993. "Trenscending the nation's worth." *Daedalus*. vol. 122 no. 3.

Guibernau, Montserrat. 2001. "Globalization and the Nation-state." Guibernau Montserrat & John Hutchinson. *Understanding Nationalism*. Cambridge: Polity.

Hobsbawm, E. J. 1990(1992). *Nations and Nationalism Since 1780:Programme, Myth, Reality*. 2nd ed. Cambridge: Cambridge Univ. Press.

McGrew, Anthony. 1992. "A Global Society." Hall, Stuart. ed. *Modernity and its futures*. 전효관·김수진 외 역. 2000. 《모더니티의 미래》. 서울: 현실문화연구.

Oshiba, Ryo. 2002. "National symbols, history textbooks and neo-nationalism in Japan." *"We the people" in the Global Age: Re-examination of Nationalism and Citizenship. JCAS Symposium Series*. 18.

Smith, Anthony D. 1991. *National Identity*. New York: Penguin.

Smith, Anthony D. 1995. *Nation and Nationalism in the Global Era*. Cambridge: Polity.

Yoshino, Kosaku. 1992. *Cultural nationalism in Japan*. London: Routledge.

8장

세계화 시대 북한과 중국의 민족주의
1990년대를 중심으로

1. 들어가며

세계화는 "초대륙적·지역적 활동, 상호작용 및 권력행사의 흐름과 네트워크를 만들어내는 사회적 관계 및 사회적 거래 — 범위·강도·속도·영향력으로 평가한 — 의 공간적 조직방식에 큰 변화가 발생했음을 구체적으로 보여주는 과정 또는 일련의 과정들"(Held et al 2002, 13)로 정의되고 있다. 정치적인 측면에서 이는 "주권국가라 하여 자신의 운명과 발전경로를 스스로의 의지와 결정에 의해 형성할 수만은 없다는, 즉 세계 체제적인 구조에 의한 제약"(유석진 2002, 262)을 의미한다.

　세계화는 세계의 어떤 다른 지역 못지않게 한국과 일본에서 두드러지게 나타났는데, 한국은 1990년대 초 UR과 OECD의 가입, 김영삼 정부의 신자유주의 정책, 1997년 IMF 관리체제를 거치면서 세계화를 실감나게 체감했다. 일본도 1985년 플라자합의Plaza Accord 이후 엔Yen 및 생산의 국제화를 시도하면서 본격적으로 금융 세계화의 대열에 참여했고 1990년대 이후 소위 헤이세이平成 불황으로 불리는 경기침체와 함께 세계화를 경험하고 있다. 이 과정에서 한국과 일본은 전통적으로 인정되던 국가 주권의 축소와 함께 민족주의의 상대적 활성화를 경험했다. 일본은 "세계화가 요구하는 세계적인 표준 규범의 채택, 경제에서 국가의 역할 축소, 그리고 시장개방이라는 경제적 세계화에 대한 반발과 서구, 특히 미국 문화의 무차별적 확산 및 자국 전통의 약화라는 문화적 세계화에 대한 반발이라는 요인에 주로 기인"한 것이었다(전재호 2002a, 58).[1]

그런데 세계화 시기에 민족주의가 활성화된 것은 한국과 일본만의 독특한 현상은 아니다. 1990년대는 민족주의의 세 번째 시기라 불릴 정도로 세계 각 지역에서 민족주의가 활성화됐다. 물론 세계 각지에서 활성화된 민족주의가 모두 세계화와 직접 관련된 것은 아니다. 한국과 일본의 민족주의가 세계화의 영향으로 활성화된 데 비해, 1990년대 이후 소련과 동구에서 민족주의가 활성화된 데는 사회주의 체제의 붕괴가 주요인이었다.

동아시아의 남은 두 '사회주의' 국가인 북한과 중국도 1990년대 이후 민족주의가 활성화되었던 세계적 현상에서 예외는 아니었다. 양국은 냉전 붕괴에도 불구하고 사회주의 체제를 고수했고 1990년대에 민족주의가 부활했다는 공통점을 갖고 있다. 하지만 세계화에 대한 양국의 대응은 상당한 차이가 있다. 중국은 1978년부터 개혁·개방을 통해 시장경제체제를 도입하고 2001년에 세계무역기구WTO에 가입하는 등 세계화에 적극 참여한 데 비해, 북한은 최악의 경제 위기를 겪으면서도 세계 자본주의 체제와 단절한 채 '폐쇄' 경제체제를 고수했다. 물론 북한도 '개방정책'의 추진을 통해 세계화에 동참하려 했지만, 핵·미사일을 둘러싼 정치·군사 문제

---

1 세계화 시대 한국과 일본의 민족주의에 대해서는 전재호(2002a) 참조하시오.

가 걸림돌로 작용하면서 뜻대로 진행시키지 못했다.

　그러면 세계화에 대한 대응의 차별성에도 불구하고, 1990년대 양국에서 민족주의가 부활하고 활성화된 이유는 무엇이었는가? 이는 냉전 붕괴에 따른 사회주의 이념의 위기에 기인한 것이지만, 그 과정에서 세계화는 어떤 영향을 미쳤는가? 이 글은 이러한 문제의식에 기초하여 양국에서 1990년 이전과 1990년대 민족주의가 어떤 차별성을 보였는지? 그 차이를 가져온 요인은 무엇이었는지? 양국 민족주의의 유사성과 차별성은 무엇인지? 그리고 1990년대 양국의 민족주의가 세계화와 어떤 연관성이 가졌는지를 고찰한다. 이를 위해 2장에서는 민족주의에 대한 마르크스주의의 시각을, 3장과 4장에서는 북한 및 중국에서 1990년대 이전과 이후 민족주의의 변화와 그 요인을 고찰하고, 5장에서는 양국 민족주의의 유사성과 차별성, 그리고 양국 민족주의와 세계화의 관련성을 고찰한다.

2. 이론적 논의: 민족주의에 대한 마르크스주의의 시각

일반적으로 마르크스주의는 민족주의에 대해 적절하게 대응하지 못했다고 평가된다. 마르크스는 민족을 인류 역사의 발전과정에서 자본주의 단계에 등장한 역사적 실체로 간주하면서, 자본주의가 사라지면 민족도 사라질 것이라고 주장했다. 또한 민족주의를 부르주아가 노동자들의 계급의식을 약화시키고 자신의 지배를 확고하게 하기 위해 만들어낸 이데올로기라고 간주했기 때문에, "노동자들에게 조국은 없다"고 주장하면서 사회주의 혁명을 위해 민족을 초월한 노동자의 단결을 주장했다. 그러나 19세기 후반 아일랜드와 폴란드 문제에 직면한 후, 마르크스와 엥겔스는 서유럽의 혁명성공을 위해서는 전술적 차원에서 민족해방운동의 의의를 인정해야 했다. 그러나 이런 입장 변화가 그들이 식민지의 민족자결을 그 자체로 가치 있는 것으로는 생각했다는 것을 의미하는 것은 아니었다.

민족문제에 대한 마르크스주의의 입장은 20세기 초 레닌에 와서 변화했다. 레닌은 민족해방운동으로 표출되는 피억압민족의 혁명적 에너지를 프롤레타리아 혁명으로 끌어오기 위해 민족자결권을 옹호했다. 지배민족의 노동운동이 피지배민족의 자결권을 인정해야만 양자의 불신이 해소될 수 있고, 부르주아지에 대항하는 국제적인 공동 투쟁에서 지배와 피지배민족의 프롤레타리아가 단결할 수 있다고 보았다. 따라서 1919년 제3차 인터내셔널 창립대회에서 등장한 마르크스주의자의 구호는 "만국의 노동자여 단결하라!"가 아니라 "모든 나라의 프롤레타리아와 억압받는 민족이여, 단결하라!"였다. 레닌은 민족 문제를 세계적 차원에서 사회주의 혁명을 위한 하나의 전략으로 인식하여 민족해방운동을 활용하려 했다.

레닌은 민족자결권을 프롤레타리아의 특수 요구에 따라 이루어지는 '자유로운 정치적 분리에 대한 권리' 및 '자발적인 국가연합의 권리'로 확장시켰다. 이전에 예속되었던 민족이 일단 해방되면 여러 민족과 자유로운 연합을 맺을 수 있는데, 이는 '분리의 자유'를 전제로 해야만 한다. 모든 피압박 민족이 완전히 해방되면 약소국의 분할과 민족의 분립주의가 종식될 것이고, 이후 사회주의에 도달하면 개별 민족이 다시 융합될 것이라고 예상했다. 따라서 그는 다른 소련 지도자의 반대를 무릅쓰고 1차 대전이후 핀란드와 발트3국의 독립을 인정했다. 이는 프롤레타리아 국제주의에 대한 레닌이 확고한 신념을 잘 보여준다. 결국 레닌은 비록 그가 민족자결권을 사회주의 혁명 과정에서 필요한 하나의 수단으로 간주했을지라도, 경제주의적 관점에서 민족을 소멸되어야 할 자본주의의 유산으로 인식했던 이전의 마르크스주의자와 다른 관점을 견지했다.

반면 스탈린은 민족주의에 대해 레닌과 달리 생각했다. 그는 다민족국가인 소련에서 개별 민족이 문화적 자치를 갖는 것에 반대했다. 왜냐하면 자치제도가 노동자를 민족 단위로 분리시키며, 이로 인해 민족문제가 첨예하게 대두될 것이라고 생각했기 때문이다. 따라서 스탈린은 민족자결의 의미를 민족이 아닌 프롤레타리아의 자결로 바꾸었다. 이는 민족문제에 대한 모든 결정이 프롤레타리아를 대표하는 공산당에 속한다는 것을 의미하는 것이었다. 곧 스탈린은 여러 민족의 다양성이나 독자성보다는 중앙정부에 더 많은 권한을 부여하는 고도로 중앙집권화된 체제를 건설했고, 이에 따라 소련에서 민족자결권은 껍데기만 남게 되었다.

20세기 전반 세계 사회주의운동에서 소련이 차지하는 지도적 위치로 인해 민족의 정의를 비롯하여 스탈린의 민족이론은 식민지 사회주의자에게 큰 영향을 미쳤다. 그러나 민족해방투쟁이 벌어지고 있는 현장에서는 레닌의 민족자결론이 더 적절했다. 그 이유는 사회주의자가 식민지 인민의 민족해방에 대한 혁명적 열정에 편승하지 않고서는 사회주의 혁명을 추구할 수 없었기 때문이다. 따라서 식민지의 사회주의자는 민족주의의 혁명적 에너지와 열정을 독립투쟁의 과정에서 적극적으로 활용했다.

그러면 식민지 민족해방투쟁의 과정에서 민족주의를 적절히 활용했던 북한과 중국의 사회주의자가 독립 이후 민족주의에 대해 어떤 인식과 태도를 가졌는지 다음 절에서 살펴보자.

3. 북한의 민족주의

1) 1990년대 이전의 민족주의

사회주의 체제의 모든 통치 행위는 사회주의 혁명과 건설이라는 명분에 의해 정당성을 부여받는다. 그런데 몇몇 연방국가를 제외한 대부분의 사회주의 국가는 국민국가$^{nation-state}$를 자신의 일차적 정치 환경으로 삼았기 때문에 필연적으로 민족주의와 공존할 수밖에 없었다. 곧 사회주의를 통해 정당성을 부여받지만, 국민국가의 틀 안에서 이루어지기 때문에 민족주의도 정당성 확보에 반드시 필요한 또 하나의 이데올로기가 되었다. 따라서 북한도 민족주의는 정권 수립 초기부터 사회주의와 함께 집권 세력의 정통성 확보에 반드시 필요한 이데올로기였다.

북한은 초기부터 민족주의를 동원하기 어렵지 않았는데, 그 이유는 북한의 지도부가 식민지 민족해방투쟁(항일무장투쟁)에 적극 참여했고, 냉전으로 인해 한반도가 남북으로 분단되었기 때문이었다. 전자는 북한의 지도부가 자신의 집권을 정당화하는 민족적이고 도덕적인 근거였고, 후자는 한반도에 '일민족 일국가'라는 민족주의의 기본 원칙이 적용될 수 없게 함으로써, 통일이라는 구호 아래 대중을 동원하기 쉽게 만들었다. 더욱이 한국전쟁은 북한이 지속적으로 반제·반외세의 민족주의를 동원할 수 있는 계기가 되었다. 결국 분단과 한국전쟁은 북한 정권에게 반제·반외세·반미를 주요 내용으로 담은 민족주의를 지배 이데올로기로 동원할 수 있게 했다.

북한은 공식적으로는 집권 초기부터 사회주의의 원칙에 따라 민족주의를 '부르주아 민족주의'라고 비판하면서 배척했다.[2] 그러나 전후 사회주의 건설을 정당화하기 위해 민족해방투쟁이라는 민족주의 담론을 동원했고, 1950년대 후반부터 '항일혁명전통'과 관련된 공산주의 교양사업을 활발

---

2 1957년 김일성은 "우리는 온갖 부르죠아민족주의와 배타주의를 배격한다. 민족주의는 인민들 간의 친선관계를 파괴할 뿐 아니라 자기 나라 자체의 민족적 이익과 근로대중의 계급적 이익에도 배치된다"(《로동신문》 1957/11/15: 차문석 2001, 242에서 재인용)고 민족주의를 비판했다.

히 전개했다. 1958년에는 중국인민지원군이 북한에서 완전히 철수하자, 외세 배격과 남한에서의 미군 철수를 주장하면서 '반외세 자주화'라는 민족주의 담론을 강조했다.

1960년대 중소분쟁과 조중 및 조소간의 갈등이 불거지자, 북한은 그동안 비공식적으로 동원하던 민족주의를 '반*공식적'으로 사용했다. 이 사건으로 사회주의 국가 간의 형제애, 나아가 '프롤레타리아의 무조국성'이라는 테제의 허구성이 드러내자, 북한은 민족적 이해를 보다 자유롭게 표출할 수 있게 되었다. 따라서 이 시기부터 북한은 '사회주의적 애국주의'라는 변형된 민족주의 개념을 본격적으로 사용했다.[3] 이 개념은 민족주의에 대한 북한의 이중적 태도를 공식화했다는데 의미가 있는데, 이중적 태도란 공적영역에서는 공산주의의 '무민족성' 테제를 유포하고, 배후에서는 '사회주의적 애국주의'의 통합적 기능을 이용하는 것을 의미한다.

민족주의에 대한 이중적 태도는 1980년대부터 변화하기 시작했다. 1980년 6차 당대회에서 김일성은 "전체 조선인민의 최대의 민족적 숙원인 조국통일 위업을 이룩하는 것은 우리 당 앞에 나서는 가장 중요한 혁명임무"이며, "조선의 통일문제는 외세의 지배와 간섭을 종식시키고 조선민족의 자주권을 완전히 실현하며 민족적 단합을 이룩하는 문제"로서 "모든 조선동포들이 사상과 제도의 차이를 초월하여 한민족으로서 대단결을 이룩하자"고 호소했다. 이에 대해 김중린은 계급해방이나 인간해방보다 민족의 자주성이 더 중요하다고 보충하여 설명했다. 이는 당시 남한 주도의 남북한 유엔동시가입과 교차승인 주장에 대한 북한의 위기의식을 반영한

---

3 사회주의적 애국주의는 "사회주의, 공산주의를 지향하는 노동계급과 근로인민의 애국주의"를 의미하는 것이다(차문석 2001, 242).

것이었다. 북한은 '민족통일 세력'과 '분열주의 세력', '애국자와 매국노'의 대결 등 민족주의적 언술을 사용하여, 남한의 대응을 '두 개의 조선 정책'이라고 비판했다.

한편 북한의 민족주의와 관련해 주목해야 할 것은 주체사상이다. 주체사상은 주체와 자주라는 민족주의 담론을 핵심 테제로 하는데, 북한 사회주의 체제의 패러다임을 형성하는 과정에서 정치 전면에 등장했다. 1955년 사상에서의 주체에 대한 선언을 시작으로, 1960년대에는 정치에서의 자주, 경제에서의 자립, 국방에서의 자위의 4개 노선으로 확정됐고, 1970년대에는 이론의 체계화 과정을 거치면서 하나의 사상체계로 완성됐다. 1980년대에는 '온 사회의 주체사상화'를 통해 북한의 가장 정통적인 사회주의 이념으로, 그리고 북한의 문화이자 가치관으로 자리 잡게 됐다. 이 과정에서 '주체', '자주', '우리식', '민족'은 사회주의 이념의 기초인 '계급적 관점'과 '국제주의적 관점'을 넘어서는 개념이 되었다(전미영 2003, 192).

2) 1990년대 이후의 민족주의

1990년대 북한은 민족주의에 대한 기존의 인식을 전환시켰다. 먼저, 1991년 8월 김일성은 "우리 민족의 대단결을 이룩하자"에서 "원래 민족주의는 민족의 리익을 옹호하는 진보적인 사상"이며 "우리나라에 있어서 진정한 민족주의는 곧 애국주의"라고 주장했다(《로동신문》 1991년 8월 5일). 곧 북한은 '부르주아 민족주의'와 구별되는 '진정한 민족주의'라는 용어를 사용함으로써 민족주의에 대한 부정적 태도를 변화시켰다.

또한 북한은 1990년대부터 김일성 체제를 정당화하는 이데올로기로서 '우리식 사회주의'와 '조선민족제일주의'라는 민족주의 담론을 본격적으로 사용했다. 김정일은 1991년 5월 5일 "인민대중중심의 우리식 사회주의는 필승불패이다"에서 북한의 사회주의가 다른 사회주의, 곧 개혁개방을 추진하는 중국과 자본주의체제로 전환된 소련 및 동구 사회주의 체제와 다르다는 점을 강조했다. 그 이유에 대해 김정일은 1994년 "사회주의는 과학이다"에서 "위대한 수령 김일성 동지께서 주체사상을 창시하시고 그에 기초하여 사회주의 이론을 독창적으로 전개"했기 때문이라고 주장했다. 이는 '우리식 사회주의'라는 민족주의 담론이 다른 사회주의 국가와의 차별성을 부각시키는 동시에 김일성 체제를 정당화하는 역할을 했음을 잘 보여준다. 조선민족제일주의 역시 동일한 역할을 했는데, 김정일은 1989년 이를 "위대성에 대한 긍지와 자부심, 조선민족의 위대성을 더욱 빛내어 나가려는 높은 자각과 의지로 발현되는 숭고한 사상감정"이라고 정의하면서, "우리 인민이 지닌 조선민족제일주의정신은 위대한 수령을 모신 긍지와 자부심"(남내원 2000, 72)이라고 주장했다. 곧 조선민족제일주의 역시 김일성 체제를 정당화하기 위한 것임을 보여준다.

다음으로, 1990년대 북한은 민족문화를 강조하고 역사를 '이용'하는 등 민족주의를 실질적으로 부활시켰다. 대표적인 사례들을 살펴보면 첫째, 1990년대로 들어서면서 북한은 과거와 정반대로 유교 윤리인 충^忠과 효^孝를 복원했다. 북한은 국가를 가족의 확대된 이미지인 '사회주의 대가정'으로, 수령을 사회주의 대가정의 '어버이'로 표현하면서, 사회주의 대가정 내 '가족'들이 지켜야 할 윤리로서 일심단결, 수령의 대중에 대한 믿음과 사랑, 그리고 수령에 대한 대중의 충성과 효성을 강조했다. 곧 북한은 세계화 시대인 1990년대에 봉건시대의 사회윤리개념인 충과 효를 수령과 대중 관계의 도덕으로 복원했다. 이는 물론 수령과 지도자에 대한 주민의 충성심을 이끌어내고, 장남이 아버지를 승계하듯이 김정일의 김일성 승계를 자연스러운 것으로 받아들이게끔 하려는 정치적 의도를 갖고 있었다.

둘째, 북한은 과거에 비해 민족문화를 한층 더 강조했다. 1989년 김정일은 민족문화에 대한 중요성을 강조했으며, 1993년 1월에는 김일성의 교시에 따라 단군묘로 불리던 강동군의 한 무덤을 발굴하여, 그것이 단군 무덤임을 확인했다고 주장했다. 또한 1993년 12월 최고인민회의는 "민족문화유산을 옳게 계승 발전시키기 위한 사업을 더욱 개선 강화할 데 대하여"라는 결의문을 채택했다. 이에 따라 북한은 단군이 '신화의 주인공'이며 단군신화는 고조선의 건국신화라고 주장했던 기존의 입장을 바꾸어, 1993년 이후에는 단군을 민족의 시조로 추대했다. 이후에도 단군릉의 발굴과 복원을 대대적으로 선전하면서 평양을 고조선의 중심지로, 더 나아가 한민족의 중심지로 부각했다. 또한 평양이 고대의 중심지였다고 주장하면서 이를 근거로 조국통일논의에서 북한이 주체가 돼야 한다고 주장했다.[4]

결국 조선민족제일주의와 우리식 사회주의라는 민족주의 담론의 등장, 유교 전통의 복원, 민족문화유산의 강조와 단군릉의 복원 등은 1990년대 북한에서 민족주의가 활성화되었음을 보여준다. 흥미로운 점은 이것을 북한 정권이 주도했다는 사실이다. 이는 1990년대 북한 정권이 정치적 목적을 위해 의도적으로 민족주의를 부활시켰음을 말해준다.

3) 1990년대 이후 민족주의의 변화 요인

그러면 1990년대 북한은 왜 민족주의를 공식화시켰는가? 이는 1980년대 후반 이래 극적으로 전환된 대내외적 환경 때문이었다. 첫째, 1990년대 북한에 가장 큰 영향을 미친 요인은 사회주의권의 붕괴였다. 북한은 1980년대 중반 소련의 고르바초프 서기장이 페레스트로이카와 글라스노스트를

---

4 북한의 단군릉 발굴과 그 역사적 이용에 대해서는 전재호(2002b)를 참조하시오.

주창하면서 공산당 독재를 포기하고 다당제를 인정하자 소련이 사회주의에서 이탈했다고 비난했다. 그리고 개혁개방정책 이후 중국에서 자본주의적 사고방식과 부르주아 자유주의가 침투하고 빈부의 불균등이 심화되며 천안문 사건이 일어나는 것을 보면서 개혁정책의 부작용을 심각하게 인식했다. 그 결과 북한은 1980년대 중반부터 사상 사업을 강화했다. 곧 1980년대 주체사상의 정교화라는 사상 사업을 통해 수령을 중심으로 북한사회의 일심단결을 도모했다.

그러나 1980년대 말 동구 사회주의 국가들이 자본주의 체제로 전환하고 1990년 소련이 붕괴하자 더 이상 사회주의 이데올로기로 체제통합을 도모하기는 어렵게 되었다. 게다가 냉전 해체와 함께 닥친 사회주의 국제 분업체제의 붕괴는 북한을 경제난이라는 절체절명의 위기로 몰아넣었다. 이러한 상황을 타개하기 위한 대응책 중 하나가 바로 민족주의 담론의 이용이었다. 1990년대 북한이 적극적으로 유포한 '우리식 사회주의'와 '조선민족제일주의'의 주 내용은 중국이나 구 사회주의 국가들과 대비하여 자신들의 독자성, 우월성 및 과학성을 과시하는 것이었다. 이는 북한이 1990년대 민족주의를 동원한 이유가 붕괴한 소련 및 동구 사회주의권과의 차별성을 부각시키기 위한 필요성 때문이라는 점을 잘 보여준다. 곧 북한은 자신에게는 다른 사회주의 국가들이 갖지 못한 '주체사상'이라는 독자적이고 과학적인 사상이 있기 때문에, 건재할 수 있다는 점을 주민들에게 설파하려 했다.

또한 북한이 1990년대 민족문화유산을 강조한 데는 그것이 일반적으로 민족 구성원들에게 '우리는 하나'라는 의식을 공유할 수 있게 해주는 역할을 할 수 있기 때문이었다. 1990년대 민족문화유산의 복원을 통해 다른 사회주의 국가들과의 차별성을 드러내는 동시에 민족문화를 왜곡하는 남한에 비해 민족적 정통성에서 우위에 있음을 보이려 했다. 특히 단군릉의 발굴에 심혈을 기울인 것은 단군신화가 한민족에게 있어서 특별한 의미를 갖고 있었기 때문이다. 단군신화는 몽골이라는 외세의 침입에 시달리던 시기에 등장했고, 내정의 혼란에 빠져있던 조선말에 역사가들에 의해 적극적으로 전파되었다는 사실로 인해 한민족에게는 민족적 자긍심과 긍지를 제고시키는 통합 이데올로기의 성격을 갖고 있었다. 이는 북한이 단군을 이용하여 주민의 민족적 자긍심을 고조시킴으로써 내적 통합을 기하여 위기를 극복하려 했다는 점을 보여준다.

둘째, 북한이 1990년대 민족주의를 공식화한 또 다른 이유는 통일전선 전술 때문이었다. 북한은 1980년대 말 북방정책을 내세운 남한의 공세적인 통일 정책에 밀려 수세적 위치에 처하게 되었다. 이에 북한은 1980년대 급속히 팽창한 남한 내 반체제세력과 북한에 우호적인 남한 인사를 적극적으로 대남전략에 편입시키고, 미군주둔을 반대하는 통일전선을 강화하려 했다. 따라서 북한은 사회주의 민족에만 국한되어 있던 민족개념을 전한반도로 확장시키는 한편, 민족주의를 긍정적으로 평가했다.

1990년대 북한의 사활적 이해관계는 외적으로 국제적 고립 탈피, 내적으로 식량난과 경제위기의 극복이었다. 그런데 탈냉전의 상황에서 북한의 산업을 현대화시켜 경제위기를 극복하기 위한 가장 손쉬운 방법은 남한 및 외국의 교포 기업가로부터 자본을 유치하는 것이었다. 따라서 북한은 이전까지 '매판자본가'로 비난했던 그들을 끌어들이기 위해 이데올로기적으로 그들을 배려해야 할 필요성이 있었다. 이에 따라 북한은 민족주의에 대한 기존 입장을 변화시켜 그들을 '민족자본가'로 평가했다.

한편 1990년대 북한에서 민족주의 담론이 주민에게 호소력을 가질 수 있었던 까닭은 1990년대 초반부터 시작된 핵·미사일 개발을 둘러싼 미국과의 갈등 관계였다. 1993년 북한의 갑작스런 핵확산금지조약[NPT] 탈퇴는 국제사회로부터 북한의 고립 뿐 아니라 미국의 공격 위협을 가시화시켰다. 이는 주민의 반제·반미 민족주의 정서를 고양시킴으로써 북한 정권의 위기 극복에 도움이 되었다. 곧 미국과의 긴장 고조는 경제난 심화에 따른 주민들의 정권에 대한 불만을 무마시키는 효과를 발휘했다.

결국 1990년대 북한에서 민족주의의 공식화는 소련과 동구 사회주의 체제의 붕괴에 따른 사회주의의 통합 이데올로기로써의 기능 상실, 외교적 고립과 경제적 고난, 그리고 핵·미사일을 둘러싼 미국과의 갈등 등 국내외적 위기를 돌파하기 위해 국가에 의해 주도되었다.

4. 중국의 민족주의

1) 1990년대 이전의 민족주의

중국에서 민족주의는 조선이나 일본과 마찬가지로 서구세력의 침입을 계기로 등장했다. 중국은 독자적이고 우수한 중화문명, 제국에 의해 통괄되는 통합된 행정조직과 관료제도, 그리고 문자라는 원민족주의proto-nationalism적 재료를 갖추었기 때문에 민족주의가 상상되기 쉬웠고 외세의 침탈에 대한 청 왕조의 무능한 대응과 전통적 정체성의 위협으로 인해 민족주의가 급속히 확산됐다. 그런데 민족주의 등장 초기 중국에서는 조선이나 일본과 달리 민족의 범위를 둘러싸고 상이한 견해가 대립했다. 중국은 한漢족이 다수이고 중심 역할을 했지만 기본적으로 다수의 종족을 포괄하는 제국이었다. 따라서 초기에 민족주의를 내세운 지식인들은 만주족 등 다른 종족을 배제하고 한족만으로 민족을 범주화하려는 입장과 중국 영토에 존재하는 모든 종족을 포괄하려는 입장으로 분열했다. 그러나 신해혁명 이후에는 중국에 거주하는 모든 종족을 포괄하는 오족공화伍族共和의 흐름이 주류가 되었다. 따라서 이후 중국에서 민족 개념은 "단순한 하나의 민족개념이 아니라 '복합민족' 개념이며, 역사적으로 형성된 하나의 민족 실체인 '통일적 다민족'으로서의 '중화민족'"(이동률 2001, 259)이 되었다.

한편 외세의 침입에 의해 촉발된 중국의 민족주의는 내부의 변화를 요구했다. 그것은 중국인의 전통적인 사고와 관습을 근본적으로 바꾸기였다. 곧 중국인은 세계의 중심이라는 세계관을 버리고 자신을 상대화된 민족/국가로 인식하고, 서구에 대해서도 우월성을 버리고 후진성을 인정하며, 중국 영토의 통합과 정치적 독립을 유지하기 위한 기술의 증진, 특히 군사력의 구축을 요구받았다. 이는 중국인들에게 고통스러운 자기부정 self-negation을 요구한 것으로, 이로 인해 일부 연구자는 중국 민족주의를 '상처입은wounded' 또는 '좌절된frustrated' 민족주의라고 규정했다(조영남 2002, 7~4).

다른 한편 중국은 19세기 서구 세력의 침입을 받은 이래 그들을 물리쳐야 할 필요성과 이를 위해 서구의 제도와 기술을 수용·발전시켜야 할 필요성, 곧 반외세와 근대화/서구화라는 민족주의적 과제를 부여받게 되었다. 곧 중국 민족주의에서 "서구는 극복해야 할 적인 동시에 추종해야 하는 모델이라는 이중적 존재로 부각되었다"(이동률 2001, 260).

이처럼 현대화의 정신적 동력으로 부각된 중국의 민족주의는 1949년 중화인민공화국 성립 이후에는 사회주의 이데올로기에 따라 국수주의와 같은 편협하고 반동적인 애착으로 비판되었고, 그에 따라 공식적으로 사용되지 못했다. 특히 중국 공산당 정부는 사회주의 이데올로기의 국제주의적 성격과 55개 소수종족을 끌어안아야 하는 다종족국가라는 특성으로 인해 특정 종족을 중심으로 하는 민족주의를 공식적으로 내세울 수 없었다. 따라서 중국 공산당은 집권 직후부터 종족을 중심으로 하는 민족주의를 비판했다.[5]

대신 중국은 현실에서 '국가에 대한 사랑'이라는 '애국주의愛國主義'나 레닌의 제국주의론과 식민지 시기의 경험을 토대로 한 '반反제국주의'라는 민족주의 담론을 이용했다. 애국주의는 모택동 시기에는 주로 비주류 전통 문화, 곧 노동자 농민의 지혜, 외세 침략에 대한 저항정신을 사상적 토대로 삼았다. 그런데 이는 민족주의적 요소를 담고 있기는 하지만, 당시에는 유교에 기초한 전통문화가 '봉건문화의 잔재'로 배척되었기 때문에, 민족적 상징 역할을 하는데 한계를 지닐 수밖에 없었다. 그럼에도 불구하고 평균주의와 계급투쟁을 강조하던 폐쇄적인 사회주의 체제의 특성으로 인해 애국주의는 사회주의 이데올로기와 결합하여 구성원들의 통합을 도모하는 수단으로 활용될 수 있었다. 또한 민족주의에 내포된 배외排外사상은 사회주의 이데올로기와 결합하면서 반제국주의로 표현되었다. 반제국주의는 레닌의 제국주의론에서 유래한 것이지만 식민지 시기 반일反日 투쟁을 수행한 중국 공산당의 경험에서 그 정당성을 부여받았기 때문에 민족주의의 성격을 강하게 띠었다. 애국주의와 반제로 표현된 국가 주도의 민족주의 담론은 모택동 시기 국내에서 대중 동원과 정치투쟁의 수단으로서 이용되었다는 측면에서 동원 이데올로기로 기능했다.

2) 1990년대 이후의 민족주의

중국 공산당 체제에서 민족주의는 부르주아의 이데올로기로 비판받았

---

5 공산당 지도부는 대민족주의(大漢族主義)와 지방민족주의라는 두 가지 민족주의를 반대했다. 그 이유는 대한족주의는 "민족을 차별시하는 오류를 빚어낼 수 있고" 지방민족주의는 "민족적 분열의 경향을 초래하기" 때문이다. 대신 그들은 "모 주석이 내놓은 공식을 적용하여 민족단결의 염원으로부터 출발하여 비판과 투쟁을 거침으로써 새로운 토대 위에서 우리 여러 민족들 간의 가일층의 단결"을 가져와 "현대화된 사회주의 국가를 건설해야 한다"고 주장한다. 또한 "사회주의 국가는 어느 한 민족의 전유물로 되는 것이 아니라 우리 50여 개 민족의 공동 소유로, 중화인민공화국 전체 인민들의 공동 소유로 되는 것"이라고 주장한다(주은래 1984, 298~230).

지만, 그 다른 표현인 애국주의는 동구와 소련의 사회주의체제가 붕괴된 1980년대 말부터 사회주의라는 구호를 대신할 정도로 자주 사용되었다.[6] 따라서 많은 연구자들은 이를 중국 민족주의의 공식적인 부활로 평가했다(Friedman 1997; Zheng 1999; Zhao 2000; 이동률 2001; 조영남 2002).[7] 흥미로운 점은 중국 정부와 함께 지식인도 애국주의를 자주 사용했고 대중도 이에 상당히 호응했다는 사실이다. 그러면 1990년대 중국에서 민족주의가 어떻게 활성화되었는지를 살펴보자.

먼저, 중국 정부가 주도적으로 애국주의를 확산시키기 전인 1991년 9월 '태자당太子黨'으로 불리는 신세대 정치지도자 그룹이 '소련 격변후 중국의 현실적 대응방안과 전략적 선택'이라는 글에서 사회주의 이데올로기가 더 이상 국가에 대한 충성심과 정당성 확보에 효과적이지 않기 때문에 중국의 전통 문화나 민족주의를 선별적으로 활용하여 새로운 이데올로기적 비전을 제시해야 한다고 주장했다(이동률 2001, 261).[8] 국가교육위원회는 1993년 1월 "중국의 교육개혁과 발전 프로그램"을 통해 애국주의를 중국 교육개혁을 위한 지침원리로 제시했고, 11월 중국공산당 중앙 선전부는 애국주의 교육을 위한 필름을 제작하여 전국 초·중학생이 시청하도록 했다. 1994년 6월 18일~21일 중국 공산당은 상해에서 초·중학교 애국교육 전국현장집회를 개최했고, 7월 전국교육회의는 1993년 운동의 애국적 테마를 담은 "애국주의 교육을 위한 지침"이란 문서를 채택하여, 유치원부터 대학까지 모든 교육기관에 전달했다. 그리고 교육위원회는 대학생에

---

6 1990년에도 중국공산당 총서기 장쩌민(江澤民)은 "우리가 주장하는 애국주의는 편협한 민족주의가 아니다"(Zhao 2000, 27)고 지적하면서 애국주의와 민족주의를 구별했다.

7 자오는 1990년대 애국주의의 발양을 국가주의(Statism)로 지칭한다.

8 자오는 이 문서를 지식인의 민족주의 담론에 포함시키고 있지만(Zhao 2000, 33), 태자당의 구상상 이것은 국가의 담론으로 보는 것이 타당하다.

게 마르크스주의 정치교조 시험을 면제시켜주는 대신, 중국 인민, 특히 공산당의 '위대한 업적'에 초점을 맞추어 중국인으로서의 자부심을 기르는 '나는 중국인'이라는 프로그램을 가르쳤다(Zhao 2000, 28~29).

1994년 9월 6일 인민일보에는 공산당 중앙위가 발표한 "애국주의교육 실시강요"가 개재되었는데, 그것은 민족정신 배양, 단결 고양, 자기 평가 및 자부심 육성, 애국적 통일전선의 공고화 그리고 대중의 애국적 정열을 중국적 특색을 지닌 사회주의 건설의 위대한 대의를 향해 집중시키는 것을 목표로 했다. 그리고 애국주의 운동은 중국의 전통과 역사에 대한 부흥, 공산당 정권의 업적에 대한 홍보와 교육, 다종족 국가인 중국의 국가와 민족의 통합 강조 등을 주 내용으로 하고 있었다(이동률 2001, 261).

이에 따라 중국 정부는 중국의 전통과 역사를 부활시켰는데, 대표적인 사례는 중국인민정치협상회의 주석 리뤠이환Li Ruihuan이 중국인들의 전설상 조상인 황제黃帝의 능에 꽃을 바치고 소나무를 심은 행사였다. 이는 조상숭배를 반대했던 오래된 공산주의의 터부를 깬 것으로, 애국주의교육 운동 기간 동안 많은 사람들이 사적지로서 능을 방문하게 했다. 또한 만리장성이 중국사의 애국적 상징으로 찬양되었고, 중국전통을 찬양함으로써 유교 및 중국의 다른 문화 활동도 부활되었다(Zheng 2000, 29).

다음으로 중국의 지식인도 1990년대 민족주의 담론의 부활에 기여했다. 첫째, 일부 지식인은 개혁 개방 이후 경제의 탈중앙화decentralization가 중국의 정치·경제적 분열을 낳을 것이며, 이는 결국 중국의 분열을 가져올 것이라고 예측하면서 중앙정부의 강화를 대안으로 제시했다. 이러한 주장의 대표자는 왕사오광Wang Shaoguang과 후안강胡鞍鋼으로 그들은 1993년 등소평 시기의 경제적 탈중앙화의 결과 중국의 국가 능력 또는 국가 권력이 심각하게 약화되었기 때문에, 중앙정부를 강화할 수 있는 대안으로 관료제도와 관련된 국가 위원회 및 중앙-지방 관계의 개혁과 회계제도의 전환이 필요하다고 주장했다(Zheng 1999, 39~43).

둘째, 다른 지식인도 당시의 상황을 정치통합의 위기로 규정하고 그 대안으로 민족주의를 제안했다. 샤오꽁친^{Xiao Gongqin}은 1994년 "전환기 중국의 민족주의와 이데올로기" 및 "중국에서 민족주의의 역사와 전망"이라는 글을 통해 공식 이데올로기의 쇠퇴가 중국 사회의 붕괴를 가져올 수 있다고 우려하면서 민족주의가 탈냉전 시기에 "정치적 통합과 단결 수단으로 기능"할 수 있다고 주장했다. 또한 이바오윈^{Yi Baoyun}도 "뒤떨어진 민족에게 적절한 선택은 민족적 수준에서 인민의 충성심을 통합하고 고양시키기 위해 민족주의를 포기할 것이 아니라 재활성해야 한다. …… 민족주의는 체제 변화를 통해 민족을 자기 강화와 평화적 경쟁의 길로 끌고 나갈 수 있는 민족적 통합을 보증한다"고 주장했다(Zhao 2000, 33~34).

셋째, 중국 지식인은 1990년대 이전까지 비판하던 중국 문화유산의 가치를 '재발견'했다. 그들은 1980년대 서구를 추종했던 '추서열追西熱'(서구 추종 열기)에서 벗어나 중국문화를 포용하기 시작했다. 이에 따라 1990년대 중국 지식인 사이에서 서구의 문화적 헤게모니와 문화 식민주의에 대한 반대가 문화 민족주의의 핵심이 됐다. 문화 민족주의의 폭발 결과, 지식인, 특히 인문학자 사이에서 "서학열"이 "국학열"로 대치됐다. 많은 지식인들은 개념과 이론의 새로운 조합을 고대 중국사상과 경험으로부터 추출하는 '학술 본토화'를 추진했다. 이렇게 1990년대 중국 지식인의 담론은 중국 정부에 의한 애국주의 교육운동의 핵심 테마와 일치했다. 그러나 그것은 정부의 교조 주입과 별개로 진행된 것으로서, 공식 이데올로기의 수사와 달랐기 때문에 많은 중국인에게 더 큰 설득력을 가질 수 있었다.

그런데 1990년대 정부와 지식인의 민족주의 담론은 대외적 상황과 맞물리면서 대중의 폭발적인 지지를 받았다. 1980년대 본격적인 개혁개방의 결과, 대중 사이에 서구화의 바람이 불었던 것과 대조적으로 1989년 천안문 사건 이후 일어난 중국과 미국 간의 여러 사건은 주요 도시에서 애국주의와 반제국주의 시위를 촉발했다. 이러한 민족주의의 분위기는 1996년 민족주의적 감정을 자극하는 《노라고 말할 수 있는 중국》이 베스트셀러가 된 사실에서 잘 볼 수 있다. 1990년대 말 이후에는 중국 정부가 민족주의 정서를 고무하는 행위를 약화시켰음에도 불구하고, 일부 급진 지식인은 미국과 서방 패권에 대한 반감을 강조하고, 세계화에 담긴 불평등에 관심을 가지면서 중국의 국가 이익을 강조하는 등 지속적으로 민족주의를 고무시켰다(왕샤오밍 2003, 325).

3) 1990년대 이후 민족주의의 변화 요인

그러면 1990년대 중국에서 정부 뿐 아니라 지식인도 적극적으로 민족주의를 부활시킨 이유는 무엇인가? 그것은 일반적으로 공산당 정권의 동원, 지식인의 자기 성찰, 경제 성장과 국력 증강, 민족 정체성의 위기, 그리고 외부 세력의 위협 등 국내적 요인과 국제적 요인이 복합적으로 작용한 결과로 간주된다(Zheng 1999; 조영남 2002).

1990년대 중국에서 민족주의의 부활에 영향을 미친 국제적 요인을 살펴보자. 첫째, 중국 정부가 1990년대 초반 애국주의 운동을 전개한 이유는 사회주의권의 붕괴로 인한 정신적 위기와 천안문 사건이 가져다 준 체제 불안의 우려 때문이었다.[9] 사회주의권의 붕괴는 중국의 사회주의를 지탱하고 있던 마르크스-레닌주의에 대한 신뢰가 상실되었고, 이는 중국 정

---

9 이것은 사회주의 신념의 위기, 나라의 장래에 대한 확신의 위기, 당에 대한 신뢰의 위기라는 '삼심위기'(三心危機)로 지칭됐다.

부에게 대중의 지지를 획득할 새로운 이데올로기의 필요성을 제기했다. 당시 일부 보수주의자는 모택동 사상을 부활시키려 했지만, 역사의 시계를 거꾸로 돌리지 못했고 민족주의가 대안으로 등장했다.

또한 서구 자유주의 사상에 경도되었고 민주적 개혁을 요구했던 1989년 천안문 사건 역시 중국 정부에게 국민통합을 위한 새로운 이데올로기의 필요성을 제기했다. 중국 지도부와 지식인은 사회 안정과 경제발전을 위해서는 서구를 추종하기 보다는 민족주의의 깃발아래 하나로 뭉친 강한 국가가 필요하다고 생각했다. 따라서 중국 정부는 인민 대부분이 공유하는 민족주의를 이용하려 했던 것이다.[10]

둘째, 다종족국가multi-ethnic state인 소련과 유고연방의 해체는 중국 정부가 애국주의를 강조한 또 다른 이유였다. 중국도 다종족 국가이기 때문에 중국의 애국주의는 공통의 문화와 조상으로 규정된 커다란 정치화된 종족집단으로서 민족을 인식하는 '종족적 민족주의ethnic nationalism'가 아니라 민족을 영토·정치적 단위로 보고 민족주의를 본질상 정치적 정체성의 의미로 보는 '국가 민족주의state nationalism'의 성격을 띠고 있었다. 따라서 중국은 사회주의 체제 수립 이후 공식적으로 소수종족을 보호하고 사회주의 국가를 강조하는 정책을 전개했다. 그러나 문화혁명기 소수종족에 대한 동화정책이 실시되자, 그들은 중국정부를 불신하게 되었고 1980년대 개혁·개방의 결과 지역 간 경제적 격차가 벌어지자 불만을 표출하기 시작했다. 게다가 1980년대 말 소련을 구성하던 15개 공화국의 분립독립은 중국 내 소수종족에게 영향을 미쳤고, 특히 티벳 불교와 이슬람교를 기반으로 종족

---

10 "애국주의는 우리로 하여금 공산당이 영도하는 중국에서 모든 민족이 선택한 사회주의 체제와 노선을 사랑하는 것을 요구하고 있다"는 1996년 10월 1일《인민일보》사설은 애국주의의 고양을 통해 당과 국가를 일체화해 당에 대한 비판을 비애국적 행위로 만들려는 중국 지도부의 의도를 보여준다(Zhao 2000, 27).

적 정체성을 유지하던 티벳과 신강에서 분리독립운동을 촉발했다. 중국 정부는 이런 분리독립운동을 차단하기 위한 방편으로 1990년대 이후 중국 영토 내 전 종족을 포괄하는 국가 민족주의인 애국주의를 더 강조했다.

셋째, 1990년대 이후 중국에서 자신의 전통과 역사를 강조하는 민족주의 담론이 활성화된 또 다른 이유는 개혁·개방 이후 급속히 추진된 경제성장의 결과였다. 우선, 개혁·개방 이후 급속한 경제성장은 그동안 중국인들이 서구에 대해 느꼈던 '낙차감' 또는 위기감을 상당 정도 해소시켰고, 이는 중국이 21세기 세계 중심 국가로 당당히 복귀할 것이라는 자신감을 불어넣었다. 따라서 중국인은 자신의 전통과 문화에 대해 자부심을 갖게 되었고, 이는 자연스럽게 민족주의의 고양으로 이어졌다. 다음으로, 개혁·개방 이후의 급속한 경제성장은 불균등 발전에 따른 지역 간 격차와 지방 정부의 자율성 증대로 인한 중앙정부의 권력 약화를 가져왔다. 따라서 많은 지식인은 중앙정부의 권력 재강화를 위한 이데올로기로서 애국주의를 제시했다(Zheng 1999, 39).

마지막으로, 개혁·개방 이후 급속한 경제성장은 국유기업의 사유화에 따른 완전고용제도의 폐지, 범죄율의 급증, 유동인구의 증가, 환경 악화, 관료의 부정부패, 서구로부터의 '정신오염'이라는 부정적 결과 뿐 아니라 사회의 불안정을 가중시켰다 이는 공산당에 의한 '질서 있는 지배'가 한계에 도달했고 기존의 사회주의적 해법이 더 이상 유효하지 않다는 것을 의미했기 때문에 정부는 애국주의 운동을 통해 사회 안정을 꾀하려 했다.

한편 1990년대 중국에서 민족주의의 부활에 영향을 미친 국제적 요인은 첫째, 1990년대 중반 이후 대만의 독립 추진 주장이었다. 중국은 개혁·개방 정책을 계기로 과거의 무력사용을 통한 대만의 '조속한 해방'이란 기존의 입장에서 벗어나 양안의 교류·협력 확대 정책으로 전환했고, 이는 양안관계를 급속히 발전시켰다. 그러나 1990년대 대만 독립을 주장하는 민진당의 정치적 성장과 하나의 중국원칙을 전면 부정하는 '양국론'이 제기되자, 정치적 측면에서 양국 간 관계는 긴장되었다. 특히 이등휘 총통이 미국을 방문한 1995년 7월과 대만에서 총통선거가 진행되던 1996년 3월 중국은 대만을 겨냥하여 미사일을 발사했고, 이에 대응하여 미국은 대만 해협에 항공모함을 파견했다. 이 사건은 중국에서 대만의 독립움직임에 대한 반발 뿐 아니라 이에 개입하는 미국에 대한 반발을 가져왔고, 따라서 중국인의 민족주의 감정을 고조시켰다.

둘째, 냉전 이후 초강대국이 된 미국과의 관계이다. 중미관계는 1970년대 초 소련의 위협에 대항하여 '전략적 협력관계'를 구축한 이후 순탄하게 발전했고, 1978년 중국이 개혁·개방 정책을 추진하면서 더욱 돈독해졌다. 그러나 1989년 6월 천안문 사건을 계기로 균열이 생겼고 1990년대 일어난 일련의 사건은 양국 간 대립과 화해를 반복했다. 천안문 사건 이후 미국은 중국에 대해 경제제재조치를 취했고, 그 후 중국 내 임의 구금, 고문, 정치와 종교 활동에 대한 통제, 과도한 사형집행, 삼협댐 건설과 관련한 강제이주, 소수종족 억압 등을 명분으로 중국을 강하게 비판했다. 이에 대해 중국 정부는 내정간섭이며 중국 사회주의를 붕괴시키려는 시도라고 강하게 반발했고, 중국인 역시 이에 동조하면서 중국 내에서 반미 또는 반제국주의 정서가 고조됐다. 또한 1995년 7월과 1996년 3월 대만해협에서 중국의 미사일 발사에 대한 미국의 항공모함 파견, 1998년 스파이 활동 혐의로 인한 FBI의 중국인 과학자 체포, 1999년 5월 8일 NATO의 유고 공습 과정에서 미국 미사일에 의한 베오그라드 중국대사관의 피격, 그리고 2001년 부시 행정부 출범 직후 남중국해상에서 발생한 중국 전투기와 미국 정찰기의 충돌 등 역시 중국인의 반미 감정을 자극했다.

1990년대 중반 이후 미국 내에서 확산된 중국위협론과 보수적인 부시 행정부의 비우호적인 중국 정책은 중국에서 민족주의가 부활하는 또 다른 계기였다. 중국위협론은 중국이 경제적으로 성장하게 되면 영향력을 확대하기 위해 공세적인 정책을 추진할 것이기 때문에, 중국의 세력 확산을 막기 위해서는 미국이 봉쇄containment 정책을 추진해야 한다는 주장이었다. 이는 2001년 선거에서 승리한 부시가 미중관계를 '전략적 동반자'가 아닌 '전략적 경쟁자'로 규정하자 미국 내에서 주류 담론으로 부상했다. 따라서 이 역시 중국인의 반미 감정을 자극했다.

이러한 국제적 요인은 1990년대 이후 중국 정부와 지식인이 주도한 애국주의 담론의 영향 하에 있던 중국인의 자긍심에 상처를 입힘으로써 중국 내 민족주의의 부활에 기여했다. 이는 1990년대 중국의 민족주의가 정부와 지식인에 의해 의도적으로 고양되었을 뿐 아니라 국제적 요인에 의해서도 활성화되었다는 사실을 보여준다.

4. 나오면서

1) 북한과 중국 민족주의의 비교

탈냉전 이후 동아시아의 남은 두 사회주의 국가인 북한과 중국도 세계화 시대인 1990년대 전 세계적인 민족주의의 부활 흐름에서 예외가 아니었다. 1990년대는 양국 모두에게 위기의 시대였다. 1980년대 후반부터 진행되었던 동구 사회주의 국가의 체제 전환은 1990년 소비에트 연방의 붕괴로 막을 내렸고, 이는 현실 사회주의의 운명에 종언을 고했다. 따라서 양국은 현실 사회주의의 붕괴라는 상황에서 자신의 위상을 재정립하기를 요구받았다. 이에 북한은 사회주의 형제국의 체제전환에 따른 정치적 고립, 국제 사회주의 분업 체제의 붕괴로 인한 경제적 고립과 이에 따른 경제난의 심화라는 삼중의 위기를 맞았다. 이에 비하면 중국은 위기라고 말할 수 없을지 모르지만, 개혁·개방 정책 실시 이래 정치·경제·사회적 모순이 불거졌기 때문에 중국 정부는 1990년대를 위기로 인식했다. 이러한 상황에서 양국 정부에게 시급한 과제는 효력을 상실한 사회주의를 대체할 새로운 이데올로기를 마련하여 혹시라도 이완될지 모르는 국민통합에 만전을 기하는 것이었다. 이에 따라 북한은 1990년대 초반까지는 '우리식 사회주의'와 '조선민족제일주의'를, 그리고 1990년대 중반 이후에는 '강성대국론'을 주장했고, 중국은 '애국주의 운동'을 전개했다. 이는 1990년대 양국에서 부활한 민족주의가 모두 체제 유지를 위해 국가에 의해 의도적으로 동원된 이데올로기라는 점을 보여준다.

또한 1990년대 대외관계에서 발생한 군사·외교적 긴장은 양국에서 국가가 부활시킨 민족주의의 설득력을 높였다. 1990년대 초반부터 핵·미사일을 둘러싼 북한과 미국의 충돌 및 대만의 분리 독립 주장과 미국의 대만 지원에 따른 등 중국과 미국의 외교 마찰은 양국 모두에서 주민의 반제 또는 반미 민족주의를 고양시켰다.

그러나 이러한 유사성에도 불구하고 1990년대 양국에서 진행된 민족주의의 부활에는 차별성이 존재한다. 첫째, 1990년대 소련 및 동구 사회주의 체제의 붕괴로 인해 국민통합의 이데올로기로서 민족주의가 부활한 것은 양국이 모두 동일했지만, 그것이 미친 영향은 상이했다. 사회주의 경제체제를 유지하고 있던 북한에게 사회주의권 붕괴는 치명적 충격이었지만, 이미 시장 경제를 도입한 중국에서는 정치·이데올로기적인 측면을 제외하고 경제적 측면에서 그 충격은 크지 않았다. 또한 북한과 달리 중국에서는 사회주의 체제 붕괴 이전에 이미 사회주의 이념이 약화되었다. 그것은 개혁·개방 이후 진행된 급속한 경제발전의 여러 부정적인 결과, 특히 시장경제의 도입에 따른 사회주의 경제체제의 무능과 사회적 불안정에서 기인한 것이었다. 이는 중국 민족주의의 부활에서 외적 요인보다도 내적 요인이 더 중요했다는 점을 보여준다(조영남 2002, 7~3).[11]

둘째, 양국의 민족주의 담론이 모두 반제 또는 반미를 내용으로 했지만, 그것의 비중은 상이했다. 북한의 입장에서 미국과의 갈등은 체제의 사활이 걸린 가장 중요한 문제였지만, 중국에게 그것은 중요하기는 했지만 체제의 생존과 직결된 문제는 아니었다. 이러한 차이는 북한과 중국의 국력의 차이에서 비롯된 것인 동시에 미국과의 외교관계의 역사가 달랐기 때문이다. 중국은 1970년대 이미 미국과 외교 관계를 정상화했고, 그 후 정치·경제적으로 밀접한 관계를 맺었던데 비해, 북한은 한국전쟁 이후의 적대적 관계를 지속하면 전혀 교류가 없었다. 따라서 양국민들에게 다가오는 반제 또는 반미의 호소력은 차이가 날 수밖에 없었다.

셋째, 1990년대 양국 모두 국가가 민족주의의 부활을 주도했지만, 지식인과 대중의 대응은 상이했다. 중국에서는 지식인이 독자적으로 민족주의의 필요성을 적극적으로 주장한 반면, 북한에서 지식인의 목소리는 들리지 않는다. 또한 중국에서는 대중의 자연발생적인 반외세 시위가 등장했지만, 북한에서는 이러한 움직임을 감지할 수 없다. 이는 시민사회의 영역에서 북한에 비해 중국이 상대적이지만 자율적인데서 나오는 차이로 보인다.

2) 세계화와 민족주의의 관련성

마지막으로 1990년대의 세계화와 양국의 민족주의의 관계를 살펴보자.

---

11 중국 민족주의가 재등장한 원인은 국내적 측면을 강조하는 견해와 대외적 측면을 강조하는 견해가 대립되고 있는데, 전자는 주로 해외 학자들이, 후자는 주로 국내 학자들이 주장한다(조영남 2002, 7~2).

북한은 세계화를 신식민지 국제질서의 구축을 통해 세계를 자본주의화, 일체화하려는 책동이라고 비난한다. 곧 "제국주의자들이 세계의 '일체화' 흐름이라는 것을 꾸며낸 것은 전 세계를 서방식 '자유세계'로 만들며 모든 민족을 저들에게 예속시키고 동화시키자는 데 목적이 있다"(김정일 2000, 330)는 것이다. 그러나 이러한 공식적 입장과 달리 북한은 실제로는 세계화라는 시대적 흐름에 적극 동참하려 했다. 그래서 김정일 정권은 계획경제와 강행적 발전전략의 실패 누적에 따른 비공식 경제의 확산, 국가배급 능력의 약화, 그리고 1980~1990년대 개혁개방 조치의 실패를 인정하고 새로운 대외 자본의 유치를 위해 단계적이면서도 포괄적인 경제개혁개방 조치를 단행했다. 특히 2002년 7·1 경제관리개선조치와 동년 9월 신의주 경제특구 조치, 그리고 11월의 연이은 금강산관광지구법과 개성공업지구법 등 시장경제를 도입하려는 조치를 시작했다. 이렇듯 북한은 공식적인 비난과 별개로 생존을 위해 나름대로 세계화의 흐름에 동참하려 했다.

또한 이러한 변화들이 가져올지도 모르는 서구의 영향을 차단하고 체제안정과 사회통합을 위해 북한은 1990년대 후반부터 '사회주의 강성대국론'이라는 새로운 민족주의 담론을 유포했다. 강성대국론은 김정일 시대의 출범에 맞춰 등장한 구호로 사상강국, 경제강국, 군사강국이라는 내용을 전파하려는 희망적인 동원구호였다. 따라서 강성대국론은 1990년대 위기로 인해 사회 통합력이 급격히 약화되고 세계화가 부정적인 영향을 미칠 가능성을 미연에 방지하기 위해 체제안정과 사회통합을 위해 제시한 김정일 시대의 새로운 민족주의 담론이었다.[12]

---

12 반면 1995년 무렵 새로 등장한 '붉은기 사상'은 세계화에 대한 대응이라기보다는 김일성 수령 사망으로 심화된 내외의 어려움을 극복하기 위해 김정일과 북한 주민을 하나로 묶는 개념이다(김영수 외 1997, 563).

한편 개혁·개방 이후 시장경제체제를 도입하여 이미 세계 자본주의 체제와 밀접히 결합된 중국에서는 세계화에 대한 인식이 북한과 상당히 다르다. 중국은 북한과 달리 지식인의 자율성이 일정 정도 보장되고 있기 때문에 세계화에 대해 이념적 성향에 따라 다양한 입장이 존재했다.[13] 한편 중국 정부는 세계화의 기본 동인으로 생산력의 가속적 발전을 가져오는 교통, 통신, 정보 등 각종 과학기술의 혁명적 발전을 강조하면서 세계화를 역사의 '객관적 추세'로 인식한다. 정부는 세계화가 제공하는 유리한 '기회'를 최대화하고 불리한 '도전'을 최소화하기 위해 대외적 개방을 확대하고 내부적 개혁을 심화할 것을 천명했다.[14] 이에 따라 중국 정부는 국민들에게 '중화민족의 부흥'이라는 민족주의적 목표를 제시하고 국제경쟁이 치열하게 전개되는 현재의 세계화에 적극 대응해야만 생존할 수 있다고 주장했다. 이는 중국 정부가 세계화라는 외적 조건을 강조함으로써 자신의 애국주의 정책을 발전 이데올로기로 동원하고 있음을 보여준다.

민족주의와 세계화에 대한 북한과 중국의 차이는 1990년대 양국의 경제 체제 또는 경제 상황의 차이에서 기인한 것이다. 북한이 세계화를 제국주의적 침략으로 비난하면서 국민의 반제·반미 정서를 동원하는 것은 그들이 세계화의 흐름과 밀접히 연계되지 않고 계속 사회주의 체제를 고수했던 현실과 관련되어 있다. 반면 중국은 이미 오래 전부터 시장경제체제가 자리 잡았고 세계화에 밀접히 관련되어 있었기 때문에, 중화민족의 부

---

13 세계화에 대한 입장은 주변부의 남남 협력과 지역 협력을 통해 중심부의 신식민주의적 기획에 대항해야 한다는 '급진적 마르크스주의', 세계화가 국가 주권의 위협과 민족 문화의 실종을 가져올 것이기 때문에 전통적 중화 문화를 전면적으로 복원할 것을 강조하는 '보수적 민족주의', 중국 내부의 진부한 정치 이념과 경제 체제가 사회의 진보를 저해하기 때문에 소유 구조의 전면적이고 근본적인 전환과 대외 개방을 가속화해야 한다고 주장하는 '개혁적 자유주의'로 구분된다. 자세한 논의는 박사명(2002)을 참고하시오.
14 중국 정부의 시각은 대체로 보수적 민족주의와 경제적 자유주의를 세계화의 목적과 수단으로서 절충적으로 반영하고 있다고 평가된다(박사명 2002, 290).

흥을 위해 세계화를 경제 발전의 기회로 이용하는 식의 민족주의 담론을 이용할 수 있었다. 결국 세계화에 대한 북한의 민족주의가 방어적이고 소극적인 성격을 띠었다면, 중국의 민족주의는 공세적이고 적극적인 성격을 띠었다는 점이라고 차별성을 보여준다.[15]

결론적으로 1990년대 북한과 중국에서 민족주의가 부활한 것은 세계화의 영향보다는 소련과 동구 사회주의 체제의 붕괴라는 외적 요인과 경제발전의 부정적 결과(중국) 또는 경제 침체에 따른 체제 위기(북한)라는 내적 요인이 결합된 결과였다. 특히 중국의 민족주의 부활에서는 외적 요인보다 개혁·개방 이후 급속히 진행된 경제성장이 가져온 부정적 결과라는 내적 요인이 더 중요한 역할을 했다. 이러한 차이는 1990년대까지도 사회주의 계획경제체제를 유지했던 북한과 1990년대 이전에 이미 시장경제를 도입했던 중국의 차이에서 기인한 것이다.

---

15 물론 1990년대 중반 이후 등장한 강성대국론은 발전 이데올로기의 성격을 띠고 있기 때문에, 북한 민족주의가 항상 방어적이고 소극적 성격만을 띤 것은 아니다. 그러나 세계화에 적극 동참하여 이를 이용하겠다는 적극성을 표명하지 않았다는 점에서 중국과 다르다.

참고 문헌

김영수 외. 1997. 《김정일 시대의 북한》. 서울: 삼성경제연구소.

김일성. 1996. 《김일성 저작집 43》. 평양: 조선로동당출판사.

김정일. 2000. 《김정일 선집 14》. 평양: 조선노동당출판사.

김정훈. 1999. 〈남북한 지배담론의 민족주의 비교연구: 역사적 전개와 동질이형성〉. 연세대학교 대학원 사회학과 박사 학위 논문.

남내원. 2000. 〈북한 사회주의체제 유지를 위한 민족주의의 기능에 관한 연구〉. 서울대학교 대학원 국민윤리학과 석사 학위 논문.

박병광. 2000. 〈중국 소수민족정책의 형성과 전개〉. 《국제정치논총》 제40집 4호.

_____. 2002. 〈중국의 지역격차 문제〉. 《국제정치논총》 제42집 1호.

박사명. 2002. 〈세계화와 중국화: 세계화에 대한 중국의 시각〉. 《한국정치학회보》 제36집 4호.

왕샤오밍. 2003. 〈현대 중국의 민족주의〉. 《황해문화》 40호.

유석진. 2002. 〈세계화·정보화와 동아시아: 세계적 변화와 지역적 대응의 모색〉. 《한국정치외교사논총》 24집 2호.

이남주. 2002. 〈미국에서 "중국위협론"의 부상과 변화〉. 《역사비평》 통권 제61호.

이동률. 2001. 〈중국민족주의가 대외관계에 미치는 영향〉. 《국제정치논총》 제41집 3호.

이욱연. 1997. 〈중국 지식인의 인식 변화: 80년대와 90년대〉. 《역사비평》 통권 38호.

이종광. 1992. 〈사회주의와 민족주의〉. 《한국정치학회보》 제28집 2호.

이진영. 1999. 〈중국소수민족 정책의 이론적 기초에 대한 연구〉. 《아태연구》 제6권 제2호.

_____. 2000. 〈중국 서부지역개발과 민족문제〉. 《현대사회연구》 8집.

이진영. 2002. 〈중국과 중국인 문제: 중국의 소수민족연구〉. 《민족연구》 9권.

전미영. 2001. 〈북한 지배담론의 형성과 전개에 관한 연구: 사회주의 민족주의를 중심으로〉. 《한국정치학회보》 35집 1호.

_____. 2003. 〈통일담론에서 나타난 남북한 민족주의 비교연구〉. 《국제정치논총》 43권 1호.

전재호. 2002a. 〈세계화 시대 한국과 일본의 민족주의: 지속성과 변화를 중심으로〉. 《한국정치외교사논총》 24집 2호.

_____. 2002b. 〈남북한 민족주의 비교 연구: '역사의 이용'을 중심으로〉. 《한국과 국제정치》 18권 1호.

정영철. 2001. 〈북한 민족주의의 전개와 그 특징: 1980년대와 1990년대를 중심으로〉. 《현대북한연구》 4권 2호.

조영남. 2002. 〈개혁기 중국 민족주의와 대외관계: 기존 논의에 대한 비판적 검토〉. 서울대학교 정치학과. 《고 일여 구영록 교수 1주기 추모 학술대회 논문집》.

주은래. 1957[1984]. 〈우리나라 민족정책과 관련된 몇 가지 문제에 대하여〉. 《주은래 선집(하)》. 북경: 인민출판사.

차문석. 2001. 〈북한 사회와 민족주의〉. 《고대문화》 54호.

최현. 2003. 〈대한민국과 중화인민공화국의 국민 정체성과 시민권 제도〉. 《한국사회학》 37집 4호.

Friedman, Edward. 1994. "Reconstructing China's national identity: a southern alternative to Mao-era anti-imperialist nationalism." *Journal of Asian Studies*. Vol. 53 no. 1: 67~91.

Friedman, Edward & Barrett L. McCormick eds. 2000. *What if China doesn't democratize? Implications for war and peace*. Armonk: An East Gate Book.

Gladney, Dru C. 1994. "Representing nationality in China: refiguring majority/minority identities." *Journal of Asian Studies*. Vol. 53 no. 1: 92~123.

He, Baogang & Yingjie Guo. 2000. *Nationalism. National Identity and Democratization in China*. Ashgate: Ashgate.

Heberer, Thomas. 1997. 〈중국 사회변화과정에서의 종족 부활, 종족 정체성 그리고 종족 갈등〉. 《비교문화연구》 3호.

Held, David, Anthony McGrew, David Goldblatt & Jonathan Perraton. 2002. 《전지구적 변환》. 서울: 창작과비평사.

Karmel, Solomon M. 2000. "Ethnic nationalism in mainland China". Leifer, Michael. *Asian Nationalism*. London: Routledge.

Mills, James. 2000. "Chinese nationalism, US policy and Asian security." *Survival*. Vol. 42 no. 4: 51~72.

Unger, Johathan ed. 1996. *Chinese Nationalism*. New York: An East Gate Book.

Wei, C. X. George and Xianoyuan Liu eds. 2001. *Chinese Nationalism in Perspective: Historical and Recent Cases*. Westport, Conn. Greenwood Press.

Zhao, Suisheng. 1997. "Chinese Intellectuals' quest for national greatness and nationalistic writing in the 1990s." *The China Quarterly*. Vol. 152: 725~745.

_____. 2000. "We are patriots first and democrats second." Friedman, Edward & Barrett L. McCormick eds. 2000. *What if China doesn't democratize? Implications for war and peace*. Armonk: An East Gate Book.

Zheng. Yongnian. 1999. *Discovering Chinese Nationalism in China*. Cambridge: Cambridge Univ. Press.

Zhitian. Luo. 1993. "National humiliation and national assertion: the Chinese response to the twenty-one demands." *Modern Asian Studies*. Vol. 27 no. 2: 297~319.

《로동신문》.

논문 출처

1장 / 한국 민족주의의 반공 국가주의적 성격에 관한 연구: 식민지적 기원과 해방 직후의 전개 양상〉, 정근식·이병천 엮음, 《식민지 유산, 국가 형성, 한국 민주주의》, 책세상, 2012.

2장 / 〈김영삼과 김대중 정부의 경제 민족주의 담론 비교 연구〉, 오기평 편저, 《지구화와 정치변화》, 오름, 2000.

3장 / 〈민주화 이후 2000년대까지 한국 민족주의의 변화: 통일, 북한, 미국, 외국인, 재외동포, 북한이탈주민에 대한 인식을 중심으로〉, 《현대정치연구》 5권 1호, 2012.

4장 / 〈2000년대 한국 근현대사 교과서를 둘러싼 역사 인식 갈등 연구: 한국 민족주의의 '균열'을 중심으로〉, 《한국과 국제정치》 제26권 3호, 2010.

5장 / 〈세계화 시대 한국 정체성의 변화: 국민정체성의 법적 규정과 관련 정책을 중심으로〉, 《신아세아》 제12권 제1호, 2005.

6장 / 〈남북한 민족주의 비교 연구: 역사의 '이용'을 중심으로〉, 《한국과 국제정치》 제18집 1호, 2002.

7장 / 〈세계화 시대 한국의 일본의 민족주의의 변화: 1990년대를 중심으로〉, 《한국정치외교사논총》 제24집 2호, 2002.

8장 / 〈세계화 시대 북한과 중국의 민족주의 변화: 1990년대를 중심으로〉, 《한국과 국제정치》 제20권 제3호, 2004.